No todo vale

PENÍNSULA ATALAYA

Antoni Bayona

No todo vale

La mirada de un jurista a las entrañas del *procés*

ediciones península

Primera edición: febrero de 2019
Segunda impresión: marzo 2019

Ediciones Península,
Diagonal 662-664
08034 Barcelona
edicionespeninsula@planeta.es
www.edicionespeninsula.com

PAPYRO - fotocomposición
DEPÓSITO LEGAL: B. 2.469-2019
ISBN: 978-84-9942-790-4

A mi madre, sin cuyo apoyo no hubiera podido acceder a la universidad.
A Marc, mi hijo, y también un gran amigo.
A Montse.
A Elena.

ÍNDICE

PRÓLOGO

Cuando la editorial me ofreció la posibilidad de escribir este libro no tuve que pensarlo mucho. Las circunstancias habían hecho que, en mi condición de letrado mayor del Parlamento, hubiera tenido ocasión de estar en uno de los centros neurálgicos donde se ha desarrollado el *procés*, y, por esta razón, haber sido un testigo privilegiado del mismo.

Estos últimos años han sido especialmente intensos para mí, profesionalmente hablando. Los más intensos de mi carrera, sin duda alguna. Sobre todo teniendo en cuenta que mi papel no ha sido el de mero espectador, sino que me ha dado un cierto protagonismo, asociado al cargo ocupado. No solo he podido ver muy de cerca el desarrollo del *procés* en el Parlamento, sino que también lo he sufrido. Ha sido toda una experiencia, en el sentido más amplio de la palabra. Para lo bueno y para lo malo. Quizá más en el segundo aspecto, ya que el *procés* se ha planteado y desarrollado de una manera muy contradictoria con los fundamentos técnicos y éticos en que debe basar su actuación un profesional del derecho. Al menos, ha sido así desde mi punto de vista.

Mucha gente me había sugerido que escribiera unas memorias sobre lo sucedido, y en mi fuero interno también lo creía. Sentía necesidad de hacerlo, quizá a modo de catarsis por la tensión acumulada durante todo este tiempo. Ahora tenía la ocasión de hacerlo y acepté la oferta de buen grado, sobre todo cuando ya había quedado liberado de mi cargo de letrado mayor.

A pesar de que la editorial no me ha puesto condiciones sobre el tipo de libro que podía escribir, he tenido muy claro desde el principio que no podía ser un libro jurídico. Para mí, hubiera sido lo más fácil, porque esta es la literatura a la que estoy acostumbrado y en la que me desenvuelvo mejor. Pero siempre hay tiempo y oportunidad para realizar análisis jurídicos. Lo que me apetecía era hacer algo diferente y más en consonancia con el objetivo que buscaba la editorial. Hacer una reflexión sobre el *procés* partiendo de mi condición profesional, desde luego, pero ampliada a otras consideraciones que también puede hacer alguien que conoce el desarrollo de la autonomía catalana y el funcionamiento de sus instituciones por razón de su trayectoria profesional e institucional.

Hacer un libro de este tipo era, sin embargo, un reto. Tenía que salir de la comodidad que me da el lenguaje jurídico, que es el que practico, y entrar en otro tipo de narración nuevo para mí. Ha sido una experiencia que espero haber resuelto dignamente, aunque este juicio deberán hacerlo los lectores.

El libro no es jurídico, no es una cronología, no es un ensayo, ni tampoco da cuenta de unas memorias del autor. No responde a ninguno de estos géneros literarios, aunque contiene algo de todos ellos. Es un relato híbrido, por así decirlo. Un relato construido con base en todos estos elementos. Quizá no sea lo más ortodoxo, pero me ha parecido que era una buena forma de enfocar y analizar los hechos. Para traer a colación y valorar, desde diferentes aproximaciones interrelacionadas, unos hechos que tienen diversas causas y orígenes y que ofrecen mayor complejidad de la que pueden aparentar a primera vista.

El libro tiene una estructura circular, en el sentido de que se inicia en tiempo presente para hacer un desarrollo cronológico de lo sucedido, que nos vuelve a llevar a la actualidad. Me ha parecido aconsejable hacerlo así porque considero importante que se tome conciencia de dónde estamos ahora y adónde nos ha llevado el *procés*, como un primer elemento de análisis y comparación. Para constatar, en definitiva, la anormalidad institucional y social en la que nos han situado los últimos acontecimientos de nuestra historia. Comenzar el análisis por aquí nos da también una perspectiva del *procés* y de sus causas, que se remontan, a mi modo de ver, a momentos más alejados de lo que se cree. Es posible y probable que todo venga de más lejos, y es necesario tener esta perspectiva para disponer de todos los elementos de análisis que permitan conocer lo que finalmente ha acabado ocurriendo.

Aun a costa de interrumpir la narración cronológica, me he permitido introducir en el relato unos capítulos más atemporales, pero necesarios para poder tener una mejor percepción de los aspectos del *procés* que más han incidido en mi ámbito profesional. Es un peaje que el lector debe pagar, pero sin el cual el libro perdería solidez justo donde más puede tenerla. Son los aspectos que atañen al ámbito del derecho, mi tema, y respecto del cual el *procés* no ha tenido especial delicadeza. No ha sido este su único problema, aunque sí uno de los más importantes. Por las razones que se verán, el valor del derecho, especialmente el derecho público, ha sido menospreciado en Cataluña por sus instituciones durante estos últimos años (y seguramente desde hace más tiempo), y quiero aprovechar este libro para reivindicar no solo la importancia del derecho, sino también para poner de relieve su valor en una sociedad moderna y democrática; en una sociedad que se basa en la garantía de los derechos de todos los ciudadanos y que exige a sus instituciones que actúen en el marco de la ley, como así también se exige a la población.

Quisiera hacer una última consideración sobre el contenido del libro. Su carácter híbrido me permite reclamar una cierta solvencia en aquellas partes que son fruto de la reflexión propia de un jurista. La mayor parte de la obra responde a esta orientación, pero también es cierto que va más allá, y aquí ya no puedo apelar, académicamente hablando, a dicha solvencia. He asumido el riesgo de hacer valoraciones que son más propias de otras disciplinas sociales, porque me ha parecido que podían facilitar la lectura y la comprensión más global de los hechos tratados. Sin embargo, quiero dejar constancia de que no he pretendido hacerlo como experto, sino como una aproximación a título personal que se fundamenta solo en la experiencia que he podido extraer de mis vivencias y de mi particular interés por entender y descifrar algunas de las claves del *procés*.

Respecto al título, *No todo vale*, ya se deduce a partir de él que quiere expresar la idea de que un objetivo no se puede conseguir de cualquier manera. Algo parecido a que «el fin no justifica los medios». No obstante, para que el lector no se lleve a engaño, el *No todo vale* no tiene un significado unidireccional (porque el *procés* no ha sido cosa de uno, sino de dos). Se han cometido excesos desde las instituciones catalanas y estatales, y es importante que se explique cómo se reparten las responsabilidades.

Como cualquier otro libro, este también debe tener su punto final. Aun a riesgo de quedar desactualizado cuando se publique, pues el *procés* es algo vivo y está sujeto a cambios rápidos e imprevisibles. Sin embargo, confío en que esto no ocurra, al menos, en sus partes esenciales. La casualidad hace que lo termine el día 6 de diciembre de 2018, cuarenta aniversario de la Constitución.

Barcelona, 6 de diciembre de 2018

I

LOS UNIVERSOS PARALELOS

> La teoría de los universos paralelos o de los mundos múltiples es una hipótesis considerada por la física, especialmente por la física cuántica y la teoría de cuerdas. Esta hipótesis propone que dos o más objetos físicos, realidades o percepciones pueden llegar a coexistir en el mismo espacio y tiempo. Investigadores australianos y americanos afirman que los universos paralelos no solo existen, sino que, además, interactúan entre ellos influyéndose unos a otros con una sutil fuerza de repulsión. La teoría de los universos paralelos ha sido y es una fuente de inspiración para los creadores de ciencia ficción.*

Las secuelas del artículo 155

A principios de septiembre de 2017, el Parlamento catalán aprobó las leyes que habrían de propiciar la separación de Cataluña de España si el referéndum convocado para el 1 de octubre ofrecía un resultado favorable a la independencia. La aprobación de estas leyes, la del referéndum de autodeterminación y la de transitoriedad jurídica y fundacional de la república, pro-

* Las citas de inicio de capítulo que no están atribuidas son obra del autor.

vocó una crisis política sin precedentes, que se vivió de manera particularmente intensa en el Parlamento. El desarrollo de las sesiones parlamentarias de los días 6, 7 y 8 de septiembre no pasará a la historia como una página gloriosa del parlamentarismo catalán, sino todo lo contrario.

Después, la sociedad catalana vivió un convulso periodo, con la atención proyectada sobre lo que iba a ocurrir el 1 de octubre y con los sobresaltos producidos por las actuaciones judiciales y policiales que intentaban desmantelar la logística organizativa del referéndum.

Esta situación se hizo aún más crítica durante el mes de octubre, con dos fechas determinantes: el día 1, con la celebración del referéndum bajo las cargas de la Policía Nacional, y el día 27, con la declaración de independencia proclamada en el Parlamento, con algunos titubeos previos por parte de sus promotores y también con bastantes dosis de ambigüedad en su formalización.

Como también es sabido, la reacción del Estado ante estos acontecimientos fue la aplicación del artículo 155 de la Constitución, lo que se tradujo en el cese del presidente y del Gobierno de la Generalitat, con la consiguiente intervención sustitutiva de la Administración catalana por el Gobierno del Estado y la disolución del Parlamento, además de la convocatoria de elecciones para el 21 de diciembre de 2017.

Paralelamente, la maquinaria judicial se ponía en marcha contra los líderes promotores del proceso de independencia (miembros del Gobierno, de la mesa del Parlamento y dirigentes de las principales entidades cívicas que dieron apoyo al *procés*), lo que situó la imputación penal de los hechos en el discutible ámbito de los presuntos delitos de rebelión o sedición. Para una parte de la sociedad y de la clase política catalana son presos políticos o exiliados; para otra, simplemente presos o huidos de la justicia. Diferencias no precisamente menores que ponen en evidencia la profunda división que hoy existe en la política y la sociedad catalana. Y no solo en ellas, porque la crisis catalana también ha contaminado hondamente la política española hasta convertirse en uno de sus principales problemas.

El desarrollo de todos estos acontecimientos ya se ha tratado en diversas publicaciones. En este libro se va a efectuar desde la perspectiva que le es posible a su autor, esto es, a partir de sus vivencias como letrado mayor del Parlamento y de las reflexiones que puede hacer en su condición de jurista. Desde una visión, sobre todo esta última, a la que quizá no se ha prestado la atención que merecería, pero que puede explicar bastante sobre lo ocurrido y, de manera especial, sobre algunas de sus consecuencias.

Después de los intensos días vividos durante los meses de septiembre y octubre de 2017 y de la inquietud e inseguridad que mucha gente sintió, la aplicación del artículo 155 de la Constitución y la convocatoria de nuevas elecciones tuvo un cierto efecto balsámico, al menos momentáneamente, si debo guiarme por las sensaciones que percibí desde diversos ámbitos. Pero esta aparente tranquilidad solo duró durante el paréntesis hasta las nuevas elecciones del 21 de diciembre, cuyo resultado no resolvió desde luego el problema, sino que en realidad lo ha complicado.

Las formaciones independentistas que se presentaron a las elecciones, especialmente Junts per Catalunya (plataforma electoral promovida por el expresidente de la Generalitat, Carles Puigdemont) y Esquerra Republicana de Catalunya (ERC), se disputaron el espacio electoral soberanista que, para sorpresa de muchos, se decantó finalmente a favor de Junts per Catalunya. La primacía de esta candidatura dentro del independentismo tendría importantes consecuencias para la nueva legislatura porque ERC asumió su derrota y se vio compelida, contra el pronóstico inicial de las encuestas, a ceder a Carles

Puigdemont el protagonismo de las iniciativas que se iban a desarrollar acto seguido. Sin embargo, ello no debe confundirse, ni mucho menos, con la aceptación como propia de su liderazgo y de la estrategia derivada del mismo. Los hechos demostrarían después el grado de certeza de esta apreciación.

El resultado de las elecciones del 21 de diciembre de 2017 volvió a configurar una mayoría parlamentaria no muy alejada de la legislatura anterior: una mayoría del bloque independentista formado ahora por Junts per Catalunya, ERC y la Candidatura d'Unitat Popular (CUP), aunque no expresiva de un apoyo social mayoritario. Se repetía de nuevo la asintonía producida en las anteriores elecciones de 2015 entre el apoyo popular obtenido por Junts pel Sí y la CUP, por un lado, y su reflejo en el reparto de escaños en el Parlamento, por otro. Una mayoría parlamentaria, pero no mayoría social, a pesar de que las diferencias fueran muy escasas.

La inexistencia de una correspondencia exacta entre los votos emitidos en un proceso electoral y su traducción en escaños no es nada extraño. Sucede a veces, dependiendo sobre todo de las fórmulas de cálculo electorales. En cualquier caso, es importante considerar este factor de distorsión entre votos y escaños para no llevarse a equívocos, en particular si se trata de legitimar decisiones políticas que pueden ser especialmente relevantes para el conjunto de los ciudadanos.

Dejando al margen otros factores, se acepta comúnmente que un proceso de secesión o independencia no puede tener recorrido si no cuenta, como mínimo y como presupuesto inicial, con un apoyo claro e inequívoco de la mayoría de la población del territorio que aspira a constituirse como nuevo Estado. Y mucho menos aún si el procedimiento que se quiere utilizar para conseguir este objetivo es seguir la vía unilateral. Esta dificultad aumenta, lógicamente, cuando este proceso se pretende desarrollar en el marco de lo que en principio es una democracia liberal, donde el territorio en cuestión ya cuenta con un importante nivel de autogobierno y en el seno de su sociedad no existe ningún conflicto relevante étnico, religioso o de naturaleza análoga que afecte seriamente a su cohesión social. Atendiendo a todos estos parámetros, es más que dudoso que un proceso de secesión de las características expuestas tenga posibilidades reales de llegar a buen puerto.

Sin embargo, lo que se acaba de describir es justo lo que sucedió en Cataluña en otoño de 2017 a partir de los resultados electorales de 2015. La experiencia acabó con la aplicación del artículo 155 de la Constitución y la convocatoria de nuevas elecciones.

Me parece oportuno hacer esta observación, porque es evidente que no hay un antes y un después del artículo 155 de la Constitución española. Su aplicación no ha significado borrón y cuenta nueva. Nada de eso. El artículo 155 tuvo un relativo éxito para abortar las posibles consecuencias de la declaración de independencia que se realizó en el Parlamento el 27 de octubre de 2017. Pero la situación de excepcionalidad que creó no podía ser indefinida y necesitaba revertirse lo antes posible con la convocatoria de unas nuevas elecciones. Así lo exigía el principio democrático, aunque supusiera una incógnita respecto al futuro. El artículo 155 debía tener fecha de caducidad, con la formación del Gobierno surgido de las elecciones convocadas para el 21 de diciembre de 2017, y la jugada podía salir bien o mal, dependiendo de cada mirada. Existía la posibilidad de que los resultados fueran parecidos a los de las anteriores elecciones de 2015 y que el conflicto continuara o se complicara aún más.

Se optó por la única solución de normalización política posible: convocar unas nuevas elecciones sin demora, a pesar de que se especuló con la posibilidad de diferirlas. Pero la solución final de poner plazo inmediato a la convocatoria era, sin duda, la más acertada, a pesar de las incógnitas de su resultado y del riesgo que podía suponer, desde la perspectiva del Estado, una nueva mayoría parlamentaria de los partidos independentistas. Este riesgo era más importante de lo que podía parecer a simple vista, porque este escenario podía permitir al independentismo añadir a su lista de agravios la aplicación del mismo artículo 155 al considerarlo como un ataque democrático por haber disuelto un parlamento legítimo: el Parlamento que había declarado la independencia. Si esto ocurría, Cataluña podía tener un nuevo problema, el espejismo de contar con una doble legitimidad, dos universos paralelos. Uno instalado ya en la hipotética república que los ciudadanos estarían revalidando con las nuevas elecciones y otro sometido al dilema de decidir si está al servicio del primero o debe evolucionar por su propia cuenta.

La convocatoria inmediata de elecciones en aplicación del artículo 155 era inevitable, como hemos dicho. Y el ejercicio de la democracia era la prueba del algodón. En las elecciones tenían que poder participar, como así fue, todas las fuerzas políticas, y finalmente nadie objetó su resultado. Pero fue un resultado que no presentó variables aritméticas respecto de la situación anterior, en la que se emprendió el camino de la independencia por la vía unilateral y que acabó desembocando en el referéndum del 1 de octubre y en la declaración de independencia del 27 de octubre de 2017.

La reedición de la mayoría independentista ha puesto de relieve que esta ha percibido la aplicación del artículo 155 de la Constitución como un acto antidemocrático, contrario a las instituciones catalanas y a la representación popular que ostentan. Una mayoría que también considera que el referéndum del 1 de octubre de 2017 expresó un mandato democrático para avanzar en la independencia y que el Parlamento continúa teniendo la soberanía plena para hacerlo efectivo. También ha puesto de relieve que la mayoría parlamentaria tampoco acepta sin más que las elecciones del 21 de diciembre de 2017 constituyan una nueva etapa de la política catalana, con solución de continuidad respecto de la inmediatamente anterior. Como una nueva legislatura, como debería ser. Para esa mayoría parlamentaria, no es una nueva etapa porque se parte de la legitimidad política e institucional existente antes de la aplicación del artículo 155 de la Constitución, una legitimidad que se considera que nunca debió ni pudo eliminarse por la aplicación de dicho artículo.

Generalizar tiene sus riesgos, pero creo que la observación que se acaba de hacer vale para todas las fuerzas que integran el bloque independentista. Aunque también es posible que existan matices al respecto, si hemos de juzgar por determinados actos y manifestaciones de algunos actores políticos, especialmente procedentes de ERC, que en esta etapa actual parece asumir un papel más moderado dentro del bloque; un papel más pragmático respecto a la posibilidad de sustituir la vía unilateral por otra vía que, sin renunciar al objetivo de la independencia, apueste por el diálogo y el acuerdo con el Estado, es decir, por la búsqueda de escenarios alternativos y más realistas que el enroque sobre las posiciones de partida.

En cualquier caso, la duodécima legislatura del Parlamento se inició bajo el signo del legitimismo y la restitución, unos términos con los que se quiso poner de relieve que las legítimas instituciones de la Generalitat, y en especial la figura de su presidente, aún son las que eran antes de aplicarse el artículo 155 de la Constitución. Una clara referencia al pecado original bajo el que nació la legislatura para el independentismo. También es coherente con la visión de que el artículo 155 fue «un golpe de Estado» contra Cataluña, una afirmación sorprendente si tenemos en cuenta que se trata de un precepto que forma parte de la Constitución.

Aunque, en el fondo, todo este discurso tiene una paradoja difícil de esconder: la de cómo resolver, siguiendo el mismo razonamiento que hacen sus valedores, lo que no deja de ser un choque de legitimidades, pues es indiscutible que, en términos estrictamente democráticos, los ciudadanos de Cataluña han renovado su representación en el Parlamento como resultado de las elecciones del 21 de diciembre de 2017. Estas elecciones, a las que todos los partidos se pudieron presentar, han configurado, se quiera o no, un nuevo Parlamento independiente del anterior; un Parlamento que, como ocurre en cualquier democracia, debe poder actuar sin hipotecas. Esta es una regla básica que no admite medias tintas, porque no existen democracias paralelas ni dobles Gobiernos. O no deberían existir al menos.

La insólita legislatura

La legislación electoral no prohíbe que puedan ser candidatos a las elecciones personas que se encuentran en prisión o que estén temporalmente en el extranjero. Ello no debe sorprender, porque el derecho de participación política constituye uno de los pilares de cualquier Estado democrático. Esto no significa que la comisión de determinados delitos no permita inhabilitar este derecho. Pero el principio de presunción de inocencia, que también es un derecho fundamental, impide como regla general anticipar esta consecuencia hasta que no exista una condena penal firme.

La disolución del Parlamento propiciada por la aplicación del artículo 155 de la Constitución y la posibilidad de presentar como candidatos electorales a los ex responsables políticos de la Generalitat en prisión o en el extranjero ha sido determinante para la estrategia del legitimismo y la restitución. El independentismo tenía una oportunidad de oro de convertir el resultado de las elecciones del 21 de diciembre de 2017 en un rechazo social a la intrusión del Estado en el funcionamiento de las instituciones catalanas y refrendar al mismo tiempo a los actores políticos de la declaración de independencia. El resultado de las elecciones les ha dado en buena parte la razón, porque con la hegemonía obtenida por el sector independentista, el actual Parlamento se ha visto sometido a una nueva dinámica de conflicto claramente tributaria de la situación excepcional en la que tiene su origen.

Una dinámica de conflicto acentuada sobremanera por la polarización y división social, que expresan los mismos resultados electorales con el mantenimiento de un bloque independentista fuerte, pero también, en contrapartida, con un auge extraordinario del partido político Ciudadanos y una pérdida relativa de peso, no menos importante, de las fuerzas que expresan posiciones más moderadas. El triunfo de la radicalidad frente a la moderación, nada de extrañar dadas las circunstancias.

Si alguien creía que con la aplicación del artículo 155 y la causa judicial abierta contra los responsables de los hechos del otoño de 2017 se abriría una cierta etapa de normalidad en Cataluña, es obvio que se equivocaba. El problema de fondo persiste, y, para muestra, solo hay que considerar dos datos que me parecen indiscutibles: el funcionamiento totalmente anómalo del Parlamento desde su constitución el 17 de enero de 2018 y la posibilidad, aún abierta y factible, de que la política catalana continúe insistiendo en la vía unilateral. *Fer república* (hacer república) es un eslogan muy utilizado, y no está nada claro que sea con fines meramente retóricos o simbólicos.

Durante los primeros meses de funcionamiento de la nueva legislatura, el Parlamento ha vivido situaciones extraordinarias. Verdaderamente impensables para muchos antes del inicio de la misma y también, por qué no decirlo, extravagantes, al menos desde el punto de vista de un jurista. La victoria de Junts per Catalunya se tradujo en un acuerdo político por el cual este partido ostentaría la presidencia de la Generalitat, mientras que a ERC le correspondería la del Parlamento. Este acuerdo dio alas a las tesis legitimistas y fue una oportunidad perfecta para continuar la estrategia de confrontación con el Estado, simplemente presentando al expresidente de la Generalitat Carles Puigdemont —el *president legítim* (presidente legítimo) para algunos— como candidato a la presidencia de la Generalitat. No como nuevo candidato, sino como acto de restitución en su cargo. Todo un jaque mate al Estado y al artículo 155. Esto originó la primera crisis importante de la legislatura.

Pero la candidatura tenía un problema. Como diputado electo, el expresidente de la Generalitat Carles Puigdemont podía ser un candidato válido, en teoría. Pero su investidura requería su presencia en el Parlamento para obtener la confianza política de la Cámara, y ello comprometía su propia libertad personal al estar en aquel momento sometido a una orden de busca y captura e ingreso en prisión.

A pesar de tener la presidencia del Parlamento con Roger Torrent, ERC partía de una posición difícil, la propia de un partido político que pierde su hegemonía en el sector independentista cuando estaba confiado en tenerla y de un partido también decapitado con su principal líder, Oriol Junqueras, en prisión. En este contexto, la opción ganadora, Junts per Catalunya, no tuvo especial dificultad en proponer a Carles Puigdemont como candidato a la presidencia de la Generalitat. Quizá ERC hubiera preferido otro candidato, aun aceptando que debía proponerlo Junts per Catalunya, pero no tuvo más remedio que asumir la decisión de su socio.

A los letrados del Parlamento, especialmente para los que asistíamos a la Mesa y la Junta de Portavoces (el secretario general y el letrado mayor), se nos presentó una situación difícil. La candidatura implicaba no solo la posibilidad de investir a un presidente que no podía intervenir ni participar en la sesión de investidura, sino también la de propiciar una situación tan insólita como podía ser la elección como presidente de la Generalitat de una persona que, con toda probabilidad, debería ejercer su cargo desde el extranjero.

Se debía determinar si era posible celebrar una sesión de investidura sin la asistencia del candidato (por vía telemática o por delegación en otro diputado) y si la inmunidad que el Estatuto de Autonomía concede a los diputados le protegía frente a cualquier detención, incluso la ordenada por la autoridad judicial. El presidente del Parlamento recibió una carta del candidato en la que este le trasladaba la responsabilidad de proteger esa inmunidad si el candidato acudía al Parlamento, algo que era obvio que el presidente del Parlamento no podía hacer ni asegurar. El vicepresidente primero de la Mesa, Josep Costa, de Junts per Catalunya, defendió en especial la tesis de la inmunidad parlamentaria, a la que dio una extensión notoriamente desorbitada, pues es evidente que la inmunidad que el Estatuto catalán garantiza a los diputados no puede llegar a cubrir posibles detenciones ordenadas por la autoridad judicial. Si no fuera así, sería casi tanto como aceptar una situación de impunidad.

No conozco ningún país que se rija por un sistema de tipo parlamentario —es decir, en el que el presidente del Gobierno se elige después de obtener la confianza política del Parlamento— en que pueda producirse la investidura sin la presencia del candidato ante la Cámara y sin la interlocución directa y personal que requiere un debate de esta naturaleza. Me parece un implícito esencial del parlamentarismo, y no hace falta que el Reglamento del Parlamento lo tenga que prohibir expresamente. Las normas se han de interpretar y aplicar de acuerdo con su lógica funcional, y es absurdo exigirles la carga de prohibir expresamente todo aquello que se opone a esa lógica o la contradice.

He oído con cierta insistencia en estos últimos años que si la ley no prohíbe hacer algo, significa que lo permite. Este razonamiento puede ser válido en la lógica del derecho privado, pero no es de recibo cuando se trata de las normas que establecen la actuación de los poderes públicos, donde este principio se invierte para exigir que esa actuación se realice de acuerdo, y solo de acuerdo, con el procedimiento establecido. Los poderes públicos no solo no pueden hacer lo que la ley prohíbe, sino tampoco aquello que teóricamente permite si lo hacen al margen del procedimiento que esta establece.

Pero no creo que lo importante de una investidura no presencial sea este debate jurídico. Lo realmente importante va más allá del acto parlamentario en sí mismo, e incluso de una eventual vulneración del derecho de la oposición a tener un debate, como marca el Reglamento de la Cámara. De lo que se trata es, ni más ni menos, de si tiene sentido alguno y si es asumible para cualquier sociedad que su principal representante político pueda llegar a gobernar sin estar presente en el país —en este caso, Cataluña— durante su mandato o, en el peor de los casos, lo haga privado de libertad. La investidura de Carles Puigdemont, en caso de haberse producido, llevaba necesariamente a una de estas dos situaciones.

Esta pretensión de gobernar a distancia, esto es, sin capacidad real para hacerlo en las condiciones que presupone una responsabilidad de esta naturaleza, no me parece una opción realista. Porque el ejercicio de cualquier cargo público no solo requiere que el candidato disponga de las condiciones para acceder al mismo, sino también de aquellas otras que le permitan asumir con normalidad y de manera efectiva las obligaciones inherentes a dicho cargo.

Como todos conocemos, la presidencia de la Generalitat lleva asociadas muchas obligaciones que presuponen la presencia de su titular en el territorio en el que gobierna, sin la cual no pueden ser cumplidas. De hecho, esta presencia se da por descontada en un cargo de esta naturaleza y no debería discutirse sin riesgo de caer en el absurdo. La residencia del presidente de la Generalitat en Cataluña es necesaria, entre otras cosas, para que pueda desarrollar correctamente sus obligaciones con el Parlamento, sobre todo las de control político, así como con las demás instituciones. No olvidemos tampoco que el presidente de la Generalitat es también el representante ordinario del Estado en Cataluña. No menos importante es el vínculo de residencia efectiva en Cataluña que el presidente, como diputado, debe cumplir no solo por imperativo legal, sino también porque la sede de la Presidencia de la Generalitat está en Barcelona, según establece expresamente el Estatuto; y porque nadie puede concebir razonablemente que un cargo de esta naturaleza se pueda ejercer sin un contacto directo y permanente con la comunidad para la que se gobierna. Y luego está la necesidad de cumplir con los principios básicos de cualquier sistema democrático, como son, por citar solo dos de los más importantes, garantizar que las autoridades públicas quedan sujetas, en condiciones de igualdad junto con los demás ciudadanos, a las normas que ellas mismas dictan y que asumen también, en estas mismas condiciones de igualdad, las responsabilidades derivadas de sus actos.

Si se reside fuera de Cataluña, todo esto no se puede cumplir. En mi vida profesional he visto propuestas de todas clases, pero nunca una como esta. Una solución absolutamente forzada cuya implementación, si la imaginamos por un momento, llegaría a desfigurar por completo los mismos fundamentos de cualquier sistema democrático.

La propuesta de Carles Puigdemont como candidato a la presidencia de la Generalitat se vio, desde el Gobierno del Estado y de los grupos políticos de la oposición, como una provocación, no solo por lo que se acaba de exponer, sino por el significado de la candidatura en sí misma. Era muy difícil de digerir para ellos que una persona que había eludido la acción de la justicia y estaba imputada por un delito de rebelión pudiera ser propuesta como candidato a la presidencia de la Generalitat.

Cuando la candidatura se hizo pública, el Estado reaccionó con una actuación jurídica verdaderamente insólita: la impugnación ante el Tribunal Constitucional de la propuesta de candidato realizada por el presidente del Parlamento. Esta impugnación fue desaconsejada por el Consejo de Estado. A criterio de este órgano consultivo, la candidatura como tal no parecía un acto susceptible de ser impugnado. Cosa distinta podía ser el intento de hacer efectiva la investidura sin la presencia del candidato ante el Pleno. Parecía lógico que la impugnación debía reservarse para este momento preciso, como apuntaba el Consejo de Estado. Pero también era cierto que ello comportaba el riesgo de que se produjera un hecho consumado sin que nadie pudiera haber intervenido antes para impedirlo.

La impugnación puso en una situación bastante difícil al Tribunal Constitucional, ostensiblemente incómodo con el papel que se le había ya obligado a jugar sobre el proceso catalán durante la anterior legislatura y que veía cómo ahora se le ponía de nuevo en una situación límite, con la impugnación preventiva de una investidura que tenía pocos argumentos jurídicos para sostenerse, pues, a pesar de la situación del candidato, en teoría no pesaba sobre él ninguna limitación legal que le excluyera para acceder a la Presidencia de la Generalitat.

Hay que reconocer, al menos esta es mi opinión, que el Tribunal fue esta vez muy hábil y pragmático para esquivar el dardo envenenado que le enviaba el Gobierno. No disponía de mucho margen, puesto que la convocatoria del debate de investidura se había establecido para el martes 30 de enero de 2018. La propuesta de resolución se había hecho pública el día 25 del mismo mes, y la impugnación se presentó al día siguiente. Recuerdo que la prensa anunció que el Tribunal se reuniría el sábado 27, un día inhábil en principio y nada habitual. Aquel día estuvimos pendientes, durante muchas horas, de si el Tribunal admitía o no a trámite la impugnación. Al final, sorprendió a todo el mundo con un buen regate.

Lo hizo con una decisión en la que no se pronunciaba aún sobre la admisión a trámite de la impugnación, pero sí decretaba unas medidas cautelares sobre las condiciones en que debería producirse la investidura en este caso. Ahí estaba la clave. El Tribunal no cuestionaba la validez de la candidatura como tal, porque no podía hacerlo, pero tampoco estaba dispuesto a admitir que la investidura se produjera sin la presencia del candidato ante el Parlamento, lo que suponía que aquel debía ponerse a disposición de la autoridad judicial, en cumplimiento de la orden de busca y captura e ingreso en prisión que le afectaba, para, acto seguido, solicitar al juez el correspondiente permiso para poder asistir a la sesión de investidura. La resolución iba acompañada de una advertencia, dirigida al presidente del Parlamento y a los demás miembros de la Mesa, en la que se les instaba a no adoptar, bajo su responsabilidad, ninguna actuación contraria a estas medidas cautelares.

La decisión del Tribunal Constitucional era un torpedo en la línea de flotación de la candidatura. Fue entonces cuando tomaron cuerpo los rumores de una posible llegada del candidato al Parlamento para acudir personalmente a la sesión de investidura, lo que causó el nerviosismo de la policía y algunas actuaciones esperpénticas, entre ellas registros de vehículos en la frontera y en los alrededores de la sede del Parlamento. La incertidumbre duró todo el fin de semana, y la presión sobre el presidente del Parlamento, Roger Torrent, fue muy intensa, especialmente desde Junts per Catalunya y la CUP, que parecían dispuestos a desobedecer las medidas cautelares y materializar una investidura telemática o por medio de un diputado sustituto.

El presidente del Parlamento apuró los plazos para tomar una decisión. Esperó hasta el último momento, y lo hizo el mismo martes 30 de enero por la mañana. En una declaración pública anunció que el pleno se posponía *sine die*, una fórmula que le permitía salvar la situación con ambigüedad calculada. No suponía la suspensión del pleno de investidura del candidato propuesto, pero sí evitaba el mal mayor de incurrir en desobediencia frente al Tribunal Constitucional. El presidente evitó una situación que le podía haber llevado a enfrentarse a una querella por desobediencia. Pero la decisión provocó una primera fractura dentro del bloque soberanista, seguramente más grave de lo que en aquel momento pudo parecer. El tiempo lo acabaría confirmando, pues Junts per Catalunya es una formación construida esencialmente en torno a una persona. Y para ella, el bloqueo a su investidura, que significaba la decisión de aplazar el pleno, seguramente fue considerado como un acto de deslealtad.

Cuando algo empieza mal, los problemas se suelen suceder. Se evitan unos, pero se crean otros nuevos. Y el aplazamiento del pleno de investidura es un buen ejemplo de ello, porque dejó en el limbo político y jurídico una cuestión tan importante como era la de determinar qué sucede con el plazo de dos meses que establece el Estatuto para convocar nuevas elecciones si no existe investidura. ¿Había empezado a correr este plazo? Los partidos de la oposición no estaban dispuestos a aceptar una situación que, *de facto*, impedía que corriera el plazo para disolver la legislatura y convocar automáticamente nuevas elecciones. Si era así, la situación de bloqueo institucional podía eternizarse.

La pelota pasó al tejado de los servicios jurídicos del Parlamento, y lo insólito de la situación nos generó un cierto desconcierto. Había coincidencia en que no se podía considerar iniciado el plazo para disolver y convocar nuevas elecciones al no haberse llegado a producir una primera votación de investidura, que es la condición que establece el Estatuto. Pero ya no había tanto acuerdo sobre cómo resolver la situación de *impasse* generada por el aplazamiento, sin fecha fija, del debate de investidura. Como letrado encargado de preparar el informe sobre esta cuestión, tuve que renunciar finalmente a ello tras constatar que Xavier Muro, secretario general del Parlamento, no compartía mi análisis de la situación. Son cosas que suelen pasar y que se solucionan normalmente con fórmulas de compromiso, respetando los márgenes que permite la interpretación jurídica, aunque en este caso no pudo ser. Fue una lástima, porque hasta aquel momento ambos habíamos coincidido en nuestros análisis y pudimos salvar situaciones muy comprometidas durante la anterior legislatura. Esta primera discrepancia llevó después a otras que contribuyeron a que, unos meses más tarde, yo cesara en el cargo de letrado mayor. Esta no fue la causa principal, pero sí influyó, porque el letrado mayor depende jerárquicamente del secretario general y es necesario que entre ambos exista especial sintonía.

En relación con el aplazamiento del pleno, me preocupaba la situación de bloqueo institucional que se podía producir si se alargaba. También la posición en que quedaban los grupos de la oposición y sus derechos parlamentarios. La decisión del presidente del Parlamento era comprensible desde el punto de vista político y seguramente evitó un mal mayor, pero presentaba estos problemas.

Lo que era una situación parlamentaria anómala pareció enderezarse cuando Junts per Catalunya decidió cambiar de candidato y proponer a Jordi Sánchez como presidente de la Generalitat. Esto ocurrió el 5 de marzo de 2018, más de un mes después del primer intento de investir a Carles Puigdemont. Una solución provisional, pues no se renunciaba a volver a intentar más tarde la investidura del expresidente de la Generalitat. La candidatura de Jordi Sánchez también era una apuesta arriesgada y difícil; no exactamente en términos legales, pero sí políticos y prácticos. Un diputado en situación de prisión provisional, no inhabilitado ni suspendido legalmente, puede ser un candidato teórico a presidir el Gobierno de la Generalitat. Nada que oponer a ello. Pero escoger este candidato entre otros posibles no parece casual ni irrelevante; parece obedecer a una estrategia coincidente, en el fondo, con la del primer candidato. Una candidatura que podría ser vista como un nuevo pulso al Estado, esta vez dirigido especialmente al Poder Judicial.

De lo que se trataba era de poner en un brete al magistrado instructor del Tribunal Supremo, Pablo Llarena, obligándolo a facilitar la investidura mediante un permiso y, de rebote, en caso de que fructificase, tener que resolver el difícil dilema de cómo una persona puede ejercer de presidente estando en situación de prisión provisional. Siempre he pensado que si el magistrado instructor decidía conceder el permiso, debería asumir como consecuencia lógica un cambio en la situación procesal del diputado, pues igual que no se puede gobernar desde el extranjero, tampoco parece posible hacerlo desde la prisión.

Para los impulsores de la candidatura de Jordi Sánchez era una ocasión perfecta para intentar demostrar la debilidad democrática del Estado. Impidiendo la asistencia del candidato al Parlamento, se podía acusarle de no respetar los derechos fundamentales reconocidos por la Constitución y los convenios internacionales, sobre todo cuando se trata del ejercicio del derecho de participación política.

Hay que reconocer que este es un caso jurídicamente interesante, como sucede con muchos casos límite en los que se contraponen valores esenciales de un sistema. Por una parte, el derecho fundamental de participación política, que permite establecer que quien se presente a unas elecciones debe poder desarrollar su cargo representativo si resulta elegido. Por otra parte, la lógica del derecho penal y de las medidas cautelares, que tienen como función, entre otras, asegurar que una persona imputada por un delito no eluda la acción de la justicia, en el caso de delitos graves, o pueda proseguir o reincidir en la actuación presuntamente delictiva. En este caso, este riesgo era posible, en teoría, por razón del cargo al que se aspiraba, teniendo en cuenta lo ocurrido en octubre de 2017.

¿Cómo resolver este conflicto? La respuesta del derecho suele pasar, en casos así, por la aplicación de criterios de ponderación de los intereses en juego, partiendo del principio de que, por muy importantes que sean los derechos afectados, todos tienen, en mayor o menor medida, unos límites en la interacción con otros derechos o valores constitucionales. La regla del valor absoluto de los derechos es difícil de defender, porque, en este caso, hay que preservar todos los elementos que intervienen en el conflicto de intereses, atendiendo al valor estructural que representan en un sistema democrático. En este sentido, es pertinente recordar que cuando los tratados y acuerdos internacionales reconocen el derecho de participación política admiten, al mismo tiempo, que pueda quedar sujeto a restricciones establecidas por la ley, siempre que estén justificadas.

El derecho fundamental de participación política permite a cualquier persona que cumpla los requisitos legales presentarse como candidato a unas elecciones. Pero de ello no puede deducirse, sin más, que este ejercicio esté legalmente asegurado y que tenga que desplazar la situación de prisión provisional. Si fuera así, sería relativamente fácil eludir esta medida cautelar presentándose a unas elecciones y saliendo elegido. Y esto valdría para todo tipo de delitos. Aunque en el caso que aquí nos ocupa hay que reconocer que la cuestión se complica por la naturaleza de los hechos que han llevado a la imputación penal.

Finalmente, se denegó al diputado el permiso para asistir al pleno de investidura, lo que significó un nuevo aplazamiento, seguido de la renuncia del candidato. En definitiva, volver al sitio donde estábamos y más tensión en los partidos de la oposición por este segundo aplazamiento.

Todos conocemos el refrán que dice que «A la tercera va la vencida», aunque también sabemos que no siempre se cumple. En el tercer intento de investidura, ahora con el candidato Jordi Turull, era probable que el refrán no se cumpliera porque se movía en la misma lógica de confrontación que la anterior candidatura de Jordi Sánchez. Jordi Turull no se encontraba en prisión provisional. Junto con otros exmiembros del Gobierno y la expresidenta del Parlamento, estaban imputados en la causa penal, pero habían podido eludir de momento la prisión provisional mediante el pago de una fianza. Sin embargo, estaban pendientes de volver a declarar de nuevo, y había serios indicios para temer que su posición procesal pudiera empeorar como consecuencia del desarrollo de la instrucción de la causa.

Podía ser una buena ocasión para volver a poner en duda el talante democrático del Estado. Y también para un nuevo pulso al Poder Judicial, quizá mayor aún, porque no había en este caso ningún obstáculo para que la investidura se pudiera realizar. Así ocurrió el 22 de marzo de 2018, cuando se celebró la primera sesión de investidura, que resultó fallida al no obtener el candidato la mayoría absoluta requerida. Sin embargo, la investidura ya no pudo continuar cuando, al día siguiente, se produjo la declaración del candidato ante el Tribunal Supremo y el magistrado instructor decretó su prisión provisional sin fianza. Justo antes de que pudiera ser elegido presidente de la Generalitat en segunda votación. Justo antes de que se consumara una situación que podía ser crítica para el Tribunal Supremo y para el Estado. Lo único positivo de esta situación fue que empezó a correr el plazo de dos meses para conseguir una investidura antes de que se tuvieran que convocar nuevas elecciones.

He pensado muchas veces en las razones de las candidaturas presentadas, de intentar tres investiduras prácticamente imposibles. No parece que existan muchas dudas de que su principal motivación tiene mucho que ver con la voluntad de rechazar lo que significó la aplicación del artículo 155 de la Constitución en Cataluña y de validar indirectamente lo que decidió el Parlamento el 27 de octubre de 2017. Y también con la voluntad de poner al Estado en evidencia, esto es, visualizar la contradicción que puede suponer que unos cargos electos no puedan ejercer sus funciones a causa de las decisiones adoptadas por los tribunales españoles. Toda una estrategia pensada también en clave internacional, para dar una imagen antidemocrática del Estado español. Y también ideada para un futuro recurso ante el Tribunal Europeo de Derechos Humanos (TEDH) y para acceder a otras instancias de justicia internacional.

Tras los tres intentos de investidura fallidos, se insistió de nuevo en la candidatura de Jordi Sánchez, y se volvió a trasladar la presión sobre el Tribunal Supremo.

Como era de prever, el Tribunal Supremo no varió su posición y volvió a denegar a Jordi Sánchez la autorización para poder asistir al pleno de investidura. El pleno, que ya había sido convocado para el 12 de abril, se suspendió, y esta vez el tiempo comenzaba a apremiar, pues el reloj para conseguir una investidura efectiva había empezado a correr el 23 de marzo. Dos meses pasan muy deprisa.

Llegados a este punto, se decidió volver al planteamiento inicial, la investidura de Carles Puigdemont, que nunca ha quedado descartada del todo, como hemos dicho antes. Para salvar el escollo de las medidas impuestas por el Tribunal Constitucional sobre esta candidatura (las establecidas el 27 de enero), la fórmula que se utilizaría ahora sería la modificación de la Ley de la Presidencia de la Generalitat y del Gobierno, para permitir expresamente la investidura no presencial del candidato y para que las reuniones del Gobierno pudieran también hacerse de forma telemática. En definitiva, construir una base legal que permitiera desarrollar una hipotética «república digital», tomando la frase que más adelante diría Jordi Puigneró, consejero de Políticas Digitales y Administración Pública del Gobierno de la Generalitat.

Entre otros problemas, creo que uno de los más graves en que se ha incurrido en el desarrollo del *procés* es la mala calibración de los aspectos jurídicos implicados y la misma concepción del derecho y de su función. Es una cuestión esencial, porque de ello se desprenden consecuencias importantes y no siempre buenas. El intento de modificar la ley de la Presidencia de la Generalitat y de intentar esquivar de esta forma al Tribunal Constitucional me parece un ejemplo muy claro, un ejemplo de una astucia jurídica que al final acaba engañando a su mismo autor. También un ejemplo de que la ley nunca debería estar al servicio de los intereses personales, ni de causas alejadas de un mínimo sentido de la realidad. Ciertamente, el derecho tiene su parte creativa, no siempre reconocida. Pero hay que ir con mucho cuidado con la ingeniería jurídica, porque, aunque los mismos juristas solemos decir que el «papel lo aguanta todo», también sabemos que esto no es del todo cierto. En la época digital es posible concebir que determinados actos puedan realizarse telemáticamente y es necesario que la ley lo contemple, como de hecho ya lo hace. Pero lo que no parece posible, ni creo que sea lo más conveniente por el bien del parlamentarismo y de la democracia, es pretender que la ley ampare situaciones que llevan a prescindir de la intervención personal ante un parlamento del candidato que va a ser investido como presidente de cualquier Gobierno, ni permitir que esta presidencia se ejerza luego a distancia de manera permanente o habitual.

Como era de suponer, la reforma de la ley, aprobada el 8 de mayo, fue inmediatamente impugnada por el Gobierno del Estado y suspendida por el Tribunal Constitucional el día siguiente. Nueva tensión dentro del bloque independentista, con partidarios de ignorar la suspensión y convocar un pleno de investidura al amparo de la ley reformada y otro sector más cauto defendiendo otras alternativas de investidura. Otra vez el presidente del Parlamento puesto a prueba y resolviendo la situación de la mejor manera posible. Sin desobediencia y forzando a Junts per Catalunya a presentar un candidato viable.

Quedan solo quince días para que se agote el plazo para investir. Al final, Junts per Catalunya cede y empiezan a correr los rumores habituales sobre los posibles candidatos. Los que más suenan son: Elsa Artadi, Laura Borràs, Josep Costa y Quim Torra, quien será finalmente el designado. Y digo «designado» en lugar de «propuesto» porque es evidente que se quiere visualizar claramente que es Carles Puigdemont el que toma la decisión. Un nuevo guiño al legitimismo, para dejar claro el carácter delegado o vicario del futuro presidente de la Generalitat, y una nueva anomalía, porque este carácter no casa con la autonomía y la libertad de decisión que se presupone en un presidente de la Generalitat.

Quim Torra es investido en segunda vuelta por mayoría simple el 14 de mayo de 2018, con los votos a favor de Junts per Catalunya y ERC y la abstención de la CUP. La escenografía de la toma de posesión y de los primeros actos del nuevo presidente confirma su carácter vicario, asumido sin recato. Reconoció y agradeció al presidente Puigdemont la designación y recordó que llegaría un día en que «lo investiremos» (discurso dirigido al Pleno después de la votación de investidura), y visitó inmediatamente al expresidente de la Generalitat y a los dirigentes independentistas en prisión. Tremenda carga simbólica.

La investidura de Quim Torra permite especular sobre el tema clásico de la autonomía de decisión de las personas que acceden a la presidencia de un Gobierno a la sombra de quienes ejercían antes el cargo. Es el caso de Rajoy y Aznar o, sin ir tan lejos, el relevo que en su momento se vio forzado a hacer Artur Mas en favor de Carles Puigdemont para salvar la anterior legislatura. Existe la teoría, cumplida la mayoría de las veces, de que los nuevos gobernantes se emancipan de sus tutores y acaban marcando un perfil propio. Creo que esta teoría se cumple normalmente, pero dudo mucho que se cumpla en el caso de Quim Torra. Creo que lo está demostrando de sobra en lo que lleva de ejercicio del mandato.

De los antecedentes expuestos parece bastante claro que la elección de Quim Torra se enmarca en la voluntad de considerar la actual legislatura como un mal menor, como una alternativa necesaria a una restitución que, hasta ahora, ha resultado imposible. Nos movemos entre una legitimidad en el exterior, encarnada por el expresidente de la Generalitat, y un Gobierno ejecutivo en Cataluña. Un extraño Gobierno dual, más ideal que real, y una devaluación de las instituciones catalanas, cuya misma configuración, responsabilidad y autonomía se ven alteradas por esa manera de concebir un Gobierno. Porque la pregunta del millón es quién manda realmente en Cataluña: ¿el Gobierno que ha obtenido la confianza del Parlamento o un poder difuso y distante que no está sometido a ningún control político? Cuestión nada baladí en términos políticos, sociales y jurídicos.

La andadura del nuevo Gobierno de la Generalitat introduce serias dudas sobre su actuación independiente y autónoma. También sobre su verdadera capacidad y voluntad de ejercer como un Gobierno normal, es decir, asumiendo su condición de Gobierno de la Generalitat. Con el paso del tiempo, su actuación más bien parece darle un carácter de provisionalidad y de gestión de mínimos a la espera de nuevos acontecimientos.

Solo quince días después de la investidura de Quim Torra triunfa en el Congreso de los Diputados la moción de censura presentada por Pedro Sánchez, y esto descoloca a todos, especialmente al independentismo más radical. El independentismo descubre que en el Gobierno de España hay alternativa. De golpe, pierde el oxígeno que le proporcionaba el otro radicalismo, el del Gobierno de Rajoy y el Partido Popular (PP). Algunos dirigentes del Partit Demòcrata Europeu Català (PDeCAT) pagarán más tarde haber permitido, con la abstención de su grupo parlamentario en el Congreso, la investidura de Pedro Sánchez.

El cambio de Gobierno en Madrid ha modificado la situación. Ha hecho más difícil el discurso del «neofranquismo» que se había empezado a instalar en Cataluña respecto del Estado. Con Pedro Sánchez pierde credibilidad. Esto obliga al independentismo a relajar su discurso, sobre todo cuando el nuevo Gobierno del Estado ha sido hábil de reflejos y se ha preocupado por abrir espacios de diálogo con Cataluña y también ha facilitado el traslado de los presos allí. El Gobierno de la Generalitat no ha rechazado este espacio de diálogo, aunque continúa estableciendo condiciones difícilmente asumibles para el Estado español, como son la convocatoria de un referéndum de autodeterminación, una mediación internacional y la puesta en libertad de los presos. El presidente Quim Torra lo ha dicho y lo ha repetido por activa y por pasiva.

La convocatoria de un referéndum de autodeterminación tiene muchas dificultades. No solo políticas, sino también porque necesitaría de una reforma constitucional que se antoja muy difícil y compleja; aunque en este terreno no todo es blanco o negro, y hay otras alternativas, como veremos más adelante. También es una exigencia difícil de justificar cuando quien la formula no ha tenido reparo en intentar conseguir su objetivo unilateralmente. Una mediación internacional parece una condición imposible de aceptar por lo que representa e implica. La libertad de los presos no depende del Gobierno, por mucho que lo crean algunos, sino de los jueces. Si estas reivindicaciones son requisitos *sine qua non* para llegar a un acuerdo, no parece que la negociación pueda tener demasiado recorrido.

Es posible que el espacio para el diálogo y la negociación sirva para resolver cuestiones concretas afectadas por el bloqueo institucional producido en los últimos años y que se pueden abordar ahora en un clima de mayor acercamiento, aprovechando el cambio de escenario en Madrid. Un ejemplo es, y así sucede ya, la recuperación de las relaciones bilaterales de cooperación o la retirada de recursos interpuestos ante el Tribunal Constitucional a consecuencia de la impugnación sistemática de las leyes catalanas por el Gobierno anterior. Pero, en las cuestiones de fondo, el problema puede estar en que las posiciones de partida son demasiado distantes. Aunque el espacio que se ofrezca desde Madrid para negociar sea generoso, lo hará siempre respetando el marco constitucional, algo que puede parecer poco para el Gobierno catalán instalado en la lógica de que cualquier negociación ha de partir del cambio de paradigma que significaron en su día el referéndum del 1-O y la posterior declaración de independencia del 27-O.

La necesidad de mantener este paradigma permite, desde Cataluña, aceptar como fórmula de acuerdo un referéndum de autodeterminación pactado con el Estado, pero no asumir como marco de negociación el acatamiento del *statu quo* constitucional. Para ello se deberían hacer demasiadas renuncias políticas e incumplir muchas promesas, salvo que se imponga una alta dosis de realismo. El presidente Pedro Sánchez se ha referido a la posibilidad de que los catalanes puedan volver a votar sobre su futuro político en lo que podría ser una nueva reforma del marco estatutario. Un referéndum posible dentro del marco constitucional y que permitiría reabrir la reforma del Estatuto, cerrada en falso por la sentencia del Tribunal Constitucional de 2010. Pero esta opción se considera pantalla pasada desde la perspectiva catalana.

En los pocos meses que quedan antes de las vacaciones de verano, las posiciones se mantienen expectantes. Se produce un cierto deshielo en las relaciones entre ambos Gobiernos y finalmente el Parlamento puede arrancar con cierta normalidad, una vez resuelta la investidura. Se establece una tregua implícita, con la vista puesta en la vuelta de las vacaciones.

No obstante, a principios de agosto de 2018, Quim Torra hace diversas declaraciones públicas en unos términos y con un lenguaje un tanto enigmáticos. Reconoce que en octubre de 2017 no se estuvo preparado para hacer efectiva la república y que la sociedad catalana ha de organizarse mejor en el futuro para defenderla y aprovechar una eventual sentencia condenatoria de los políticos catalanes encausados como el *momentum* decisivo. También manifestó que solo se iba a participar en una reforma constitucional si contemplaba el derecho de autodeterminación, que no había que renunciar a la vía unilateral y que si la soberanía del pueblo reside en el Parlamento, no puede existir desobediencia si se le obedece.

Estas declaraciones, quizá no suficientemente valoradas por razón del momento en que se produjeron, dejan muchas incógnitas abiertas sobre el desarrollo de los futuros acontecimientos, especialmente con la mirada puesta en el momento decisivo, esto es, cuando se conozca el resultado del proceso judicial seguido contra los líderes catalanes. En cualquier caso, parece que de ella se deduce que no solo no se renuncia a persistir en la vía unilateral, sino que se espera disponer de una nueva ventana de oportunidad. A finales de noviembre de 2018, se reiteraron declaraciones parecidas que dieron a entender que, en el caso de una sentencia condenatoria, el Parlamento y la sociedad catalana podrían insistir en la vía de la independencia unilateral, sin necesidad siquiera de que esta decisión dependiera de un nuevo proceso electoral.

El aniversario no sale como estaba previsto

Después de las vacaciones de verano, el independentismo se preparó con vistas a dos próximas fechas de movilización ciudadana y reivindicación: el 11 de Septiembre y el primer aniversario del 1-O.

La manifestación del 11 de Septiembre de 2018 fue un nuevo éxito de participación. Más de un millón de personas avalaron la fuerza del independentismo, a pesar del fracaso de la declaración de independencia y de la confianza que mucha gente había depositado sobre su viabilidad.

El 1-O es el día clave para celebrar el aniversario del referéndum de autodeterminación y para recordar ante todo el mundo la represión policial de aquella jornada. Un acto con un doble significado: de reivindicación y de protesta. Pero lo que debía ser una gran fiesta del movimiento independentista no empezó ni acabó bien. No se consiguió que fuera un día de «paro de país» y se produjo un grave error cuando, desde la más alta instancia de la Generalitat, se alentó públicamente al brazo más radical del independentismo, los Comités de Defensa de la República (CDR), a presionar con movilizaciones en la calle. El presidente lo dijo en un acto conmemorativo celebrado por la mañana en Sant Julià de Ramis, donde también manifestó que el 1-O de 2017 fue el germen constituyente de la república catalana y que su legado se tenía que defender hasta el final en los días venideros. Mucha carga épica, y más grave aún en este contexto, cuando a última hora de la tarde la sede del Parlamento de Cataluña fue objeto de un intento de asalto por parte de un grupo de personas que a punto estuvo de entrar y ocupar el edificio, ante un más que insuficiente operativo policial.

Estos incidentes marcaron y devaluaron la conmemoración del 1-O y generaron una gran polémica política en torno al papel desarrollado por el presidente de la Generalitat durante ese día y también por las autoridades encargadas de la seguridad pública. Afortunadamente, no pasó nada más grave, aunque sugiero al lector que especule con lo que hubiera podido suceder si se hubiera llegado a ocupar el Parlamento.

Después de la conmemoración del 1-O, no parece que existan muchos avances en el terreno de la negociación; más bien al contrario. El presidente de la Generalitat continúa insistiendo en el referéndum de autodeterminación y lo reafirma como un ultimátum, que es inmediatamente rechazado por el Gobierno del Estado y que genera, además, incomodidad dentro del independentismo, pues ERC no parece compartir esta estrategia de confrontación tan directa. En realidad, la división en el seno del bloque independentista ya viene de lejos. Se ha ido cociendo internamente y con cierta discreción hasta ahora, pero es mucho más intensa de lo que muchos creen. Las tensiones por la investidura ya lo han puesto de relieve, y el origen del problema, en esta etapa política, viene del resultado electoral del 21 de diciembre de 2017 y también de otras cuentas pendientes anteriores relacionadas con la gestión del proceso independentista.

Desde la presidencia de la Generalitat, el relato no cambia en el debate de política general que se celebra a principios de octubre. Quim Torra insiste en la idea ya conocida de *«recuperem l'1-O, recuperem la declaració d'independència del 27-O i endavant tots junts»* («recuperemos el 1-O, recuperemos la declaración de independencia del 27-O y adelante todos juntos»). Y envía un nuevo mensaje dirigido al presidente del Gobierno para advertirle que su crédito se ha terminado. Sin embargo, es muy dudoso que el presidente de la Generalitat exprese en este momento una posición unánime y compartida del bloque soberanista y del Gobierno. En el mismo debate, el portavoz de ERC, Sergi Sabrià, reconoce que no nos encontramos en la república anhelada y hace también una reflexión crítica sobre cómo se hicieron las cosas en el otoño de 2017.

También hay síntomas claros de que en el PDeCAT hay división de opiniones, especialmente ante la constitución de la Crida Nacional per la República como movimiento político que impulsa el expresidente de la Generalitat, Carles Puigdemont, cuyo manifiesto, hecho público el 16 de julio de 2018, asume la premisa de que el pueblo de Cataluña «decidió» convertirse, en el referéndum del 1-O, en un Estado independiente en forma de república, que así fue «validado» por el Parlamento catalán el 27-O y que ha vuelto a ser validado con la mayoría soberanista surgida de las elecciones del 21 de diciembre de 2017 «impuestas» por el Estado.

El divorcio

Vivir entre la realidad y la ilusión tiene sus contradicciones. Y el Tribunal Supremo las ha puesto en evidencia, hasta el punto de ser el detonante de la crisis del independentismo que estalló en toda su magnitud en el momento en el que parecía que el Parlamento podía recuperar una cierta normalidad en su funcionamiento. Una mala coincidencia con el aniversario del 1-O, que ha pasado a ser también una fecha que expresa una profunda división del independentismo, la que hay entre Junts per Catalunya y ERC propiciada por la discrepancia sobre la estrategia que hay que seguir para aplicar el auto del Tribunal Supremo por el que se decretó la suspensión en sus funciones de los diputados encausados. Una división política en toda regla, lo que no deja de tener interés, objetivamente hablando, para evidenciar públicamente dos maneras de asumir la situación. Y no solo respecto del cumplimiento en sí del auto, sino también de la misma estrategia política del independentismo; entre la que parece que intenta alejarse de los gestos, focalizar esfuerzos en ampliar la base social del independentismo y evitar confrontaciones directas con el Estado y la que se ha querido instalar en el simbolismo del otoño de 2017 y se aferra a él.

El Tribunal Supremo ha puesto de relieve el grado de fragilidad de la unidad del independentismo catalán. Sin pretenderlo, desde luego, pero sí introduciendo en el debate político una dosis de realismo que el bloque independentista, instalado en su mundo paralelo, ha sido incapaz de digerir.

La Ley de Enjuiciamiento Criminal tiene un artículo, el 384 bis, que establece que cuando es firme un auto de procesamiento por delitos de rebelión y se ha acordado el ingreso en prisión de los encausados, su firmeza determina la suspensión de los cargos públicos que aquellos puedan ostentar en ese momento. El 26 de junio, el Tribunal Supremo dictó este auto, y, unos días más tarde, entrado ya el mes de julio, el magistrado instructor Pablo Llarena comunicó a la Mesa del Parlamento que los procesados y diputados Carles Puigdemont, Oriol Junqueras, Jordi Turull, Raül Romeva, Josep Rull y Jordi Sánchez quedaban suspendidos automáticamente en sus funciones y cargos públicos, por lo que la Mesa del Parlamento debía proceder a adoptar las medidas necesarias para dar plena efectividad a esta previsión legal.

El auto generó otro nuevo conflicto político y jurídico, que fue la causa de la suspensión de los plenos desde mediados de julio hasta octubre. Políticamente, acatar la suspensión no solo suponía aceptar la supeditación del Parlamento a la justicia española, sino también cortocircuitar la tesis legitimista del expresidente de la Generalitat. La suspensión de sus funciones significaba perder el punto de apoyo en el que se sustentaba esta legitimación. Me di cuenta de que íbamos a tener un problema grave en el que nos volveríamos a ver implicados los servicios jurídicos del Parlamento. Porque estaba claro que habría un debate jurídico sobre el carácter automático de la suspensión o la necesidad de que esta fuera ratificada por el Parlamento. Afortunadamente, ya no me cogería en primera línea de fuego, porque en ese momento yo ya no era el letrado mayor del Parlamento. Mi lugar lo había ocupado Joan Ridao, también letrado del Parlamento, pero seguramente más conocido por su trayectoria política vinculada a ERC, partido del que fue su secretario general.

A mi modo de ver, el artículo 384 bis de la Ley de Enjuiciamiento Criminal es bastante claro sobre los efectos automáticos de la suspensión en este caso, tal como lo entendía el mismo Tribunal Supremo, lo que no significa que esté de acuerdo con lo que dice este precepto. A pesar de que ha pasado el filtro del Tribunal Constitucional, me parece muy dudoso que el ejercicio de un cargo público de carácter representativo pueda quedar sin efecto práctico por una medida cautelar, esto es, cuando aún no hay sentencia. Se hace difícil compatibilizar una suspensión preventiva con el ejercicio de un derecho básico de la democracia como es el de la participación política.

El debate en el Parlamento no ha obviado esta aproximación, aunque se ha centrado sobre todo en defender la autonomía del Parlamento; es decir, en ver la cuestión desde la óptica de una posible injerencia del poder judicial sobre el poder legislativo. Y decidir si, en este caso, era necesario que el Parlamento se pronunciara o no sobre la suspensión, aceptándola o rechazándola. El Tribunal Supremo había indicado en el auto la posibilidad de que los diputados suspendidos pudieran ser sustituidos por otros del mismo grupo si el Parlamento así lo disponía. El Tribunal Supremo estaba preocupado por que su decisión no se viera como un acto que alteraba las mayorías parlamentarias, y por eso ofrecía esta solución. Al Parlamento le correspondía, por tanto, aceptar o no esta posibilidad.

Hubo una negociación política al respecto para salvar este escollo, que podía obtener también el apoyo del grupo parlamentario socialista, el de Catalunya en Comú Podem y el de ERC. Sin embargo, no fue posible llegar a un acuerdo con Junts per Catalunya, y la Mesa no pudo arbitrar ningún mecanismo de sustitución. Se podía intuir que las diferencias entre ERC y Junts per Catalunya podían ser difíciles de salvar, pero la cuestión quedó aparcada aprovechando el paréntesis de las vacaciones de verano y adoptando la discutible decisión de suspender los plenos hasta octubre.

Finalmente, parecía que el acuerdo con Junts per Catalunya se había logrado. Una solución de compromiso de cara a la galería: hacer ver que se hace algo cuando en realidad se hace otra cosa. Preservar el fuero, pero no el huevo. La solución fue trasladar la cuestión al Pleno del Parlamento para que se pronunciara a favor o en contra de la suspensión, pero permitiendo al mismo tiempo que los diputados afectados pudieran optar por ser sustituidos por otro miembro de su grupo parlamentario. Con esta fórmula se aparentaba que era el Parlamento el que decidía si acataba o no la suspensión, pero a la vez se dejaba la puerta abierta a la sustitución de los diputados para evitar entrar en conflicto directo con el Tribunal Supremo.

Como era previsible, el Pleno rechazó la suspensión y aprobó la posibilidad de la sustitución, lo que no deja de ser una contradicción en sus propios términos, pues si no hay suspensión, no es necesaria la sustitución. Una astucia que, en realidad, no deja de ser un autoengaño.

No obstante, lo que parecía un acuerdo aceptado internamente por el bloque soberanista y cocinado durante meses, resultó no serlo. ERC fue coherente con lo pactado al presentar Oriol Junqueras y Raül Romeva un escrito mediante el cual designaban a un diputado de su grupo parlamentario para que ejerciera sus funciones. No lo fue, en cambio, Junts per Catalunya, cuando se salió por la tangente y solo reiteró la solicitud de delegación de voto de sus cuatro diputados, que ya había sido aceptada al inicio de la legislatura. Una fórmula que significaba no asumir la suspensión ni aceptar una sustitución, pues la delegación de voto presupone estar en pleno ejercicio de los derechos parlamentarios. Esta maniobra puso de nuevo en una situación límite al presidente del Parlamento y a la Mesa, pues, si era aceptada, el riesgo de desobedecer al Tribunal Supremo era más que evidente. En un último movimiento, el presidente del Parlamento decidió encargar a los servicios jurídicos un informe sobre si la propuesta de Junts per Catalunya podía cumplir con lo acordado por el Pleno y ser compatible con el auto del Tribunal Supremo. El informe fue negativo, y la Mesa decidió finalmente no aceptar los escritos de los diputados de Junts per Catalunya. Con el informe en la mano, el presidente del Parlamento salvó la situación comprometida en la que le habían vuelto a poner sus socios, pero la crisis estalló definitivamente. El aniversario del 1-O acabó en divorcio. Y con el divorcio quedó comprometida la mayoría independentista, pues hay cuatro diputados que no pueden ejercer su voto en el Pleno.

Ahora queda por ver si el divorcio entre Junts per Catalunya y ERC es definitivo o no, si hay posibilidades de reconciliación. Todo es posible en política, aunque los acontecimientos posteriores dan a entender que el único acuerdo al que pueden llegar es el de mantener las apariencias. Como un matrimonio de conveniencia que se conjura para aguantar como sea durante el tiempo que considere imprescindible. Momento que, en este caso, y no creo que sea una sorpresa para nadie, seguramente coincidirá con la sentencia del Tribunal Supremo.

Todo parece indicar que la actual legislatura ha entrado en algo parecido a un estado vegetativo. Lo que queda de ella puede hacerse muy largo y tedioso, porque parece muy difícil, por no decir imposible, que las circunstancias que la envuelven le permitan desarrollarse con la normalidad debida. Aunque todo es posible, porque la política catalana se ha convertido en un artefacto altamente inestable que puede permanecer en esta situación de latencia durante tiempo o puede ser capaz de desencadenar sobresaltos en cualquier momento.

El juicio

El juicio contra los líderes independentistas será una prueba de fuego, políticamente hablando. Como era de prever, el conocimiento, durante el puente del 1 de noviembre, de las acusaciones presentadas por la Fiscalía y la Abogacía del Estado encendió los ánimos de las formaciones independentistas y de buena parte de la sociedad catalana.

Es necesario, por consiguiente, tomar conciencia de lo que el juicio va a suponer sobre los universos paralelos y el probable enroque de las posiciones mantenidas hasta ahora. El desarrollo del juicio oral y la espera de la sentencia llevan su tiempo, y van a propiciar momentos de crispación y de tensión. Será también la oportunidad para ejercer otra acusación —la acusación permanente de la infamia que el Estado está cometiendo contra Cataluña— de la que no se va a librar el Gobierno, al que el independentismo también considera autor o cómplice de esta infamia. La confusión interesada entre el poder judicial y las instituciones del Estado en su conjunto es una ocasión perfecta para inflamar más la situación, en beneficio de las posiciones más radicales y favorables al universo de la república; en beneficio de la reivindicación constante de la validez y la vigencia de las decisiones tomadas por el Parlamento y el Gobierno catalán en octubre de 2017, a la espera del momento oportuno para su reválida y de que exista la ventana de oportunidad para su implementación efectiva.

Desde luego, el juicio tampoco ayuda, objetivamente hablando, a que una parte del independentismo marque ahora posiciones más moderadas. Y si ocurre, le va a costar expresarlo públicamente en medio de tantas emociones y de una situación que necesariamente aboca a visualizar posiciones de unidad entre el independentismo. Y es difícil pensar que cuando llegue la hora de la verdad, es decir, cuando se conozca la sentencia, este sector más moderado del independentismo pueda vencer la presión que existirá si finalmente el Tribunal Supremo impone penas graves por rebelión o sedición. No olvidemos que la pena más alta que solicita la Fiscalía es para Oriol Junqueras, exvicepresidente del Gobierno catalán, el líder que precisamente se ha posicionado hasta ahora de forma más clara a favor de la negociación y del acuerdo.

Tampoco va a ser una ayuda para resolver los problemas la más que previsible utilización de nuevas escenografías, que intentarán trasladar a una parte de la ciudadanía la imagen de que la república anhelada tiene más consistencia que el simbolismo. Es previsible que esto suceda y se amplifique con ocasión del desarrollo del juicio. En este sentido, aunque el Consell de la República, creado a finales de octubre, no ha resultado ser finalmente el Gobierno en el exterior que se había dicho y ha adoptado un perfil más bajo, no hay duda de que su creación obedece a la voluntad que ya hemos destacado anteriormente de reforzar el legitimismo de las instituciones catalanas, presuntamente arrebatado con el artículo 155 y ahora castigado con el juicio a los líderes independentistas, la voluntad de demostrar a los ciudadanos que el germen de la república sigue vivo. La complicidad del Gobierno catalán en la puesta en escena del Consell de la República ayuda a dar esta imagen y sirve para mantener la creencia en los universos paralelos. Una escenografía a la que también contribuye, por citar otro ejemplo, la creación de una comisión parlamentaria para investigar los daños y las responsabilidades de la aplicación del artículo 155, y la pretensión de que comparezcan ante la misma miembros del anterior Gobierno que se encuentran en situación de prisión provisional.

El juicio significa, por sí mismo, que los tiempos que vienen no son los mejores para resolver el conflicto catalán, sino todo lo contrario; un conflicto que no pudieron resolver las elecciones del 21 de diciembre de 2017 y que, vistas ahora en perspectiva, parece bastante evidente que no sirvieron para normalizar la situación en Cataluña. Una situación ahora tanto o más compleja que antes, con una legislatura parlamentaria prácticamente inoperante y con el independentismo cargando baterías a la espera de una nueva oportunidad, ayudado por la rémora que significa la judicialización de un conflicto político que nunca debería haber llegado a ella y por la ausencia, hasta este momento, de planteamientos políticos audaces capaces de romper esta perversa dinámica.

No hay un único responsable de lo que está sucediendo. Desde Cataluña, tenemos mucha responsabilidad que asumir al respecto por haber elegido una estrategia equivocada y seguramente temeraria. Pero el Estado también tiene mucha responsabilidad por haber dejado pudrir la situación y haberla querido reducir, seguramente también de manera temeraria, a una cuestión legal y judicial. Ahora podemos constatar la gravedad de los dos errores.

En cualquier caso, parece obvio que el juicio dificulta en estos momentos los intentos de normalización de las relaciones entre el Estado y Cataluña. Es inevitable que sea así, pero en este contexto es más importante que nunca que la política no desaparezca de escena y actúe de contrapeso. No se deberían cerrar las puertas, porque, incluso en el peor de los escenarios (una sentencia condenatoria con penas graves), la política tiene recursos para paliar sus efectos sobre los afectados. La justicia puede actuar y ser contundente, pero el Gobierno también tiene sus bazas para contrarrestar sus efectos. Nadie debería olvidarlo, como tampoco que no todos los Gobiernos van a estar dispuestos a ello.

Sin embargo, parece bastante evidente que el juicio lo va a hacer muy difícil. En este contexto, la política pierde oxígeno y el poco espacio que le queda puede, además, verse seriamente reducido por el toque de atención que supone la irrupción en la escena política española de la extrema derecha en las últimas elecciones andaluzas, con la que el *procés* tiene mucho que ver. Por otra parte, el juicio también puede propiciar que la división existente entre ERC y Junts per Catalunya quede en buena parte superada por el efecto aglutinador del mismo y será una prueba de fuego para verificar si una parte del independentismo, precisamente la que parece obtener mejores resultados en las encuestas más recientes, continúa apostando por una vía más moderada y pragmática.

Lo que está claro, en cualquier caso, es que el inicio del juicio no contribuye a rebajar la tensión política en el Parlamento, sino todo lo contrario. Augura que lo que queda de legislatura se va a desarrollar bajo un clima extremadamente crispado. Porque el Gobierno catalán y la mayoría parlamentaria parecen haberse instalado más que nunca en su mundo, por no decir obsesión: la denuncia constante de la injusticia que sufren sus líderes encausados y la represión, la venganza y el atropello sistemático de los derechos civiles que ejerce el Estado contra los representantes políticos del pueblo catalán. Un planteamiento de condena a un Estado opresor, como si España fuera un país donde se vulneran sistemáticamente los derechos humanos y que no conoce lo que es la democracia.

En el Parlamento reina un ambiente enrarecido que, por desgracia, afecta a las formas y al respeto necesarios entre sus miembros. La dialéctica agria y descalificadora impregna todos los debates, algo nunca visto hasta ahora; justo cuando hace dos años que el Parlamento se había dotado de un código de conducta para impedir que cosas así pudieran suceder. Una pésima imagen de la institución, nada ejemplarizante para la sociedad, que se añade a la degradación general del discurso político que estamos experimentando progresivamente.

En un contexto como este es fácil que se instale también el perverso discurso de la superioridad moral, un discurso sectario en el sentido puro del término, un discurso que diferencia entre buenos y malos y que nunca debería tener cabida en un parlamento donde todos sus miembros han sido elegidos por los ciudadanos. Un discurso que tampoco disimula la amenaza latente de una reacción social frente a la sentencia y una actitud comprensiva de esa posible reacción desde las mismas instituciones. Es una pendiente muy peligrosa, que empieza a ser crónica y que se va a instalar y amplificar mientras dure el juicio. En este contexto es imposible que exista normalidad en el Parlamento, y tampoco promete nada bueno para después si el juicio termina finalmente con condenas graves. De momento, lo que resta de legislatura será un diálogo de sordos que va a hacer muy difícil que se tome ninguna decisión importante. Un panorama desolador que aún puede deteriorarse si en los próximos meses se radicaliza el ambiente social en

Cataluña y se producen situaciones conflictivas que afecten a la convivencia ciudadana.

En cualquier caso, puede ser útil reflexionar sobre por qué y cómo hemos llegado hasta aquí. Mucha gente ya ha hablado de ello. Yo tengo ahora la oportunidad de hacerlo desde la modesta perspectiva que me da mi condición de profesional del derecho y haber sido testigo directo de una parte de los hechos. Es una perspectiva subjetiva, por descontado, aunque tiene la voluntad de mantener distancia con ellos, porque no se trata de convencer a nadie, sino de reflexionar sobre qué ha pasado en Cataluña y por qué. Y, en la medida de lo posible, poder hacer algunas aportaciones pensando en clave de futuro. A ello dedicaremos los capítulos que siguen.

2

EL *PROCÉS* Y EL OFICIO DE JURISTA

> Los hombres que han hecho de las leyes su especialidad han sacado de este trabajo hábitos de orden, un cierto gusto por las formas, una especie de amor instintivo por el encadenamiento regular de ideas, que los hacen naturalmente opuestos al espíritu revolucionario y a las pasiones irreflexivas de la democracia.
>
> Alexis de Tocqueville,
> *La democracia en América*

La función social del derecho

El oficio de jurista (Siglo XXI, 2006) es el título de un libro coordinado por Luis María Díez-Picazo, catedrático de Derecho Constitucional y magistrado del Tribunal Supremo. El libro está escrito por diversos autores que explican y analizan las profesiones jurídicas que ejercen. Es una buena guía para conocer los entresijos y las aplicaciones prácticas para las que habilitan los estudios de Derecho, especialmente útil para que los alumnos que están terminando puedan tener una orientación sobre la salida profesional que más les guste o interese.

La gente suele asociar los estudios de Derecho con la profesión de abogado. Es bastante lógico que sea así porque el ejercicio de la abogacía es, casi con toda probabilidad, la profesión jurídica que más se ejerce y la más conocida socialmente.

Sin embargo, la abogacía no es la única profesión jurídica que existe. Hay otras quizá menos conocidas, pero también importantes. De todas estas profesiones me interesa señalar especialmente aquellas que implican el ejercicio de una función pública, es decir, las que realizan determinadas personas cuya razón de ser es precisamente la de asesorar o aplicar la ley al servicio de las instituciones. En este caso, existe una diferencia importante respecto de la abogacía que se desarrolla en el ámbito de las relaciones privadas y en defensa de intereses también privados. La libertad de asesoramiento y la orientación jurídica, propias de la abogacía privada, no existen o son mucho menores, según los casos, cuando el operador jurídico tiene precisamente como función defender o aplicar la legalidad con objetividad, porque no se trata de defender un interés particular, sino el interés público que representa la institución a la que se sirve.

El proceso seguido en Cataluña en los últimos años, el *procés*, ha producido una importante tensión con el ordenamiento jurídico debido a las decisiones adoptadas por las instituciones catalanas en su objetivo de conseguir la independencia de Cataluña. Esencialmente respecto de la Constitución y el Estatuto.

Esto me permite enlazar con algo que es básico en cualquier sociedad y que no siempre todo el mundo comprende bien: la misma existencia del derecho, la función que realiza y las consecuencias que tiene para los ciudadanos en general y también para las autoridades y personas que ejercen funciones públicas. Personas al servicio de las instituciones que, entre sus funciones, está también la de aplicar el derecho y someterse a lo que este dispone.

Una reflexión de este tipo tiene un gran calado político y social que es imposible, por diversas causas, poderlo abordar en un libro como este. Pero lo que sí se puede señalar, y a mi parecer es importante resaltar, es que no existe ni puede existir una sociedad que funcione al margen de unas normas que aseguren que las relaciones entre las personas que la integren sean mínimamente ordenadas, garanticen la seguridad y la convivencia entre ellas, entre otros objetivos; y también de unas normas que regulen las relaciones entre los ciudadanos y las instituciones públicas.

De hecho, todas las sociedades, incluso las más primitivas, han tenido sus propias normas. Simples o complejas, escritas o consuetudinarias, justas o no —esta es otra cuestión—, porque aquí ya entramos en el terreno de lo subjetivo. Pero objetivamente las normas han existido siempre. Claro está, es imposible predecir el futuro, pero se me antoja que el derecho siempre será una necesidad en cualquier sociedad, y es muy poco realista pensar, conociendo la condición humana, que pueda convertirse en algo innecesario o superfluo.

Sé perfectamente que esta afirmación puede ponerse en entredicho desde determinadas ideologías, que ven en el derecho un límite a la libertad de las personas y que aspiran a conseguir una sociedad igualitaria y perfecta en la que los individuos no estén sometidos a ningún tipo de poder limitador o coercitivo. Entiendo que el derecho lo es y es así porque es fruto del ejercicio de un poder público y comporta límites y obligaciones, aunque también, como expresa su mismo nombre, derechos, es decir, garantías para los propios ciudadanos.

Hay que reconocer que el derecho ha servido históricamente como elemento de dominio de unos hombres sobre otros. Me parece evidente que, en toda la historia de la humanidad, la relación entre los hombres se ha establecido normalmente en la diferencia de estatus. Amos y esclavos, señores y vasallos, monarcas y súbditos. Pero las cosas empezaron a cambiar significativamente con las grandes revoluciones de los siglos XVIII y XIX y el advenimiento de los Estados liberales, el gran paso que significó concebir el Estado como un poder democrático, esto es, legitimado en la voluntad popular, y atribuir a las personas la condición de ciudadanos, esto es, la de ser titulares de derechos no solo respecto a sus conciudadanos, sino también al mismo poder público.

Si en esta nueva fase histórica el derecho ya no es un instrumento de dominación puro y duro, se me dirá que aún continúa desarrollando un papel de instrumento de dominio en una sociedad no igualitaria.

En un sentido ideal, podría compartir la conclusión de que el derecho sería superfluo en una sociedad igualitaria y justa. Pero, aunque Marcuse ya escribió sobre el fin de las utopías, opino que estas existen y continuarán existiendo. Y una de ellas es que el derecho devenga algo innecesario. Por consiguiente, deberíamos estar todos bastante de acuerdo en que el derecho, en un mundo complejo como es el nuestro, tiene una importante función que realizar como instrumento de ordenación de las relaciones sociales, como fórmula para resolver los conflictos que estas puedan generar y también, y no menos importante, para garantizar los derechos de los ciudadanos frente a los abusos del poder.

Lo que acabo de decir no supone aceptar que el derecho y las normas se deban percibir siempre como justas por la sociedad o, mejor dicho, para determinados colectivos sociales. En los últimos años hemos sido testigos de cómo se han desbordado las normas ante situaciones de crisis que han puesto en evidencia su incapacidad para servir a la sociedad y reducir sus desigualdades. El derecho, las normas, tienen su parte de responsabilidad en ello, pero seguramente no es la única ni la principal causa. Desde luego, no es nada bueno que existan discordancias entre el sistema normativo y la percepción que la sociedad o gran parte de ella tenga de él. Pero el problema quizá no esté tanto en la norma como en quien tiene la capacidad de establecerla y definir su orientación.

El derecho no es algo preestablecido. Lo que me importa destacar es el hecho de que, en una democracia desarrollada, el derecho se origina en los mismos ciudadanos, puesto que son sus representantes los que lo establecen. Si vemos el derecho desde esta perspectiva, ya es más difícil considerarlo como una imposición. Son reglas de juego que en realidad establecemos entre todos, aunque ello signifique que debamos aceptar que, como reglas de la mayoría, no siempre nos gusten. Pero esta situación es reversible, puesto que la misma democracia permite el cambio de mayorías. El derecho no es algo intangible porque se puede modificar y, por tanto, es capaz de adaptarse a los diferentes escenarios políticos conforme se van definiendo.

Las reglas jurídicas no son pautas orientativas ni recomendaciones de conducta. Alguna vez pueden actuar así, pero lo normal y la esencia del derecho es su fuerza de obligar; una fuerza que viene de su mismo origen y que me parece necesaria en cualquier sociedad democrática. Solo esta fuerza de obligar permite al derecho desarrollar la función de dar estabilidad a un sistema político y social y establecer un marco de convivencia común, con derechos y obligaciones también comunes. Por esta misma razón, también forma parte del derecho establecer sus reglas de autoprotección frente a eventuales contravenciones. Sin esta garantía, el derecho no tendría ninguna fuerza y no podría desarrollar su función social.

Poder y derecho

En el otoño de 1972 ingresé en la universidad. Antes de matricularme no tenía muy claro qué carrera quería cursar. Tenía que ser de letras, pues es el campo que más me atraía y para el que me consideraba preparado, pero dudaba especialmente entre Filosofía y Derecho. Mi madre, con el sentido tan práctico que tienen todas las madres, a veces terriblemente práctico, me aconsejó optar por Derecho. Le veía más salidas profesionales, y eso lo consideraba fundamental. Le hice caso y no puedo decir que se equivocara. La carrera me atrajo desde el principio, a pesar de que algunas asignaturas del primer curso más bien parecían pensadas para desalentar a los alumnos. Por primera vez le encontré gusto al estudio, porque conocí un mundo que me entusiasmó. No había sido un estudiante especialmente aplicado antes de entrar en la universidad, pero eso cambió a partir de entonces.

No me queda duda alguna de que gran parte de mi interés en el derecho provino de las circunstancias especiales del momento y del lugar; final del franquismo y la suerte de que me tocara la Universitat Autònoma de Barcelona (entonces no se podía elegir), que se había convertido en refugio de muchos profesores, la mayoría jóvenes, para salir del corsé académico que en aquel momento aún suponía la estructura y la forma de hacer de la Facultad de Derecho de la Universitat de Barcelona. La mayoría de estos profesores tenían un marcado perfil ideológico. Eran gente de izquierdas que, cada uno de ellos a su manera y con mayor o menor discreción, trasladaban esta ideología a sus explicaciones académicas.

Esto puede ser criticable en un profesor. Pero eran otros tiempos y existía una convicción generalizada entre alumnos y profesores de que estábamos asistiendo al final de un oscuro capítulo de la historia de España y de Cataluña.

La universidad me abrió un mundo nuevo. El contexto de la Facultad de Derecho de la Universitat Autònoma de Barcelona era en aquel momento especialmente proclive al estudio del poder y de las disciplinas jurídicas que le atañen, el derecho político y el derecho administrativo. Las circunstancias del momento impedían que el derecho político se centrara en el estudio de la Constitución, pues aún no existía. En aquel tiempo, esta disciplina se focalizaba en el estudio de los regímenes políticos comparados, una forma indirecta de conocer los principios constitucionales de los regímenes democráticos más importantes. En cierta forma, el derecho político estaba en un *impasse*, esperando el turno para convertirse en el derecho constitucional y ser la disciplina jurídica que hoy todos conocemos.

En la decisión de especializarse en una determinada disciplina (jurídica o de otra ciencia) convergen siempre diversos factores. En mi caso creo que influyeron dos sobre todo: el interés en ver el derecho como instrumento de ejercicio del poder público y, al mismo tiempo, como garantía frente a sus posibles abusos, y la coincidencia de contar con un excelente profesor que impartía sus clases bajo la influencia de una nueva doctrina que estaba reformulando profundamente las bases del derecho público. El profesor era Joan Prats y los padres de la nueva doctrina, Eduardo García de Enterría y su escuela.

Ya durante el mismo franquismo se habían dado unas circunstancias que, de manera un tanto contradictoria, habían permitido desarrollar el derecho administrativo en España bajo unas premisas impropias de una Administración de un régimen autoritario. A finales de los años cincuenta del siglo pasado, se aprobaron diversas leyes para imponer límites a la actuación de la Administración, reconocer garantías a los administrados y reforzar el control judicial de la actuación administrativa. Ello se debió a la influencia que en aquel momento pudieron ejercer juristas como el propio García de Enterría o el catalán Manuel Ballbé, entre otros. Determinadas circunstancias habían hecho posible esa influencia, hasta el punto de haber producido algo tan insólito como que un régimen autoritario dispusiera de unas leyes especialmente avanzadas que, al menos sobre el papel, intentaban poner límites al ejercicio del poder como garantía de los derechos de los ciudadanos.

A finales del franquismo, se abrió una gran oportunidad para consolidar y desarrollar estos avances ante la perspectiva de un cambio de régimen y la necesidad de establecer las bases de un nuevo derecho público adaptado a los requerimientos de un sistema democrático. Sin saber aún cómo se iba a producir, todos estos elementos confluirán en el imaginario de una constitución que, entre otras cosas, debería consagrar el Estado de derecho, un concepto que incluye la idea de sumisión de los poderes públicos al principio de legalidad.

El ejercicio de un acto de poder, o de *imperium*, añade una exigencia mayor a la relación entre el poder público y el derecho o, si se quiere, con la legalidad. Todos los poderes públicos se encuentran sometidos a la legalidad, y esto implica que su actuación deba hacerse siempre aplicándola de forma estricta. Una mayor vinculación, sin más márgenes de actuación que los que permite la norma, para cumplir los fines que determina y también como garantía de los destinatarios de las decisiones.

Parlamento y derecho

Lo que acabamos de explicar es especialmente aplicable al poder ejecutivo; al Gobierno y a su Administración. Es donde se evidencia con mayor claridad la importancia de la sujeción a la legalidad, puesto que la Administración pública es el principal instrumento ejecutor de las leyes y de las actuaciones que derivan de ellas.

En un planteamiento teórico o ideal, el Parlamento es el órgano que expresa y ejerce la soberanía de un pueblo, el poder absoluto, por así decirlo, en democracia. El Parlamento no es, pues, un poder público cualquiera. Es el principal poder público y el que ejerce el poder legislativo. Y lógicamente tiene la capacidad para cambiar las leyes. La pregunta que cabe plantear es hasta qué punto el Parlamento queda vinculado al principio de legalidad. Si el Parlamento representa al pueblo y tiene el poder de modificar la ley, su actuación sería soberana y el principio democrático haría el resto. El pueblo manda, en el sentido más claro de esta expresión.

Ante un poder político en mayúsculas como es el Parlamento, es evidente que hay que matizar algunas cosas respecto a su vinculación con el derecho. Aunque solo matizar, porque la experiencia demuestra que no existen parlamentos plenamente soberanos. Porque lo normal es que los parlamentos estén sometidos a una constitución y, en algunos casos, como ocurre con el Parlamento catalán, por ejemplo, al Estatuto de Autonomía y otras normas derivadas del marco constitucional y estatutario. La soberanía plena del Parlamento es una excepción y podría aplicarse acaso a aquellos países que no tienen constitución. Aunque esto también es relativo, porque una cosa es no tener constitución formal o escrita, pero sí normas o tradiciones jurídicas, que tienen un efecto equivalente.

El caso de España entra dentro de la normalidad si lo comparamos con la gran mayoría de los países. Existe una constitución, y se impone como límite al Parlamento. Aunque, en este caso, el Parlamento tiene una vinculación más laxa, porque la Constitución es un marco normativo deliberadamente abierto; un marco de convivencia que debe permitir el desarrollo de políticas alternativas, en consonancia con el pluralismo y las mayorías que, en cada momento, se expresen y reflejen en la composición del Parlamento. Pero esto no evita que el Parlamento también sea, por tanto, un poder limitado por el derecho, aunque lo sea en menor medida que el poder ejecutivo. El primero solamente se somete a la Constitución en los términos que se acaban de expresar, y el segundo, a todo el ordenamiento jurídico, del cual también forman parte las leyes aprobadas por el Parlamento.

En cualquier caso, lo que importa destacar es que el Parlamento, como poder constituido, es decir, establecido por la Constitución, dispone de un margen de actuación política y jurídica dentro de ella que no es nada irrelevante. Pero obviamente está sujeto a la Constitución, sin que pueda llegar a ejercer como poder constituyente, es decir, que le permita prescindir del marco constitucional ni realizar actos contrarios al mismo. Es aquí donde actúa como garantía la necesidad de seguir el procedimiento de reforma que la misma Constitución establece. Esta es una regla general aplicable a todas las constituciones, sin perjuicio de que el procedimiento de reforma pueda ser más o menos exigente en sus condiciones de aplicación.

Si esto es aplicable a los parlamentos nacionales, como en nuestro caso las Cortes Generales, con más razón lo es para el Parlamento de Cataluña. Porque su propia capacidad de acción, aunque tenga un reconocimiento constitucional, se encuentra condicionada por otros factores debido al carácter limitado de la autonomía política de la Generalitat. Guste o no guste, hablado en términos estrictamente jurídicos, esta autonomía constituye la medida de su poder; y su contenido lo determina la Constitución y el Estatuto de Autonomía. El Parlamento no es una institución plenamente soberana por el solo hecho de representar al pueblo de Cataluña. Es un error verlo de esta manera. Su soberanía es limitada porque los efectos a los que se vincula su representatividad alcanzan solo a los poderes que le atribuye el marco constitucional y estatutario, y no pueden trascender más allá de él. Y su soberanía tampoco es exclusiva porque la representación del pueblo catalán la ha de compartir con la que expresan las Cortes Generales, que también representan a los catalanes. En este contexto, no es correcto ni responsable pretender ser más de lo que corresponde a la naturaleza de tu ser.

Los servidores públicos

Toda Administración moderna y eficaz necesita de personas con conocimiento y capacidad para que funcione con eficacia y desarrolle correctamente su actividad. Ya sé que la función pública no siempre ha gozado de buena fama, hasta el punto de que se ha querido asociar la condición de funcionario con la ineficacia y con los privilegios laborales. En parte, estas críticas pueden tener fundamento, aunque creo que son más de otras épocas. Porque la función pública ha evolucionado notablemente en los últimos tiempos y cuenta con colectivos comprometidos con el servicio público que prestan y ejercen su labor, por regla general, con profesionalidad.

A la función pública se suele acceder mediante pruebas selectivas convocadas públicamente (oposiciones, concursos) y que deben resolverse de acuerdo con los principios de mérito y capacidad. Esta es una exigencia constitucional, además de legal, que pretende captar a los mejores profesionales para la Administración.

Este mismo método de selección presupone que aquí no deberían tener cabida criterios políticos o clientelares. La Administración pública debe servir con objetividad a los intereses generales (este es también un imperativo constitucional y legal) y, para hacerlo, solo necesita buenos profesionales, sin otros aditamentos. Y esta misma lógica impone al personal al servicio de las administraciones públicas la obligación de no mezclar sus convicciones e ideologías con su trabajo. Igual que la Administración debe ajustar su actuación a la legalidad y la objetividad, sus servidores deben actuar con el mismo criterio.

Es la consecuencia del carácter instrumental de la Administración, de una organización que está al servicio de todos los ciudadanos y los debe tratar por igual, dejando al margen cualquier consideración política o de otro género.

La calidad de una Administración no solo se mide por su eficacia, sino también por el cumplimiento de estos elementos. Porque de ellos depende en gran medida la fortaleza de una Administración, su neutralidad y, en definitiva, la garantía de que la Administración no se vea colonizada por los intereses clientelares de los actores políticos que en cada momento la gobiernen. Debe existir un delicado equilibrio entre la legítima capacidad de orientación política de cada Gobierno, de acuerdo con su propio programa, y el funcionamiento de la Administración, que no puede prescindir de su objetividad cuando actúa ni supeditarla a intereses partidistas. No se trata solo de la calidad de la Administración, sino, en el fondo, de la propia democracia; una democracia que legitima y apodera al Gobierno de turno que ha obtenido la confianza del Parlamento para gobernar, pero no para apoderarse de la Administración. Y si hacemos este test de calidad, me parece que el factor humano es un elemento esencial para que el resultado sea óptimo, sobre todo cuando se trata de los niveles más altos de la Administración, donde no se debería perder nunca el perfil profesional.

Este es un punto crítico no siempre fácil de resolver, puesto que es en estos niveles donde se toman las decisiones más importantes. Un buen compromiso en este caso es considerar los altos cargos como cargos de confianza política, pero exigiendo al mismo tiempo que la persona designada acredite unas condiciones de profesionalidad idóneas.

Así suelen funcionar las mejores administraciones, que han tenido especial cuidado en cuidar, valga la redundancia, del factor humano vinculado a la profesionalidad; desde el *civil service* británico a los *enarcas* franceses, aunque ello haya podido acarrear críticas de corporativismo, algunas con razón. Pero siempre he pensado que es mejor solución frente a otras situaciones que presentan insuficiencias o vacíos en este aspecto y que llevan, por así decirlo, a la inexistencia de contrapesos frente a posibles excesos provenientes de la cúpula del Gobierno.

Quizá algunos recordarán la serie *Sí, ministro*, ambientada en Gran Bretaña, donde, en clave de humor, se presentan los principales inconvenientes derivados del poder de los funcionarios respecto de los políticos; de su capacidad de poner palos en las ruedas, por utilizar un lenguaje fácil de entender. Esta serie, con su fina ironía británica, enseña algo que debe evitarse: el exceso de poder de los funcionarios, que condiciona la acción política, a veces por intereses corporativos o en beneficio de cierto conservadurismo. Pero creo que también pone de relieve la necesidad de que los gobernantes dispongan de un *staff* de profesionales que sepan asesorarles correctamente antes de tomar decisiones importantes. Es el delicado equilibrio al que antes me refería.

Mucho me temo que en Cataluña no hemos sabido encontrar este equilibrio ni haber resuelto bien esta cuestión. Esto viene de lejos. Creo que su origen ya se encuentra en una visión excesivamente privatista de la sociedad catalana, consolidada y sobrevalorada después de haber perdido las instituciones propias de autogobierno y nuestro derecho público. Recuerdo que el presidente Jordi Pujol, cuando hablaba del 11 de septiembre de 1714, solía repetir que, el día después de la derrota, los habitantes de Barcelona no se entretuvieron con el duelo, sino que se pusieron inmediatamente a trabajar. Un excelente canto a la fuerza social y al sentido cívico. La confianza en la fuerza de la sociedad tiene el riesgo de crear una excesiva sublimación de lo civil y de lo privado y un cierto desprecio por lo público, por una burocracia que se considera improductiva y con la idea fácil de asociarla a una Administración ineficaz e innecesaria.

Pero si esta visión puede entenderse cuando no se dispone de instrumentos públicos propios, es más difícil justificar que se mantenga cuando se recupera la oportunidad de volver a disponer de ellos. En 1977, se restableció la Generalitat provisional y, en 1979, se recuperaron las instituciones de autogobierno con la aprobación del Estatuto de Autonomía. Cataluña volvía a disponer de sus instituciones propias, y tenía una gran oportunidad para dotarse de una Administración moderna y eficaz sin tener necesidad de copiar o reproducir exactamente el modelo administrativo estatal. Pero para hacer esta labor hacía falta cambiar la mentalidad peyorativa respecto de lo público y tener plena conciencia y voluntad para aprovechar la circunstancia y construir una nueva Administración, y no solo convivir con ella como un mal necesario.

En mi opinión, creo que en Cataluña tenemos un eslabón débil en esta cadena, que se encuentra precisamente en el engranaje entre la organización administrativa de base y aquella que está pensada para asesorar y dar apoyo estratégico y logístico a las decisiones políticas más importantes. Debilidad profesional en la superestructura administrativa, por definirlo de algún modo, asociada también al riesgo de perder la necesaria objetividad y la forma de hacer que requiere el ejercicio del poder público en beneficio de intereses más partidistas y clientelares.

Un importante punto débil que, si en condiciones de normalidad puede tener una importancia relativa, es desde luego determinante en situaciones más críticas. Porque, en estos casos, es cuando pueden ser más útiles los contrapesos internos y las voces de autoridad técnica que es deseable que tenga cualquier organización.

No tengo la menor duda de que esta circunstancia, este déficit estructural, ha sido un factor que ha tenido influencia, no precisamente positiva, en los acontecimientos ocurridos en Cataluña en estos últimos años. No es el único, desde luego, ni seguramente el más determinante, pero sí destacable; un factor que quizá ha pasado bastante desapercibido, pero que ha impedido o dificultado que las alarmas se hubieran disparado en un determinado momento.

Los letrados del Parlamento

El Parlamento de Cataluña es la principal institución de autogobierno de la Generalitat. Al menos en teoría, porque en la práctica, como ocurre con muchos países, el Gobierno suele tener el mismo o un mayor protagonismo, siempre que cuente, claro está, con un apoyo sólido en la Cámara.

En buena parte hay que aceptar que esto ocurra de este modo como consecuencia de que el Gobierno disponga de una mayoría parlamentaria que le apoye y que esté dispuesta, por disciplina de voto, a dar ese apoyo prácticamente de forma incondicional. Esto no solo ocurre en Cataluña, sino que es algo bastante generalizado, aunque en un parlamento también es importante que se cumplan siempre las formas y los procedimientos que deben seguirse para tomar las decisiones; porque aquí es donde entran en juego los derechos de la oposición.

Mantener estas formas es esencial en cualquier parlamento porque es lo más importante que le queda a la oposición. Asegurada la decisión por una mayoría que apoya al Gobierno, los parlamentos que se encuentran en esta situación ven cómo su principal función ha pasado a ser el espacio donde se visualiza el debate político, la caja de resonancia donde este debate se hace público. Por esta razón, las formas y los procedimientos parlamentarios son tan importantes en una democracia. Porque la democracia no solo se ejerce cuando se decide, sino también cuando se debate; cuando se garantiza a los ciudadanos que conozcan, en el sentido más amplio posible, las posiciones y las alternativas que ofrece el pluralismo político representado en el Parlamento.

Mi experiencia como letrado me permite constatar, sin embargo, un importante deterioro progresivo en el debate parlamentario, sobre todo haciendo una comparación con anteriores legislaturas. Me parece indudable que a ello ha contribuido, como factor decisivo, el ambiente cada vez más enrarecido y conflictivo que ha generado el proceso de independencia y el protagonismo que ha tenido el Parlamento al respecto. Pero también me parece que llueve sobre mojado, porque esta degradación viene de más lejos. Las formas de hacer política han cambiado y no a mejor precisamente.

Lo que me interesa destacar ahora es la existencia de este fenómeno y darle la relevancia que merece, que considero importante, sobre todo porque pone en evidencia que la calidad de una democracia es algo que concierne también a cómo se ejerce. Como en otros muchos ámbitos, aquí no vale la máxima de que el fin siempre justifica los medios.

Me he tomado la libertad de hacer este comentario porque quería enmarcar el ambiente en el que, en estos últimos años, hemos tenido que trabajar los letrados del Parlamento y, en general, el personal al servicio de esta institución. Por nuestra condición de juristas, los letrados hemos tenido que pasar una verdadera prueba de estrés, que nos ha puesto en el disparadero, especialmente a los letrados que asistimos a la Mesa y a la Junta de Portavoces.

No estábamos acostumbrados a situaciones como esta, ni tampoco nuestra función está pensada para ellas. Pero lo que ocurrió durante la anterior legislatura, desde que se declaró el inicio del proceso de independencia con la aprobación de la Resolución 1/XI, de 9 de noviembre de 2015, hasta los hechos de septiembre y octubre de 2017, y lo que está ocurriendo en la actual es algo tan excepcional que nos ha convertido en actores de la representación; actores involuntarios y secundarios, desde luego, pero actores al fin y al cabo porque las circunstancias nos han obligado a desarrollar un papel no previsto y para el que no estábamos preparados. Un papel que otros actores principales seguramente no habían pensado que íbamos a ejercer. Y no se trataba solo de las formas, sino de las decisiones en sí mismas. Alto voltaje. Con la pinza de las advertencias que el Tribunal Constitucional nos dirigía personalmente a nosotros y la presión inevitable, en un sentido o en otro, expresa o implícita, derivada del mismo contexto político.

Como he señalado antes, la posición de un parlamento respecto del derecho no es igual que la que tiene el Gobierno y la Administración. El ejercicio del poder legislativo implica crear derecho, es decir, modificar la legalidad vigente. Aquí está la principal diferencia. Por esta razón, los límites de actuación del Parlamento están solo en la Constitución y en el Estatuto. Hay un mayor margen de decisión política y de acción jurídica, que los letrados parlamentarios deben tener muy en cuenta en su función de asesoramiento; por ello están obligados a mantener una neutralidad política como funcionarios y a actuar objetivamente. Pero también, por el mismo motivo, tienen garantizado que su actuación se ejerce con independencia de criterio.

La función de asesoramiento no es una función de control. Los letrados parlamentarios no tienen este poder, que está reservado a los tribunales, especialmente al Tribunal Constitucional. Pero el asesoramiento sí alcanza a la obligación de advertir a los órganos parlamentarios de una eventual contravención de los límites que tiene el Parlamento como poder público; singularmente, los que derivan de la Constitución y del Estatuto de Autonomía. Es inherente a cualquier función de asesoramiento advertir de ello al asesorado y también, en su caso, de las posibles responsabilidades derivadas de su actuación. La tarea de los letrados es un privilegio. Se asesora a los representantes políticos en los aspectos más importantes y se es espectador permanente y directo del mismo debate político. Un trabajo envidiable, sin especiales sobresaltos ni problemas, más allá de la complejidad que puedan generar algunos asuntos.

En la décima legislatura, la entonces presidenta del Parlamento Núria de Gispert me propuso acceder al cargo de letrado mayor. Se había jubilado Ismael Pitarch y el cargo había quedado vacante. En aquel momento, la secretaria general del Parlamento era Imma Folchi, compañera de promoción en las oposiciones. El secretario general es el jefe de la Administración parlamentaria y de todo el personal al servicio del Parlamento. El letrado mayor coordina los servicios jurídicos y da apoyo al secretario general. Ambos cargos son designados libremente por la Mesa entre los letrados del Parlamento. Y una de sus principales funciones es asesorar a los órganos rectores de la Cámara, esto es, la Presidencia, la Mesa y la Junta de Portavoces.

El carácter marcadamente político del Parlamento como institución, así como la composición de sus órganos de Gobierno, exige una especial cautela cuando se trata de dar una opinión jurídica. Hay que partir siempre del marco constitucional y estatutario, pero sin olvidar que es un marco relativamente abierto y flexible que deja espacio a diferentes interpretaciones y aplicaciones, todas ellas válidas desde la perspectiva del derecho; un marco que deja mucho espacio a la discrecionalidad política. Lo mismo ocurre cuando se trata de la aplicación del Reglamento, que es una norma interna de funcionamiento vinculada directamente a la autonomía parlamentaria. El margen de decisión política en su aplicación también es amplio en este caso, sin perjuicio del necesario respeto al contenido esencial de los derechos de los parlamentarios.

Los letrados hemos de tener en cuenta la existencia de este margen de maniobra y cuidar de no interferir en él. Una forma de hacerlo es aplicar lo que yo llamo «doctrina Folchi», en honor a mi colega y secretaria general hasta el final de la décima legislatura. La doctrina Folchi se basa en dos parámetros: intentar facilitar el trabajo de la mayoría cuando el conflicto o cuestión suscitada puede resolverse a su favor, dentro de los márgenes normales de interpretación del Reglamento, o bien ofrecer una solución abierta, esto es, sin indicar una única solución, cuando existen argumentos válidos para sostener diferentes alternativas. Reconozco que en situaciones de normalidad parlamentaria puede ser una buena solución. Es poco comprometida y muy pragmática, muy deferente con la Mesa, como si se devuelve la pelota con unas instrucciones de uso.

El problema viene cuando esta normalidad institucional desaparece y la sustituye una situación de excepcionalidad política a la que también va asociada un importante conflicto jurídico. Un conflicto jurídico estructural, como el que ha evidenciado el *procés* y las actuaciones parlamentarias derivadas del mismo. A esta situación me refería antes cuando hablaba de poner a los letrados en el disparadero. En el momento en el que se pone en cuestión el mismo marco constitucional y estatutario o se aplica el Reglamento sin respetar los derechos básicos de los diputados, es difícil mirar hacia otro lado y considerar que esto no atañe a un servicio de la Cámara que, como tal, lo es de la institución en su conjunto, de la pluralidad que expresa, no solo de su mayoría.

La Resolución 1/XI, adoptada en el inicio de la anterior legislatura, fue el detonante de una profunda crisis política y parlamentaria por razón de la vía elegida para conseguir un objetivo político, la independencia de Cataluña, por muy legítimo que pueda ser. Una estrategia basada en la unilateralidad y la ruptura con el Estado, que ponía en cuestión los mismos cimientos del orden constitucional establecido y que no podía dejar indiferente a ningún jurista, y menos aún a aquellos que se vieron inmersos directamente en esta crisis por la posición que ocupaban, como era mi caso.

Una situación comprometida y muy difícil de gestionar que cada uno ha intentado afrontar según su conciencia profesional, a pesar de no salir siempre bien parado, porque es prácticamente imposible salir indemne de una situación como esta. Una situación que, por desgracia, aún no ha terminado porque la crisis dista mucho de estar resuelta, aunque yo ahora tengo la suerte de haber pasado a la retaguardia después de haber dejado el cargo de letrado mayor.

Este distanciamiento me da la oportunidad de poder explicar mi experiencia, que cuento a título estrictamente personal, como debe ser. Porque, a pesar de que los medios de comunicación hayan podido dar una imagen de unidad con sus referencias informativas genéricas a los informes y posicionamientos de los servicios jurídicos del Parlamento, ello no ha sido siempre así. El *procés* también ha pasado factura interna a nuestro colectivo y al conjunto del personal de la Cámara.

Una pregunta que me hago con frecuencia es cómo se podía haber pensado, como algunos parecían convencidos de ello, que los letrados íbamos a mantener una actitud de silencio, o incluso de complicidad, con unas actuaciones parlamentarias que afectaban tan directamente al marco constitucional y estatutario. Nadie se preocupó siquiera de advertirnos, ni de saber qué opinábamos y cómo reaccionaríamos.

Al menos en mi caso. Nadie nos tuvo en cuenta, aun sabiendo que nos debíamos a un código deontológico y a la institución en su conjunto, y no a la mayoría. Nadie se preocupó de si podíamos asumir responsabilidades personales. Está claro que no se contaba con nosotros o, peor aún, se presuponía que estábamos de acuerdo con lo que se hacía. Lo que acabo de referir no solo ocurrió al inicio del *procés*, sino durante todo su desarrollo.

Cui prodest: *procés*, activismo y deontología profesional

Como jurista, uno de los aspectos que más me ha llamado la atención del *procés* son las bases jurídicas sobre las que se ha querido fundamentar. No tanto por el hecho de la independencia en sí mismo, sobre el que se podría plantear un debate jurídico abierto, sino por su decantación final a favor de la teoría de la desconexión o de la transición de la ley a la ley, fórmula mediante la cual Cataluña se desvincularía de España y se erigiría como un sujeto soberano individual para iniciar, a partir de ahí, su propio proceso constituyente.

En síntesis, el planteamiento básico de esta tesis partía de tres implícitos: la plena soberanía del pueblo de Cataluña, su derecho a la autodeterminación de acuerdo con el derecho internacional y el principio de legitimación del proceso de desconexión basado en la voluntad popular expresada en el referéndum convocado para el 1-O. Si este referéndum daba un resultado positivo a favor de la independencia, el resto del proceso se desencadenaba automáticamente; esto es, Cataluña se desvinculaba de España (desconexión) y se regía por un régimen transitorio hasta que no dispusiera de su propio marco constitucional, en el que se ponía inmediatamente a trabajar (el proceso constituyente).

Este programa es el que la mayoría parlamentaria anunciaba con la Resolución 1/XI, adoptada a modo de declaración de intenciones u hoja de ruta al inicio de la legislatura pasada. Una declaración que, a su vez, se legitimaba en el resultado de las elecciones del 27 de septiembre de 2015, que tanto el Gobierno de Artur Mas como las fuerzas soberanistas que concurrieron a ellas plantearon como una convocatoria plebiscitaria, esto es, no como un proceso electoral normal, sino como una llamada al pueblo catalán para expresar su voluntad de independizarse.

Como se dice popularmente, para hacer un buen cesto se necesitan unos buenos mimbres. Y aquí, dicho de manera llana y directa, todos los fundamentos conceptuales eran débiles, muy débiles; una debilidad que esencialmente partía más de un querer ser que de un ser, de considerar que en el proceso catalán concurrían unos elementos que podían darle solidez jurídica, cuando realmente no existían en los términos que se estaban expresando.

Creo que se partía de un presupuesto que confundía la voluntad con la realidad, la política con el derecho. De un ideario político que considera que el pueblo catalán es soberano, que tiene derecho a la autodeterminación y que puede ejercer este derecho mediante un referéndum y después traducir todo esto en un nuevo estatus de independencia. Como proyecto político es totalmente aceptable y legítimo. Pero la creencia en este ideario no implica que sea así en el plano jurídico, porque aquí entran en juego otros factores, otra lógica. No todo es tan simple y fácil. Cataluña forma parte de España, existe una constitución que dice que la soberanía nacional reside en el pueblo español, una constitución a la que están sujetos los poderes públicos catalanes y un Estatuto de Autonomía que define y a la vez delimita cuáles son sus capacidades de actuación. Un escenario muy diferente y alejado del que se desprende de la Resolución 1/XI.

En un caso como el nuestro, defender y promover la independencia es posible. La misma Constitución lo ampara, y así lo ha declarado expresamente y repetido el Tribunal Constitucional. Pero hacerlo efectivo es otro cantar. No es imposible, pero sí requiere estrategias mucho más complejas y, por qué no decirlo, muy difíciles de aplicar. Porque todos deberíamos saber y recordar que, en un contexto de normalidad, es decir, sin conflictos sociales graves, y en el marco de un sistema político que cumple los estándares mínimos de una democracia occidental que, además, forma parte de la Unión Europea, conseguir una independencia por la vía unilateral es un objetivo prácticamente abocado al fracaso.

Siempre he pensado que, salvando las distancias, el caso catalán debería tomar sus referencias de Escocia y Quebec. De ello hablaremos más adelante, de referentes que precisamente nos enseñan que un proceso de independencia no es nada sencillo, sino todo lo contrario; que son procesos muy condicionados por un entorno político y jurídico que no les favorece y también por una política internacional siempre reacia, al menos al inicio, a mover las piezas del tablero. En un contexto hostil como este, las estrategias válidas nunca pueden ser fáciles, sencillas ni rápidas. Y por mucha razón que se crea tener, hay que asumir que la tarea es muy compleja y requiere tiempo y mucha habilidad.

La opción por la vía unilateral es, quiérase o no, una opción de ruptura, de fractura de un marco constitucional que, en su fondo, tiene un germen revolucionario. Entiendo como tal una acción que pretende la ruptura de un orden establecido, una revolución que no implica necesariamente un componente violento —como ha recordado el presidente de la Generalitat Quim Torra, refiriéndose en este caso a la *revolució dels somriures* (revolución de las sonrisas)—, pero revolución al fin y al cabo, en clave moderna o posmoderna, si se quiere. La misma idea antigua que ya recogió el Tribunal Supremo de Estados Unidos en 1896 en la famosa sentencia Texas contra White, al definir la Unión de Estados como algo definitivo e indisoluble, «*except through revolution or through consent of the States*» (excepto mediante la revolución o con el consentimiento de los Estados). Esta sentencia pone de relieve, de forma especialmente nítida, el trasfondo que plantea un proceso de secesión. Ruptura o acuerdo. Dos escenarios bien distintos, con consecuencias también muy diferentes. En 2017, el Parlamento catalán hizo su opción: ruptura, y era lógico que quisiera arroparla utilizando argumentos jurídicos. Una cobertura que articuló sobre los que antes hemos mencionado.

Hasta aquí, me parece relativamente normal. Lo que ya no me lo parece tanto es que la utilización de este argumentario haya contado con el apoyo de juristas que, con su actitud, han reforzado aquella pátina y han contribuido a darle solidez ante la opinión pública.

El derecho no es una ciencia exacta. Para mí, en esto reside buena parte de su atractivo, porque deja margen de interpretación y tiene una lógica interna que permite plantear y sostener, en mayor o menor grado, soluciones alternativas para un mismo problema. Pero este margen de maniobra no es ilimitado. Si alguien piensa que el derecho permite hacer trajes a medida o es como un chicle que se puede estirar sin llegar a romperse nunca, se equivoca. Cuando alguien pide un informe o un dictamen es conveniente recordarle esto, porque no todo el mundo parece saberlo.

Me parece oportuno hacer esta reflexión porque los argumentos jurídicos que finalmente se utilizaron para justificar la dirección final que tomó el *procés* se encuentran, en mi opinión, fuera de estos márgenes. Y me cuesta entender que hayan sido avalados sin matices por algunos juristas. No discuto, desde luego, su derecho a hacerlo; solo lo constato, y, como profesional del derecho, me preocupa. Porque supongo que algunos estarán convencidos de sus razones, pero quizá otros se hayan guiado también por otros intereses.

En el libro *El huracán catalán* (Planeta, 2018), Sandrine Morel se pregunta las razones por las que algunos periodistas de prestigio han tomado partido en este debate, convertidos en militantes políticos, cuando no en activistas contrarios al Estado español. Se refiere especialmente a los medios de comunicación públicos catalanes, pero también podría ser aplicable, en igual sentido o inverso, a otros medios públicos y privados. Y también podríamos trasladar esta reflexión a otros campos profesionales.

Esto nos introduce en el debate siempre complejo y delicado de la deontología profesional, de los deberes que se supone que están relacionados con el ejercicio de una profesión, máxime cuando cumple con una importante función social. Pienso que cualquier profesional debe ajustarse a sus reglas deontológicas, más allá de lo que le dictan sus propias convicciones personales. Son dos aspectos que se deben separar, aunque cueste hacerlo. Un jurista puede ser un independentista convencido, y no por ello tener que aceptar que este proceso se lleve a la práctica a partir de unos procedimientos que él, como jurista, no puede compartir.

Sin embargo, si se me permite la expresión, he visto a colegas a los que se les ha aparecido la Virgen. Incluso personas que no hace mucho eran claramente refractarias a cualquier sensibilidad nacionalista o eran fervientes defensoras de modelos federales, ahora defienden el camino de la independencia por la vía unilateral: abogados, catedráticos y profesores universitarios, letrados y exletrados del Parlamento, o funcionarios de la Generalitat, por ejemplo. Y también algún miembro de la carrera judicial, como Santiago Vidal, el mediático juez que manifestó públicamente que todo estaba preparado para la independencia y que se animó por su cuenta a redactar una constitución catalana.

No soy quién para pedir explicaciones a nadie sobre esta cuestión, pero no puedo evitar pensar, como sucede en otras ocasiones, en la locución latina *cui prodest* o *cui bono*, que alude, en su sentido más amplio, a la relación que puede existir entre una acción y la expectativa de obtener una ventaja o beneficio a partir de ella; lo que puede representar ponerse al servicio de una causa, no como simple ciudadano, sino como profesional.

Quisiera hacer, sin embargo, un matiz sobre esta cuestión, concretamente al papel desempeñado por el director del Institut d'Estudis de l'Autogovern y presidente del Consell Assessor per a la Transició Nacional (CATN), Carles Viver. Mucha gente le considera como el principal artífice de la estrategia jurídica del *procés*, y ello es cierto, aunque no del todo. Considero a Viver un gran jurista y un profesional honesto. Lo era cuando fue magistrado y vicepresidente del Tribunal Constitucional y creo que también lo ha sido en su etapa al servicio de la Generalitat; porque me consta que su posición en favor de la independencia es posterior a su mandato en el Tribunal Constitucional, y a nadie se le puede recriminar que cambie de opinión. Carles Viver siempre ha dado la cara, y es importante aclarar que su diseño jurídico del *procés* no fue en forma, sustancia y tiempo el que se acabó finalmente adoptando.

El *procés* tuvo una deriva final que relegó a Viver a un segundo plano. Y me consta que esto quedó reflejado en el contenido final de la Resolución 1/XI y también más tarde en la redacción final de las leyes del referéndum y de transitoriedad jurídica y fundacional de la república, que debe atribuirse principalmente a los diputados Lluís Corominas y Jordi Orobitg de Junts pel Sí y a Benet Salellas de la CUP. Es probable que Carles Viver haya acabado siendo un elemento más en una escenografía que pretendía dar una imagen de seriedad y de rigor a lo que se hacía —en este caso, en su vertiente jurídica—, aunque es muy posible que no fuera esta la intención inicial cuando el Gobierno de Mas convirtió el Institut d'Estudis Autonòmics (IEA) en el Institut d'Estudis de l'Autogovern y se creó el Consell Assessor per a la Transició Nacional y se decidió poner a su frente a Carles Viver.

Todas estas consideraciones me dan pie a comentar por último las repercusiones que ha tenido el *procés* sobre muchos de los trabajadores de la Generalitat. Lo he vivido muy de cerca en el Parlamento y puedo decir que sus efectos se notan, y mucho, sobre la actitud o, mejor dicho, las actitudes de un colectivo que debe ser neutral, políticamente hablando, por estar al servicio de una institución plural.

No obstante, esta neutralidad se ha resentido porque, en muchos casos, las emociones han pasado por encima de otras razones y los símbolos políticos han entrado donde no deberían haber entrado, ante la incomodidad, mejor o peor disimulada, de los diputados de algunos grupos parlamentarios. Y asimismo ha aparecido la hipocresía, el quedar bien con todos poniendo caras distintas según el interlocutor de turno, o la autoimposición del silencio a modo de defensa. También la incomodidad de muchos trabajadores ante la disyuntiva de quedar señalados por el hecho de asistir o no a concentraciones convocadas en relación con el *procés* ante el mismo edificio del Parlamento.

Cuando se tiene que estar muchas horas al día en el trabajo, se hace difícil convivir en este ambiente tan cargado y a veces tenso. Es una pena, pero también un reflejo a escala de lo que está sucediendo actualmente en una sociedad que se preciaba, hasta hace muy poco tiempo, de ser especialmente abierta y tolerante.

3

¿Y SI TODO VIENE DE MÁS LEJOS?

Honi soit qui mal y pense.

Frase atribuida al rey Eduardo III de Inglaterra, que figura en el escudo del Reino Unido. Su significado inicial advertía que una persona debería avergonzarse de pensar mal de algo solo por las apariencias. Actualmente, también se utiliza en sentido irónico para prevenir contra una interpretación maliciosa sobre algún hecho o alguna cosa.

La recuperación de la autonomía: los primeros pasos

Quizá pueda parecer exagerado buscar los orígenes del proceso de independencia de Cataluña remontándonos a los momentos iniciales de la recuperación y el primer desarrollo de la etapa autonómica derivada de la Constitución de 1978 y del Estatuto de Autonomía de 1979. Sin embargo, si consideramos como origen o principio de algo la existencia de elementos precursores que pueden haber tenido incidencia en el nacimiento o posterior evolución de un proceso, no es exagerado decirlo, sino todo lo contrario.

En mi opinión, la forma como se planteó y desarrolló la primera etapa del autogobierno catalán tiene bastante que ver con lo que ha sucedido después. Y no solo en lo que atañe específicamente a Cataluña, sino sobre todo a cómo se enfocó políticamente el mismo desarrollo del título VIII de la Constitución, es decir, la autonomía territorial en España.

Entiendo que para muchas personas hablar de los orígenes de la etapa autonómica no tiene ahora mucho interés. Hoy en día, los hechos se suceden con tanta rapidez que, en un periodo relativamente corto o no muy lejano, consideramos irrelevantes y sin influencia en lo que está sucediendo ahora circunstancias que ocurrieron no hace demasiado tiempo. Me preocupa este fenómeno apreciativo de las cosas porque distorsiona la relación entre tiempo y memoria y puede hacer desaparecer de la escena aspectos que deberían considerarse o tener en cuenta para entender y resolver los problemas actuales.

La recuperación de la autonomía catalana a finales de los años setenta fue uno de los resultados de un proceso de ruptura controlado. Seguramente hoy poca gente utilizaría estos términos para referirse a la transición política española. Pero a mí no me parece inapropiado para definir un proceso que acabó alumbrando, en un espacio de tiempo especialmente breve, un nuevo sistema político y jurídico muy distinto del que se partía. Una solución que, además, no tuvo que recurrir a fuentes jurídicas alternativas a las existentes en aquel momento para hacerse realidad.

El régimen franquista no contaba, como es lógico, con un sistema constitucional, pero sí con un sucedáneo integrado por diversas leyes fundamentales que pretendían cumplir una función parecida. Pero este conglomerado jurídico tenía el punto débil de que cualquier nueva ley fundamental podría alterar las bases del mismo régimen si se hacía con habilidad y las circunstancias políticas lo posibilitaban. Y así lo hizo la Ley 1/1977, de 4 de enero, para la Reforma Política, mediante la cual las mismas Cortes franquistas propiciaron el cambio político al autorizar al Gobierno a convocar unas elecciones democráticas y atribuir al nuevo Congreso y Senado la asunción de la condición de Cortes constituyentes.

La aprobación de la Constitución por las Cortes y por referéndum a finales de 1978 fue la culminación de todo este proceso. La Ley para la Reforma Política fue el eslabón jurídico que permitió que este proceso pudiera considerarse como una transición y no como una ruptura; porque, en este caso, sí que es válida la expresión de «pasar de la ley a la ley», ya que la segunda ley encuentra apoyo en la primera.

Se han vertido muchas críticas sobre la transición política española y sus debilidades, derivadas de la misma naturaleza y circunstancias de este proceso. Razón no les falta a algunas de ellas, sobre todo en lo que atañe a las herencias políticas que hubo que asumir en aquel momento, y que pasaron factura principalmente en los momentos iniciales de la nueva etapa democrática. Quizá no tanto hoy, cuarenta años después, a pesar de que desde ciertos sectores políticos y sociales se presenta la Constitución como la tapadera del franquismo, y confunde al Estado con un determinado Gobierno o partido político o con el funcionamiento de alguno de sus poderes.

Hay aquí, desde luego, un espacio de debate que se debe considerar. Pero, por muy fundamental que sea, creo que es injusto, y sobre todo erróneo, no reconocer la importancia que, en lo político y en lo jurídico, tuvo la transición política, y especialmente el hecho de haber cristalizado en la Constitución de 1978; una nueva norma de cabecera de un nuevo sistema político que iba a tener un gran impacto en la sociedad española.

Porque, haciendo un ejercicio de memoria, deberíamos recordar que el proceso político seguido en España a finales de los años setenta del siglo pasado tuvo un amplio reconocimiento internacional. Y también que la Constitución de 1978 fue considerada como una de las más avanzadas en Europa; no en vano se inspiró en otras constituciones consideradas como referentes en aquel momento (la italiana y especialmente la alemana). Las personas que la elaboraron, los llamados «padres de la Constitución», tenían un gran prestigio político y jurídico, como los catalanes Miquel Roca y Jordi Solé Tura. La Constitución fue una buena obra jurídica. Los problemas que ha tenido no se deben tanto a su contenido como a su entorno aplicativo, dejando al margen en este momento que algunos de sus contenidos deben revisarse con urgencia. Este es otro problema.

En un primer momento, es cierto que su aplicación se vio afectada por la tutela de los llamados poderes fácticos. Después se han producido fenómenos muy graves de apropiación de su contenido. La apropiación constitucional es un verdadero fraude a la misma Constitución; implica un efecto reduccionista y unidireccional de su contenido y le niega el valor de marco de convivencia abierto y flexible, que es uno de los principales atributos de cualquier constitución. En los últimos años, hemos podido comprobar la importancia que este fenómeno ha tenido y sus graves consecuencias. Al dar a la Constitución una única lectura entre las diferentes que permite, al silenciar parte de su alma diversa se ha alejado la Constitución de muchas personas que ya no se sienten representadas en ella. Una operación peligrosa, además de fraudulenta.

Y luego está el problema de la rigidez constitucional para su reforma, que con el tiempo se ha hecho más evidente que nunca. Esta rigidez tiene su explicación en la voluntad de preservar la Constitución frente a posibles involuciones, pero con el tiempo se ha convertido en un *boomerang*, porque se ha vuelto contra ella misma.

Estos problemas se han manifestado de manera particularmente intensa en el desarrollo de la autonomía territorial, ámbito en el que tampoco han ayudado, desde luego, las claves interpretativas del título VIII de la Constitución que ha utilizado el Tribunal Constitucional. Sin embargo, hay un aspecto de la Constitución directamente relacionado con el desarrollo de la organización territorial al que quizá no se ha dado la importancia que merece y debe destacarse especialmente, sobre todo para hacer un ejercicio comparativo de lo que ha sido y de lo que podría haber sido; y más ahora, cuando parece que no hay más alternativas que continuar como hasta ahora u optar por la independencia.

Me refiero al carácter abierto del modelo de organización territorial que contempla la Constitución. Un modelo o no modelo, según como se mire, porque, tomando las palabras del expresidente del Tribunal Constitucional Pedro Cruz Villalón, no puede decirse que la Constitución haya definido un modelo predeterminado de Estado autonómico. Aunque parezca una contradicción, del título VIII de la Constitución se desprende una importante «desconstitucionalización» del sistema de organización territorial del Estado, si entendemos como tal el hecho de dejar abiertos, o no totalmente definidos, importantes aspectos del desarrollo de este sistema. Flexibilidad aplicativa y diversidad, estas son las claves.

Creo que esta visión de la Constitución es correcta y así lo he defendido siempre; no solo yo, sino muchos otros juristas. Y no solo por razones jurídicas, sino por algo seguramente más importante aún, como es la voluntad política que está detrás de la redacción del título VIII de la Constitución. De una voluntad política que encaró esta parte de la Constitución con el propósito de resolver uno de los principales problemas de la transición, esto es, la recuperación del autogobierno de las nacionalidades o naciones históricas, especialmente Cataluña y el País Vasco. En la voluntad del constituyente no está tanto el objetivo de diseñar un modelo de organización general de corte federal o regional, sino la de resolver problemas territoriales concretos. Si no fuera así, la Constitución se hubiera redactado en unos términos bien distintos.

Sé que recordar esto ahora puede parecer extraño, a la vista de cómo se han desarrollado recientemente las cosas en Cataluña. Lo admito, y debo añadir que lo que ha sucedido, la configuración del Estado de las autonomías que todos conocemos, con un importante sesgo simétrico e igualitario, es un modelo ajustado a la Constitución. Pero lo que me importa señalar es que este resultado no era el único posible, sino solamente una opción entre otras igualmente posibles, Constitución en mano. No descarto en absoluto que aquí esté uno de los precursores del problema que actualmente tenemos, como decía antes.

Para demostrar la existencia de otros enfoques del desarrollo constitucional no es necesario entrar en tecnicismos. La flexibilidad constitucional puede apreciarse en muchas facetas, desde la diferenciación entre nacionalidades y regiones a los diferentes procedimientos de acceso a la autonomía. Pero aún resulta más esclarecedor comprobar cómo la Constitución no impone, por sí misma, ningún modelo de organización autonómica. Si hoy no existiera en España ninguna comunidad autónoma, este resultado no sería contrario a la Constitución; porque en realidad esta, más que imponer un resultado, lo que hace es facilitar los mecanismos para que el proceso pueda desarrollarse. Un proceso tampoco necesariamente uniforme, puesto que la solución que la misma Constitución da implica *per se* la diversidad al referirse a un estatuto de autonomía particular para cada territorio; diversidad de estatus en cuanto a las características y el contenido de la autonomía, no absoluta, pero sí importante, dependiendo de la voluntad política. La flexibilidad constitucional deja en manos de la voluntad política la capacidad de determinar el modelo o modelos autonómicos, mucho más que la que suelen presentar los Estados de tipo federal.

Asimetría frente a igualdad, esta es la gran cuestión que se presentaba en el desarrollo constitucional en España; la gran cuestión para Cataluña, que ya sabemos cómo se decantó finalmente. Y es que todos los elementos se han conjugado a favor del establecimiento de un sistema homogéneo que, desde un buen principio, jugó en contra de la singularidad catalana y de las mismas expectativas puestas por los ciudadanos sobre la recuperación del autogobierno.

Todo empezó con la práctica generalización de las preautonomías. ¿Cómo se podía impedir acceder a la condición de comunidad autónoma a los territorios a los que ya se había otorgado una autonomía provisional? Después fue la política del «café para todos», la voluntad de extender el título VIII a todo el territorio del Estado, recurriendo incluso a la fórmula comodín de las comunidades autónomas uniprovinciales. Operación muy legítima, con intereses territoriales obvios, pero nada inocua políticamente hablando, porque cualquier proceso de generalización tiende a la igualación, a la homogeneización, y se opone, como es lógico, a la asimetría y a la singularidad. Precisamente a lo que pretendían los pueblos con características nacionales.

No creo que existan dudas de que la aplicación de la política del «café para todos» perjudicó gravemente las expectativas de Cataluña; mucho más que las del País Vasco al contar este con mecanismos estatutarios singulares de los que Cataluña no pudo disponer en un principio (régimen económico y policía propia, por poner los dos ejemplos más importantes).

En cualquier caso, los efectos de la generalización del proceso autonómico y de la tendencia a la igualación entre territorios tuvo consecuencias importantes para Cataluña por una sencilla razón: porque no es lo mismo interpretar y aplicar la distribución del poder político entre el Estado y diecisiete comunidades autónomas con estatutos parecidos que entre el Estado y unos territorios concretos, que son los únicos que cuentan en un régimen de autonomía; o en el contexto de una situación de autonomía más generalizada, pero con diferencias más visibles en cuanto a su naturaleza y su contenido.

En las circunstancias en que se implantó el sistema autonómico, Cataluña tuvo enseguida la oportunidad de conocer el rasero con que se mediría su autonomía. Régimen de financiación común, especialmente dependiente en sus orígenes de un sistema de cálculo basado en el coste de los servicios y en las aportaciones del Estado; relaciones basadas sobre todo en la multilateralidad, y sometimiento a una doctrina constitucional muy restrictiva de las competencias de la Generalitat, entre otras consecuencias negativas. Aunque, para ser justos, tampoco debemos evitar una cierta dosis de autocrítica en la negociación del Estatuto de 1979, especialmente respecto del tema clave de la financiación.

La versión oficial que existe sobre la imposibilidad de acceder a un régimen de concierto económico similar al del País Vasco sugiere que, cuando se redactó el Estatuto de 1979, la iniciativa no prosperó por el rechazo conjunto del Partit dels Socialistes de Catalunya (PSC), Partit Socialista Unificat de Catalunya (PSUC) y Unión de Centro Democrático (UCD), a pesar de que Convergència i Unió (CiU) y ERC propusieron esta fórmula. Sin embargo, quizá no sea tan conocido que cuando en 1980 se negoció la Ley Orgánica de Financiación de las Comunidades Autónomas (LOFCA), el Estado ofreció en aquel momento a la Generalitat un régimen económico similar al vasco que no fue aceptado. Así lo ha explicado y publicado Pedro Luis Uriarte, dando cuenta de una reunión mantenida por él mismo con el ministro de Hacienda Jaime García Añoveros y con el entonces consejero de Economía y Finanzas Ramon Trias Fargas. Al parecer, la Generalitat no quería asumir en aquel momento la responsabilidad social de recaudar impuestos ni los riesgos derivados de su gestión.

Curiosamente, tres décadas después el pacto fiscal fue la

bandera utilizada por el presidente de la Generalitat Artur Mas como solución para Cataluña. El fracaso de esta propuesta ante el Gobierno de Mariano Rajoy ha sido considerado para muchos como el detonante del proceso independentista catalán. También es curioso que la oferta de 1980 demuestra que el sistema de financiación autonómico no es algo preestablecido ni cerrado, constitucionalmente hablando. A pesar de que Mariano Rajoy rechazó la propuesta de Artur Mas por considerarla contraria a la Constitución, lo sucedido en 1980 demuestra que esto no está tan claro. Algo que no debería olvidarse de cara al futuro.

El intento de golpe de Estado del 23 de febrero de 1981 y una de sus derivadas, la Ley Orgánica de Armonización del Proceso Autonómico (conocida como LOAPA), pactada entre UCD y Partido Socialista Obrero Español (PSOE), contribuyeron a acentuar la tendencia uniformadora y de bajo perfil de las autonomías. Aunque el Tribunal Constitucional declaró inconstitucional el núcleo duro de la ley, no lo hizo con su espíritu, con el intento que significaba precisar en clave centralizadora los principios básicos del régimen autonómico.

Más allá de recuperar sus instituciones propias y de poder ejercer su autonomía, que era mucho teniendo en cuenta de dónde veníamos, Cataluña no consiguió obtener el nivel de autogobierno que hubiera deseado en aplicación del nuevo escenario constitucional. Tuvo que conformarse, de alguna manera, con una autonomía *light* y procurar sacar su mayor provecho en espera de mejores tiempos. Porque si algo caracteriza el catalanismo político, ya desde los primeros Gobiernos de Jordi Pujol, es que no renuncia a mayores aspiraciones, que son inherentes a una idea de construcción nacional que no prescinde de ningún escenario teórico, aunque la realidad le obligue a ser pragmático, a aceptar en aquel momento lo que daba de sí el marco constitucional y estatutario en espera de nuevas oportunidades.

El sentimiento independentista, como corriente de fondo inconcreta y difusa, seguramente ha estado más presente en el tiempo de lo que parece. Más como un deseo que como una realidad al alcance de la mano, y ello permite el interesante ejercicio de especular sobre cómo ha influido en esta corriente de fondo el desarrollo de una solución constitucional que estaba pensada para que esto no llegara a suceder, pero que, con el paso del tiempo, se ha visto que fue insuficiente. Una solución de integración y cohesión que al final no ha funcionado y que no ha evitado una de las crisis más graves de la historia reciente de España.

Me parece, por tanto, correcto afirmar que el problema viene de más lejos, de una aplicación inadecuada de la Constitución como respuesta a las expectativas del catalanismo en el pacto político de la transición respecto a la recuperación del autogobierno en Cataluña. Ciertamente era difícil verlo en aquel momento, pero ahora nos ayuda la perspectiva de lo sucedido. Quizá no sea el elemento determinante del *procés*, pero sí una de sus causas.

El Pacto del Majestic

En las circunstancias expuestas, la política de la Generalitat se decantó en sus primeros tiempos por lo que vino a conocerse como política del *peix al cove*, una metáfora que alude a la necesidad de obtener todo aquello que se pueda en un marco limitado. Sin embargo, la Generalitat tuvo que convivir largo tiempo con este modo de hacer, calificado por algunos como una forma de claudicación. El problema de fondo que se evidenciaba en aquel momento tenía un doble componente: uno de contenido, de competencias y de poder político y, sobre todo, otro económico, derivado de un sistema de financiación dependiente del Estado, sin capacidad para poder establecer una hacienda propia y ejercer una verdadera autonomía financiera. Una diferencia radical con el País Vasco.

La política del *peix al cove*, especialmente en su vertiente económica, esto es, la de conseguir mayores recursos financieros, no solo es atribuible a la etapa inicial de la autonomía. El primer Gobierno de Artur Mas también tuvo que utilizarla ante la herencia económica que dejó el Gobierno tripartito, en la que, todo hay que decirlo, había influido decisivamente el severo impacto de la crisis económica.

No ha sido, pues, una política que lleve el sello exclusivo del presidente Pujol. Otros Gobiernos posteriores, incluso el mismo Gobierno tripartito de la época Maragall y Montilla o el primer Gobierno de Artur Mas, tuvieron que acogerse a ella por necesidad, a pesar de haber intentado otras vías de mayor calado para redireccionar la autonomía catalana y corregir los déficits estructurales con los que nació; vías como el nuevo Estatuto de Autonomía de 2006 o la propuesta de pacto fiscal, antes de iniciar el camino de la transición nacional a finales de 2012. Sin embargo, creo que tiene interés constatar cómo la historia pone de relieve la existencia de momentos o circunstancias que podían haber cambiado su curso y cómo esto ocurre también con la reciente historia de Cataluña.

En un sistema como el nuestro, que no impone modelos concretos y deja importantes espacios para su desarrollo y aplicación, la política es determinante. Y un buen ejemplo de ello son las situaciones que se han ido produciendo a lo largo del tiempo y que muestran cómo la influencia política de Cataluña en la configuración de la gobernabilidad de España podía ser determinante y decisiva. Han sido muchos estos momentos, nunca exactamente iguales como es lógico, pero quizá han tenido su mayor exponente en lo que ocurrió en 1996 con el llamado Pacto del Majestic, el acuerdo suscrito entre José María Aznar y Jordi Pujol, en nombre de sus respectivos partidos políticos, mediante el cual Convergència i Unió daba apoyo a la investidura del líder del PP como presidente del Gobierno.

Este pacto fue difícil de conseguir y de digerir por ambas partes, que tenían la mirada puesta en sus respectivos votantes. Seguramente más para Pujol que para Aznar. Pero las presiones fueron muy fuertes, y el mismo Felipe González aconsejó a Jordi Pujol que diera su apoyo al PP por «sentido de responsabilidad». Por sentido de Estado.

Desde el punto de vista catalán, el pacto era una buena oportunidad para resolver algunos de los problemas evidenciados durante el primer desarrollo de la autonomía. Y, en este sentido, preveía importantes mejoras en relación con el sistema de financiación, ya iniciadas en la anterior etapa del Gobierno socialista, en el traspaso de nuevas competencias y en aspectos más simbólicos como la supresión de los gobernadores civiles. Sin embargo, donde el impacto se notó más fue en el ámbito de la seguridad pública, que permitió un desarrollo del Estatuto de Autonomía (en aquel momento, aún el de 1979) que acabó convirtiendo a los Mossos d'Esquadra en la policía integral de Cataluña. Una cuestión nada menor, si consideramos que el control de la seguridad y del orden público es uno de los fundamentos del poder. Con el Pacto del Majestic, Convergència i Unió también se apuntó el tanto de ser el impulsor de la supresión del servicio militar obligatorio. Una verdadera mutación constitucional no discutida por nadie, y quizá por eso una de las pocas que han existido en España.

Poca gente se acuerda ahora del Pacto del Majestic. Tampoco este es el lugar para analizarlo y valorarlo, ni para debatir si desde Cataluña se negoció bien todo lo que se podía negociar en aquel momento. Aunque seguramente no, porque creo que se podía haber aprovechado para obtener mayores resultados. Pero, visto en perspectiva, me parece interesante recordarlo porque es un buen ejemplo práctico de cómo en la cuestión territorial existe un margen importante para la acción política, y no todo está condicionado por las reglas jurídicas.

En el año 1999, el Institut d'Estudis Autonòmics publicó el libro *Criteris per a un desenvolupament institucional*, que recogía un informe, encargado por el Gobierno de la Generalitat al catedrático Enric Argullol, sobre las alternativas de desarrollo de la autonomía existente, especialmente de las que se podían dar mediante una lectura en clave pro autonomía del marco constitucional vigente. Enric Argullol contaba, en aquel momento, con la confianza de Jordi Pujol y después de que este le encargara fundar la Universitat Pompeu Fabra, operación que se saldó con el éxito que todos conocemos.

Conozco muy bien a Enric Argullol porque ha influido mucho en mi carrera profesional. Le considero mi maestro y le debo mucho. Lo conocí cuando hice las oposiciones de letrado y él era miembro del tribunal. Después aceptó dirigir mi tesis doctoral y me pidió colaborar en la universidad; primero en la Universitat Autònoma de Barcelona y después, en la Universitat Pompeu Fabra.

Mi relación y deuda personal con él no me condiciona en absoluto para reconocerle su gran valor como jurista. La absurda idea de vincular a Enric Argullol al informe del que ahora estamos hablando lo ha relegado después inexplicablemente a un segundo plano, como si no pudiera aportar ya nada más al desarrollo del autogobierno.

El informe Argullol es un buen ejemplo de la apertura de nuestro modelo autonómico y de las posibilidades que ofrece para desarrollar el autogobierno bajo aproximaciones distintas a las de su aplicación inicial. El informe parte de la flexibilidad que ofrece la Constitución de 1978 en comparación con otros sistemas federales o regionales y pone de relieve cómo este marco ofrece soluciones alternativas para potenciar fórmulas asimétricas y revertir la tendencia hacia la uniformidad o la homogeneización de las diferentes autonomías. También recuerda el espíritu plurinacional de la Constitución y el motivo político último que está detrás del diseño constitucional, que no es otro que el de dar respuesta a las reivindicaciones nacionales de los territorios que disponen históricamente de esta cualidad.

Lo importante de este análisis es que confirma, desde el punto de vista jurídico, la existencia del potencial de desarrollo que se desprende de las características bajo las que fue concebida la organización territorial del Estado en la Constitución. Porque las propuestas del informe Argullol se basan en este potencial, que solo requiere de decisiones políticas y de nuevas leyes o reforma de las existentes. El partido se juega en el campo de la política, a la espera de que los dos equipos salten al campo de juego con ganas de ofrecer un buen partido, aunque también es necesario que el árbitro (el Tribunal Constitucional) deje jugar y no quiera convertirse en jugador inesperado.

Es oportuno señalar también que, en el informe Argullol, ya se apuntaba en 1999 a la posibilidad de una reforma estatutaria con dos grandes objetivos: desarrollar el alma heterogénea de la Constitución con soluciones singulares para Cataluña y utilizar al mismo tiempo esta reforma como punto de referencia para completarla con otras medidas que, en sí mismas, podían tener vida propia al margen de la reforma. Un primer anuncio de reforma estatutaria como vía política, formulado en aquel momento sin mayores concreciones y con un alcance limitado. Pero un anuncio importante, en cualquier caso.

El regreso al futuro

En un momento en que parece que solo se nos da a elegir entre una república imaginaria o continuar como estamos, creo que los ciudadanos deberían tomar conciencia de que existen caminos intermedios para intentar poner algo de orden en la situación caótica en que vive Cataluña; aunque solo sea para darnos una tregua para que el mismo conflicto político y social no nos bloquee definitivamente.

Por esta razón me he permitido ir tan hacia atrás, a los orígenes del actual sistema autonómico, y también seguramente de sus principales problemas y déficits. Este regreso al pasado bien podría ser una mirada al futuro si aceptamos que existe aún capacidad para enderezar lo que en aquel momento no se hizo del todo bien. Me refiero a la oportunidad de recuperar la idea de que, con el modelo constitucional de organización territorial, se pretendía como objetivo principal dar una respuesta al reconocimiento político y jurídico de unas realidades nacionales. Al final, el decantamiento del modelo no ha sido este y ello no deja de ser un fracaso, porque no ha servido para resolver el problema para el que se había pensado la Constitución territorial.

¿Es posible hoy revertir esta situación? La respuesta no puede ser categórica. En parte sí y en parte no. Es evidente que hoy tenemos una realidad —la generalización del proceso autonómico y su tendencia homogeneizadora— que nos condiciona. Pero también es cierto que la configuración de este modelo no ha de verse necesariamente como algo definitivo ni invariable. Y no me refiero, como es lógico, a que las comunidades autónomas existentes dejen de serlo o tengan que renunciar a su autonomía, sino al hecho de que las que tengan características nacionales bien definidas puedan ver reconocida esa diferencia, sin que ello sea considerado necesariamente como un privilegio; porque la diferencia no es un privilegio cuando está justificada.

El principio de igualdad entre las comunidades autónomas se ha esgrimido como arma arrojadiza frente a cualquier trato diferencial. Lo fue al inicio del proceso autonómico y también cuando Cataluña emprendió la iniciativa de modificar su Estatuto de Autonomía. Todo esto provocó un efecto dominó en muchas otras comunidades, con resultados tan absurdos como ver que el Tribunal Constitucional anulaba o reinterpretaba preceptos del Estatuto catalán y ello no afectaba a otros estatutos no impugnados, a pesar de que los preceptos eran idénticos.

Pero lo que acabo de exponer no elimina un hecho que está ahí: el espíritu heterogéneo de la Constitución en materia de organización territorial que se desprende de su propio contenido, aunque nunca haya sido explotado. Quizá sería hora de intentarlo... si hay suficiente coraje político para hacerlo. Porque, tal y como se ha señalado, la Constitución da mucho juego por las características abiertas y flexibles que tiene en este ámbito concreto, a diferencia de otras constituciones, unas características que relativizan los problemas jurídicos en beneficio del acuerdo político.

En mi opinión, nunca se ha explotado, como se podría haber hecho, que la misma Constitución reconozca en su preámbulo que España no la constituye un solo pueblo, sino un conjunto de pueblos, como tampoco se ha explotado la importante diferencia que recoge su artículo 2 cuando habla del derecho a la autonomía de las nacionalidades y regiones. El concepto de «nacionalidad» es difícil de diferenciar del de «nación»; y el reconocimiento de que unos determinados territorios, y otros no, pueden tener esta característica permite establecer, de acuerdo con la misma Constitución, una primera diferencia a partir de este criterio. El artículo 2 contiene el principio de plurinacionalidad de España o, si se quiere, la idea de las «Españas», de un país en el que coexisten diversas naciones. Cataluña es una de ellas, sin duda alguna. Bajo esta aproximación, sería correcto deducir que la Constitución permite establecer un primer criterio de discriminación entre naciones y regiones, lo que se opone a una exigencia de igualdad entre todos los territorios cuando se trata de acceder a su autonomía. La autonomía es un derecho, pero no tiene que ser igual para todos.

Si esta premisa no fuera cierta, no tendrían sentido muchas cosas que resultan de la Constitución, empezando por la necesidad de que cada territorio disponga de su estatuto de autonomía, su norma particular; un elemento diferencial indiscutible por su propia naturaleza, si tenemos en cuenta que es precisamente en el Estatuto donde se define el contenido de la autonomía. Todo esto se hace aún más evidente cuando comprobamos que tampoco existe un único modelo constitucionalizado de financiación o que la Constitución contempla mecanismos adicionales para transferir o delegar competencias a las comunidades autónomas más allá de lo previsto en sus estatutos, que se pueden aplicar de manera singular, es decir, sin tener que referirse a todas las comunidades autónomas.

Ante estos márgenes de flexibilidad y potencial asimetría en materia de autogobierno territorial, es difícil oponer el sacrosanto principio de igualdad. Se puede defender como conveniencia política, pero no oponer, jurídicamente hablando, a posibles tratos territoriales desiguales dentro de lo que contempla y permite la Constitución. Sería demasiado prolijo y complejo hacer aquí un análisis de cómo se puede concretar todo esto en un acuerdo político. Se puede avanzar mucho sin que la Constitución se tenga que reformar ni tampoco el Estatuto. Muchas medidas se pueden articular mediante leyes ordinarias y orgánicas y otras medidas adicionales.

En cualquier caso, no hablamos de cuestiones menores. Hablamos de garantizar las competencias exclusivas, de nuevas competencias transferidas o delegadas, de normas básicas estatales más limitadas, de participación en la Unión Europea y proyección exterior, o de reforzar las relaciones bilaterales, entre el Estado y la Generalitat, por poner algunos ejemplos. O de articular un pacto fiscal para Cataluña mediante un régimen especial establecido en la LOFCA, como el que hemos visto que el mismo Estado ofreció en su día.

Este margen de actuación depende esencialmente de un acuerdo político. El margen de maniobra es amplio. Seguramente, hoy puede ser insuficiente para muchos catalanes que han creído tener la independencia al alcance de la mano, y nada fácil de defender por el Gobierno central respecto del resto de España al tener que hacer frente a la omnipresente objeción del privilegio que representaría para Cataluña, acentuada por la animadversión que ha generado el *procés*. Pero la solución a un conflicto de extrema gravedad como el de Cataluña bien puede merecer un regreso al pasado mirando hacia el futuro.

Una mirada al futuro que también debería hacer el Tribunal Constitucional para no entorpecer, en lo posible, este acuerdo. El Tribunal Constitucional se ha visto sometido a una prueba muy difícil al tener que hacer frente a un conflicto político que lo ha convertido en un protagonista especialmente destacado. La renuncia sistemática del Estado a afrontar la cuestión catalana por la vía política ha propiciado una judicialización excesiva, que el Tribunal se ha cargado a las espaldas. El Tribunal también lleva en su mochila una mala gestión de la reforma del Estatuto, que tiene mucho que ver con lo que después ha pasado.

Los tribunales constitucionales deciden y resuelven con criterios jurídicos, pero sus decisiones tienen gran trascendencia política y, se quiera o no, son también decisiones políticas en muchos sentidos. De todo lo sucedido, el intérprete supremo de la Constitución puede sacar muchas conclusiones, y una de ellas debería ser la de renunciar a un excesivo protagonismo como árbitro cuando existe un margen interpretativo que permita avalar la conformidad de los acuerdos políticos con la Constitución. Una actitud de deferencia con las instituciones políticas que, con la perspectiva de los hechos, debería hacer pensar incluso en la conveniencia de revisar algunos puntos de su doctrina. En todos los países se asume que la justicia constitucional no se cristaliza en las decisiones tomadas, ya que esta doctrina es contingente. En este caso, no juega el principio de vinculación de los precedentes, como sucede de forma más intensa en la jurisdicción ordinaria. El Tribunal Constitucional puede cambiar su doctrina explicando los argumentos que lo motivan. Hasta ahora, el Tribunal no ha sido muy proclive a cambios de doctrina, pero quizá ya va siendo hora de hacerlo.

4

EL FIASCO DEL ESTATUTO Y LA RUPTURA DEL PACTO POLÍTICO

Pacta sunt servanda.

Expresión latina que indica que los pactos deben honrarse y cumplirse, que la palabra dada es la base de la confianza mutua. En sentido jurídico, se utiliza especialmente para expresar que los contratos obligan a las partes que los han suscrito.

Hacia un nuevo pacto con el Estado

A principios del año 2001, Jordi Pujol preparó su relevo como presidente de la Generalitat promoviendo a Artur Mas, en aquel momento consejero de Economía, como *conseller en cap*. Como es bien conocido, esto provocó una importante crisis en la coalición Convergència i Unió por la sucesión en la presidencia de la Generalitat, que tuvo como resultado inmediato la dimisión de Josep Antoni Duran i Lleida como consejero de Gobernación del Gobierno de la Generalitat. Me acuerdo muy bien de aquella crisis porque me cogió de viaje oficial con el propio Duran i Lleida y otros altos cargos de la Consejería. El ambiente fue muy tenso, puesto que no todos los altos cargos eran de Unió, sino que también había alguno de

Convergència. En aquel momento, yo era director del Institut d'Estudis Autonòmics, organismo que recientemente había dejado de depender del Departamento de Presidencia y había sido adscrito a la Consejería de Gobernación, cuyo titular era Duran i Lleida.

Finalmente, la crisis de sucesión se superó relativamente bien y la coalición no quebró, contra algunos pronósticos y especulaciones que se habían pronunciado sobre esta posibilidad. El traspaso de poderes entre Pujol y su nuevo sucesor respondía claramente a la voluntad de promover la candidatura de Mas en vista a las próximas elecciones. Un traspaso de papeles realizado de forma ordenada y sin improvisaciones de última hora, sobre todo cuando más de una persona aspira a ocupar el lugar.

Una de las consecuencias de la designación de Artur Mas fue la configuración en su entorno de un núcleo de influencia integrado por personas jóvenes, un cambio generacional en toda regla en el seno de Convergència. Este núcleo, conocido como el *pinyol* (hueso), estaba integrado principalmente por Francesc (Quico) Homs, Joaquim Forn, Oriol Pujol, David Madí y Lluís Corominas, un grupo de personas con mentalidad distinta a la de otros dirigentes del partido. Eran más soberanistas, mucho más receptivos a abrir nuevas etapas y con el horizonte final puesto en una futura independencia de Cataluña. En este contexto, cuajó la idea de iniciar una nueva etapa mediante la renovación del pacto entre Cataluña y el Estado.

Esta idea no era exclusiva del entorno del Gobierno y de CiU; también la estaban barajando otros partidos, especialmente ERC, así como Iniciativa per Catalunya Verds (ICV) y el Partit dels Socialistes de Catalunya-Ciutadans pel Canvi (PSC-CpC), en aquellos momentos en la oposición. El 14 de noviembre de 2000, el Parlamento de Cataluña creó una comisión de estudio para la profundización del autogobierno, a propuesta de los grupos parlamentarios de CiU, PSC-CpC, ERC e ICV. Sus trabajos se centraron en un documento aprobado por el Pleno del Parlamento el 17 de diciembre de 2001 que incluía, entre otras medidas, propuestas de reforma del marco estatutario. En la sexta legislatura se configuró, por tanto, una amplia mayoría política en el Parlamento a favor de la reforma del Estatuto. Se trataba, en definitiva, de actualizar el pacto para el autogobierno con objeto de superar de esta forma los déficits que había evidenciado el desarrollo del Estatuto de 1979.

En el caso de la reforma estatutaria, es correcto hablar de actualización de un pacto político entre el Estado y Cataluña porque tanto la elaboración de un estatuto como su reforma pueden observarse desde esta perspectiva. El Estatuto es una norma particular de cada autonomía cuyo proceso de elaboración o reforma, en el caso de Cataluña, precisa la concurrencia de tres voluntades: la del Parlamento catalán, la de las Cortes Generales y, por último, la de los ciudadanos, expresada mediante un referéndum. Esta naturaleza y este proceso de elaboración y reforma da al Estatuto un carácter de norma pactada o acordada, si no en términos estrictamente jurídicos, sí políticos.

Desde el punto de vista catalán, la voluntad estaba expresada y contaba con un apoyo parlamentario sólido como punto de partida, aunque no aún sobre los contenidos concretos. Esto ya se vería una vez se iniciaran los trabajos parlamentarios para elaborar la propuesta del nuevo Estatuto de Autonomía. En febrero de 2003, se nombró a este efecto una ponencia integrada por todos los grupos parlamentarios, pero habría que esperar a la siguiente legislatura para que este trabajo avanzara y produjera resultados tangibles.

Desde el punto de vista jurídico, la elaboración de un nuevo Estatuto de Autonomía no estaba exenta de problemas, porque la idea no era hacer una reforma puntual del Estatuto de 1979, sino una tarea de reelaboración de contenidos; una labor ambiciosa de revisión integral que ponía sobre la mesa la necesidad de pensar y estructurar un formato estatutario, muy distinto del que conocíamos hasta entonces.

El IEA contribuyó a este debate con el Informe sobre la reforma del Estatuto (publicado en julio de 2003), un documento extenso que, partiendo del balance y la diagnosis aplicativa del Estatuto vigente, proponía unas bases sobre las que definir un nuevo contenido estatutario. Como director del IEA, fui yo mismo quien coordinó el informe, y quien contó con el apoyo de una comisión técnica integrada por los catedráticos Enoch Albertí, Enric Argullol, Joaquim Ferret, Joan Vintró y Carles Viver.

El informe es un documento técnico que tomaba como punto de partida la «desconstitucionalización» del sistema autonómico a la que hemos hecho referencia en el capítulo anterior, asumiendo la idea de que los estatutos de autonomía cumplen la función constitucional de concretar el contenido de la autonomía territorial. Si esta premisa era correcta, eso daba a los estatutos un potencial teórico que no habría sido aprovechado por los estatutos iniciales, concebidos como normas muy genéricas y demasiado ambiguas. Ahora podía ser una buena ocasión para corregirlo.

Este nuevo enfoque ofrecía diversas posibilidades para reelaborar aspectos claves del autogobierno. Sobre todo las reglas de distribución de competencias (especialmente la creación de ámbitos exclusivos), la configuración de la Generalitat como Administración única, la adaptación de la Administración de Justicia al marco autonómico, la proyección exterior y comunitaria de la Generalitat, la bilateralidad como principio de relación con el Estado o el establecimiento de un modelo de financiación más definido. También para dar mayor contenido y garantías a singularidades como la lengua, la cultura, el derecho civil o los derechos históricos. Se trataba de aprovechar el valor del Estatuto como principal norma configuradora del contenido de la autonomía; como norma aplicativa de la misma Constitución, entendiendo que este valor y efecto de la norma estatutaria está amparado por la misma. Un verdadero cambio de paradigma si la reforma tenía éxito, algo difícil de conseguir dada la situación política existente en aquel momento en España y los requerimientos necesarios que el mismo Estatuto vigente establecía para su reforma.

Es preciso señalar, sin embargo, que el informe del IEA no abría la puerta a cualquier contenido del nuevo Estatuto ni lo validaba; porque una cosa es que el marco constitucional se considere abierto y flexible y otra distinta es que esta circunstancia pueda aprovecharse sin límite alguno. Dicho llanamente, lo que no es posible es que el Estatuto se convierta en el sustituto de la Constitución y pretenda asumir su papel.

Este es el quid de la cuestión, que debía tenerse muy presente en la nueva operación estatutaria. Hay que saber el margen de actuación y conocer sus límites, tarea no siempre fácil y muy delicada política y técnicamente. En el informe se hacía hincapié, de manera especial, en la necesidad de calcular bien el margen de maniobra para la reforma estatutaria y se proponía como alternativa, cuando ese margen fuera demasiado estrecho, combinar la operación de reforma con el uso de otros mecanismos constitucionales para incrementar el autogobierno, sin descartar incluso una eventual reforma constitucional. Creo que los hechos posteriores demuestran que esta advertencia no se tuvo lo suficientemente en cuenta, e iba a poner las cosas más fáciles al Tribunal Constitucional.

Las promesas de Rodríguez Zapatero

El 13 de noviembre de 2003, en el mitin de final de campaña del PSC para las elecciones al Parlamento de Cataluña, en un Palau Sant Jordi lleno a rebosar, José Luis Rodríguez Zapatero pronunció la célebre frase «Apoyaré la reforma del Estatuto de Cataluña que apruebe el Parlamento de Cataluña». Muchos se lo creyeron y tomaron buena nota después de las elecciones.

Las elecciones se celebraron el 16 de noviembre. Artur Mas sustituía a Pujol como candidato a CiU y le evitaba el riesgo de sufrir una derrota ante Maragall, circunstancia que había podido eludir por muy poco en las últimas elecciones. De manera un tanto inesperada, Artur Mas dio la sorpresa y ganó las elecciones; en escaños, pero no en votos, pues la candidatura de Maragall (PSC-CpC) logró obtener más. Recuerdo muy bien la noche electoral en la que Maragall reivindicó su victoria por ser el candidato más votado, sin tener en cuenta que lo decisivo para ser investido presidente de la Generalitat son los escaños, la mayoría en el Parlamento. Esto originó una confusión en la ciudadanía, con el riesgo de poner en duda el resultado y la legitimidad del proceso electoral.

Desgraciadamente, la confusión interesada entre votos y escaños la hemos continuado viviendo en estos últimos años, cuando se han querido hacer juegos malabares y convertir las elecciones en plebiscitos o mayorías parlamentarias en mayorías sociales. Esta confusión me parece muy grave, pues la democracia se expresa por medio de diferentes procedimientos, cada uno con sus propios efectos y consecuencias.

La mayoría en escaños respecto de otras candidaturas no aseguraba a Artur Mas la presidencia de la Generalitat. Pero en nuestra tradición política, al menos hasta aquel momento, la regla no escrita era que el partido que contaba con mayor número de escaños no podía ser relegado a la oposición. Muchos daban ya por muerto, políticamente hablando, a Pasqual Maragall. ERC tenía la clave, y tras unos días de incertidumbre que se prolongaron hasta después de la constitución del nuevo Parlamento, el Gobierno tripartito se hizo realidad: una mayoría parlamentaria y un Gobierno de coalición presidido por Pasqual Maragall, articulados en torno a los grupos parlamentarios del PSC-CpC, ERC e ICV. Un Gobierno que inició la etapa de lo que se conoció como el «Dragon Khan» por la inestabilidad intrínseca a la misma coalición y que, en clave más actual, el periodista Enric Juliana ha calificado, creo que muy acertadamente, como el inicio de la inflamación aguda (de Cataluña, en sentido metafórico), haciendo referencia al proceso independentista y su evolución.

En este mismo contexto político, en febrero de 2004 se designó la ponencia conjunta que asumió la elaboración del nuevo Estatuto de Autonomía. Esta ponencia contó con el apoyo logístico del IEA, que se encargó de la preparación de propuestas técnicas para facilitar los trabajos de elaboración del texto. En aquel momento, Carles Viver era el director del IEA, aunque yo tuve la oportunidad de formar parte del equipo de trabajo junto con otros juristas. Antes de las elecciones de noviembre de 2003, me había surgido la posibilidad de acceder al Consell de l'Audiovisual de Catalunya (CAC) y decidí que era buen momento para dejar el IEA.

Desde su fundación y bajo la dirección de Josep Maria Vilaseca Marcet, el IEA había mantenido un importante grado de independencia, a pesar de ser un organismo adscrito directamente al Gobierno de la Generalitat. Estoy seguro de que en ello influyó decisivamente la personalidad de su primer director, un hombre capaz de discutir de tú a tú con Jordi Pujol. Al sustituir a Josep Maria Vilaseca me beneficié de esta extraordinaria herencia que intenté preservar durante todo mi mandato. El país es demasiado pequeño para prescindir de nadie, y era esencial que como *think tank*, o laboratorio de ideas sobre la autonomía y el federalismo en general, el IEA estuviera abierto a todas las contribuciones, sobre todo a las del ámbito académico. Lamentablemente, en los últimos tiempos de mi mandato preservar estos principios empezó a ser mucho más difícil.

La ponencia redactora del nuevo Estatuto se encontró con el regalo inesperado de la victoria de José Luis Rodríguez Zapatero en las elecciones del 14 de marzo de 2004. Una operación que podía haber quedado en vía muerta si el PP hubiera reeditado su mayoría en las Cortes Generales, como era la reforma del Estatuto catalán, se convirtió en una oportunidad. Quizá alguien lamentó en aquel momento la célebre frase pronunciada en el mitin del Palau Sant Jordi.

En este nuevo contexto político se entabló una batalla entre ERC y CiU para ver quién subía más las apuestas y el PSC-CpC no sabía muy bien cómo gestionarla. Cosas de Maragall, se decía. Una huida hacia delante que no tuvo siempre en cuenta las advertencias sobre los límites de la reforma estatutaria. Vistos algunos contenidos, recuerdo haber comentado a algún ponente que parecía más la elaboración de una constitución que de un Estatuto de Autonomía. Ante mi sorpresa se me contestó que de eso se trataba precisamente.

La historia que sigue es conocida: aprobación por todo lo alto de la propuesta de Estatuto por el Parlamento el 30 de septiembre de 2005 y tramitación en las Cortes especialmente traumática, con el rechazo absoluto del PP y la declaración de guerra en toda regla contra la reforma estatutaria, y con el conveniente cepillado de sus contenidos, según la célebre frase de Alfonso Guerra. Con enmiendas presentadas, en nombre del PSOE, por José Montilla, que ostentaba en aquel momento el cargo de ministro de Industria, y con la escenografía final del acuerdo Mas-Zapatero después de reunirse en secreto en la Moncloa. Un acuerdo para visualizar el protagonismo de CiU en el éxito de la operación. Una buena prueba del tacticismo que tanto ha influido por desgracia en la política catalana.

El nuevo Estatuto fue aprobado por las Cortes Generales y por referéndum, celebrado el 18 de junio de 2006. Cataluña tenía nuevo Estatuto, pero sobre él se cernían importantes nubarrones.

El nuevo pacto estatutario tenía puntos débiles. No contaba con el apoyo del principal partido de la oposición en España, el PP. No solo no tenía su respaldo, sino que tenía su beligerancia, con una campaña de recogida de firmas contra el Estatuto y una batería de impugnaciones de todas clases ante el Tribunal Constitucional. El PP no se conformó con esto, sino que incluso llegó a plantear un referéndum de ámbito estatal para reafirmar la unidad de España y la igualdad de derechos y obligaciones de todos los ciudadanos. Paradójicamente, el PP, que más tarde se opondría a convocar un referéndum sobre el derecho a decidir con el argumento de que no era posible constitucionalmente, estaba pidiendo uno en el año 2006 para impedir la tramitación del Estatuto. Una clara contradicción que mucha gente desconoce o no recuerda.

Pero el pacto del Estatuto no se había establecido con el Estado, sino solo con una parte del mismo. Porque pactar con el PSOE y el Gobierno no era equivalente a pactar con el Estado, con la espada de Damocles del Tribunal Constitucional y un conflicto jurídico asegurado gracias a la impugnación presentada por el partido de la oposición, que pretendía obtener rendimientos obvios a costa del caso catalán. Además, el Tribunal Constitucional ya no era el tribunal de la primera época. Alguien ya se había tomado la molestia de asegurar que el Estatuto no tuviera una feliz bienvenida por parte del intérprete supremo de la Constitución. La marginación del PP en la elaboración del Estatuto tenía riesgos, y su paso por el Tribunal Constitucional auguraba turbulencias.

La Constitución es lo que el Tribunal Constitucional dice que es

Esta frase se atribuye al undécimo presidente del Tribunal Supremo de Estados Unidos, Charles Evans Hughes, quien ocupó este cargo entre 1930 y 1941, un momento en que el Tribunal Supremo estadounidense tuvo que lidiar con diversas leyes derivadas de la política del *New Deal* auspiciadas por el presidente Roosevelt. La frase fue pronunciada para dejar constancia de que buena parte de lo que decía la Constitución estadounidense, o se podía desprender de ella, no era muy reconocible, en vista de cómo la había reescrito el Tribunal Supremo a partir de sus sentencias. No obstante, en el caso de Estados Unidos es necesario recordar que su Constitución es relativamente breve y que necesariamente tenía que ser reescrita por la actuación del legislativo y también por la interpretación que el Tribunal Supremo, que es el que ejerce de Tribunal Constitucional allí, había realizado de su texto.

Esta explicación, hasta cierto punto anecdótica, nos da pie a hablar de la importancia que tiene la justicia constitucional para determinar el verdadero alcance y sentido de la Constitución, de lo que permite o no hacer, de los límites del legislador cuando ejerce el mandato representativo que le han dado los ciudadanos para elaborar las leyes. Porque, en nuestro sistema político, como ocurre en casi todas las democracias liberales, la actuación de los poderes públicos no es absolutamente libre. Me parece importante insistir en ello. Existe un marco previo que actúa a modo de continente y también como límite a esta actuación. Este marco es la Constitución.

En el momento histórico en que se configuran las democracias liberales existió un importante debate en torno al valor normativo de las constituciones. Algunos querían ver en los textos constitucionales simples principios programáticos no vinculantes para los parlamentos. Pero esta etapa se superó más adelante atribuyendo a la Constitución pleno valor normativo; de ahí viene su denominación de ley de leyes. El valor normativo de la Constitución está muy bien expresado en la conocida sentencia Marbury contra Madison de 1803, en la que el Tribunal Supremo de Estados Unidos estableció el principio de que la Constitución constituye el vértice del ordenamiento jurídico, y, a partir de ello, se declaró competente para inaplicar cualquier ley que considerase contraria a la Constitución.

En España, como ocurre en la mayoría de los países europeos, la justicia constitucional radica en un órgano especializado —el Tribunal Constitucional—, una institución en sí misma, no integrada en el poder judicial, pero que debe actuar siempre como una jurisdicción, es decir, tomando sus decisiones con criterios jurídicos, no políticos. No obstante, en la teoría y en la práctica cuesta de entender, pues es evidente que las decisiones adoptadas por cualquier tribunal constitucional tienen normalmente un gran impacto y trascendencia política. Ello no impide, sin embargo, que la justicia constitucional deba esforzarse para diferenciar bien entre ambos aspectos, lo jurídico y lo político, y ciña su actuación al primero de acuerdo con los principios de neutralidad e imparcialidad. Conseguir este objetivo no es fácil y depende de la concurrencia de diversos factores que lo propician. Lo ocurrido con el Estatuto de Autonomía catalán a su paso por el Tribunal Constitucional ofrece una buena experiencia práctica al respecto.

El valor normativo de la Constitución y la existencia de un poder ajeno al legislador que controle sus actos y los confronte con lo que dice la Constitución no ha sido históricamente un tema pacífico, ni lo es tampoco a la luz de lo que ha ocurrido recientemente en Cataluña, donde se han puesto en duda el valor de la Constitución y el papel del Tribunal Constitucional.

La crítica más importante proviene de considerar la Constitución como un corsé que impide al Parlamento ejercer en plenitud de condiciones el mandato que en él han depositado los ciudadanos. Esta forma de ver la situación nos lleva, en el fondo, a reflexionar sobre el mismo concepto de democracia y su forma de ejercicio, a considerar si la democracia responde a un modelo anclado exclusivamente en la voluntad popular expresada por un parlamento, sin sujeción o límite alguno. O si frente a este modelo asambleario, de democracia en bruto por decirlo de alguna manera, se ha de oponer otro modelo más depurado que concibe la democracia como algo más complejo, algo que incluye necesariamente que su mismo ejercicio se verifique siempre a través de unos cauces preestablecidos.

En esta última aproximación es donde, a mi entender, adquiere todo su sentido el valor de la Constitución: en la diferencia entre el poder constituyente y el poder constituido. La conveniencia, por no decir necesidad, de que el ejercicio normal de la democracia por parte de los poderes constituidos, como son los parlamentos o los Gobiernos, se verifique dentro de un marco fijado previamente por el poder constituyente que, en el fondo, no es más que la voluntad del pueblo mismo. Así funcionan las democracias desarrolladas, con contadas excepciones.

Esto no quiere decir en modo alguno que la Constitución deba verse como algo sagrado o intangible. Por definición, es y puede ser reformada. Y aquí se abre otro debate sobre si es conveniente que esta reforma sea fácil o compleja, una cuestión nada menor para las dinámicas políticas y sociales que, en nuestro caso, se ha convertido en un grave problema; porque seguramente estamos pagando las consecuencias de una excesiva rigidez constitucional que, con el tiempo, solo ha ido empeorando las cosas. Un problema que tampoco hemos podido o sabido atenuar de la forma que expresa la frase antes citada del juez Hughes, es decir, mediante una jurisprudencia especialmente adaptativa a las nuevas circunstancias sobrevenidas.

En el contexto que se acaba de describir, se hace evidente el peso y la responsabilidad que tienen los órganos de justicia constitucional. Dentro del sistema de contrapesos que establece la Constitución, el Tribunal Constitucional puede definirse como un comisionado del poder constituyente para garantizar que su obra, la Constitución, no se vea alterada por la actuación de los poderes constituidos, para que estos se mantengan siempre en calidad estricta de poderes sometidos a la Constitución.

El Tribunal Constitucional es el árbitro que debe velar por que los jugadores (los poderes constituidos) no infrinjan el reglamento por el que se rige el juego. Como dice la doctrina clásica alemana, el Tribunal Constitucional es el *Hüter der Verfassung*, el defensor de la Constitución.

En teoría, el Tribunal Constitucional debe ser un poder neutro, un poder que se limita a sostener el edificio constitucional, un poder que debe tener siempre muy claros sus límites y usar sus potestades con extrema prudencia. El Tribunal Supremo de Estados Unidos ha encontrado una buena forma de describirlo con la doctrina de la deferencia hacia los poderes constituidos, doctrina que significa la predisposición del Tribunal a aceptar, de entrada, la amplia capacidad de movimiento y decisión que el legislador tiene dentro del marco constitucional y preocuparse única y exclusivamente de sostener un equilibrio último con los principios constitucionales. Hablando en otros términos, podríamos definir esa actitud como un *self-restraint*, un freno a los poderes invalidatorios del Tribunal Constitucional dentro de un modelo democrático que debe dar preferencia a las decisiones de los órganos electivos sobre la de los jueces, algo absolutamente coherente con el principio democrático.

La búsqueda de este equilibrio es el quid de la cuestión. Porque de lo que se trata es de que cada poder no sobrepase sus límites, ni el legislador cuando legisla ni el Tribunal Constitucional cuando hace de árbitro. Nada excluye la posibilidad, teórica y real, de que el comportamiento de un Tribunal Constitucional pueda ser contrario a la Constitución, especialmente por el riesgo de exceder los límites de su jurisdicción. Esta posibilidad existe y el problema es que no hay nadie que pueda certificarlo. ¿Quién controla al controlador? Mucho me temo que este equilibrio saltó por los aires cuando se sometió al nuevo Estatuto de Cataluña al escrutinio del Tribunal Constitucional y se produjo un cortocircuito en el sistema.

Decir que el Tribunal Constitucional excedió sus límites sé que es una afirmación polémica; y admito que pueda sostenerse lo contrario. Sin embargo, opino que en la tramitación y la resolución del recurso contra el Estatuto ocurrieron demasiadas cosas que no deberían haber sucedido. Y la misma sentencia del Tribunal Constitucional (la STC 31/2010, de 28 de junio) tampoco me parece un ejemplo de equilibrio y ponderación, sino todo lo contrario, una muestra de hostilidad y hasta de desprecio por el legislador y los ciudadanos catalanes. Una sentencia arrogante e impropia de un tribunal constitucional.

El Tribunal Constitucional se politiza. ¿Activistas o jueces?

Mucha gente critica la justicia constitucional por considerar que la designación de sus magistrados responde a criterios políticos. Y para demostrar el fundamento de esta crítica recuerdan que esta designación corresponde a los órganos políticos. Esto es cierto, y en nuestro caso basta recordar que ocho miembros del Tribunal Constitucional son designados por las Cortes, dos por el Gobierno y otros dos por el Consejo General del Poder Judicial.

Sin embargo, este sistema de selección política no es una característica exclusiva de nuestro modelo. Es una fórmula muy extendida, normal por así decirlo. Sin ir más lejos, los miembros del Tribunal Supremo estadounidense, institución de gran prestigio, son nombrados todos ellos a propuesta del presidente de Estados Unidos. Un poder de elección impresionantemente concentrado, sobre todo si tenemos en cuenta que los mandatos de los jueces son vitalicios y puede darse el caso de que, por muerte o renuncia, un único presidente pueda tener en sus manos una importante renovación del Tribunal Supremo.

No creo que el problema venga de quién designa, sino de cómo y bajo qué criterios se realiza esta designación. Y también de la cultura que cada país tenga respecto de la división de poderes y del papel que debe jugar cada institución. También depende lógicamente de los candidatos a ser magistrados, de su capacidad de adaptarse al cargo haciendo incluso abstracción de su propio pasado.

En Estados Unidos no es extraño que accedan a la condición de jueces del Tribunal Supremo personas con un pasado político relevante. El mismo juez Hughes también nos sirve aquí de ejemplo. Su época en la presidencia del Tribunal

Supremo no fue especialmente controvertida; al contrario, se la considera una buena época, y eso a pesar de que Hughes hubiera sido antes gobernador del estado de Nueva York y secretario de Estado del Gobierno de Estados Unidos, así como candidato a las elecciones presidenciales de 1916 por el Partido Republicano, en las que se enfrentó con Woodrow Wilson, quien finalmente fue elegido presidente. En una cultura democrática moderna esto no era lo esencial. Lo esencial era que Hughes, al margen de su carrera política, había destacado profesionalmente como abogado y diplomático.

Lo importante en un tribunal constitucional es que sus miembros sean juristas de reconocido prestigio y que asuman plenamente que su desempeño como magistrados debe regirse por la imparcialidad y la neutralidad. Se me dirá que ambas características no son de este mundo, que la objetividad es imposible porque todas las personas tienen su propia ideología y no son máquinas que puedan desprenderse de ella cuando es necesario. Estoy básicamente de acuerdo en esto, pero también creo que de ello no se desprende de forma necesaria que un juez no pueda actuar, como tal, al margen de su ideología y aplicar el derecho alejado de este prisma. Quizá haya personas que no puedan evitarlo o, peor aún, que se presten a hacerlo así, pero en general no ocurre, como demuestran la inmensa mayoría de los jueces que cada día resuelven multitud de casos en las diferentes jurisdicciones.

Por esto es esencial que los poderes públicos que tienen la responsabilidad de designar a los miembros del Tribunal Constitucional no caigan en la tentación de presentar candidatos inadecuados, y mucho menos aún candidatos afines ideológicamente para que actúen después como militantes del partido. Me temo que el problema venga de aquí. Esto es algo que me parece especialmente grave, pues contamina el propio proceso de designación y lo desvía de los fines previstos en la misma Constitución, con el riesgo de convertir el Tribunal Constitucional en una especie de tercera cámara legislativa que puede enmendar, si es necesario, lo decidido por el verdadero titular del poder legislativo.

Visto en perspectiva, el Tribunal Constitucional español ofrece algunos momentos o etapas que permiten especular, con cierto fundamento, acerca de que este problema ha existido. Aunque resulta muy difícil prescindir del sistema de cuotas o de reparto entre los partidos políticos, hubo un primer momento en la historia del Tribunal en que los dos partidos políticos principales supieron mantener una posición institucional y presentaban sus candidatos atendiendo esencialmente a su perfil jurídico. Claro está, cada partido tenía en cuenta la afinidad ideológica (conservadora o progresista), pero asumía que lo importante era lo primero. Excelentes juristas han formado parte del Tribunal Constitucional, catedráticos, magistrados y otros profesionales de reconocido prestigio.

Antes hemos hablado de la LOAPA, que pactaron, en 1982, la antigua UCD y el PSOE para enderezar el proceso autonómico. Una ley que contó con el apoyo de los dos principales partidos políticos del momento, pero que fue invalidada por el Tribunal Constitucional en sus aspectos más esenciales. ¿Podríamos esperar algo así hoy? Dejo que cada uno responda la pregunta.

Y no olvidemos tampoco el detalle, nada insignificante, que durante un tiempo se tuvo con los partidos nacionalistas, especialmente con CiU, al reservar una plaza de magistrado para que fuera cubierta a propuesta suya.

El Tribunal Constitucional que se encontró el Estatuto catalán no era el mejor que podía esperar. Coincidió con un momento en que los problemas de designación anteriormente mencionados ya se habían hecho evidentes. Obviamente, no estoy diciendo que nadie actuara en contra de la ley ni al margen de su conciencia profesional, pero sí que había un ambiente contaminado, como lo demuestran diversas circunstancias que afloraron a lo largo del proceso que se siguió con el Estatuto, y que contribuyeron a sembrar dudas sobre la credibilidad del Tribunal como institución y lo acabaron sumiendo en una profunda crisis de la que aún no se ha podido recuperar.

Del Estatuto solo quedan las migajas

Las circunstancias que actuaron en contra del Estatuto una vez quedó en manos del Tribunal Constitucional son diversas. Sin embargo, todas son importantes, y el cóctel final que produce su acumulación resulta especialmente tóxico para la independencia y la imparcialidad del Tribunal, sobre todo si tenemos en cuenta que la independencia y la imparcialidad no solo deben existir, sino que también deben ser perceptibles para la sociedad. La imparcialidad de los jueces no es algo solamente subjetivo, de su fuero interno, sino también objetivo, de la apariencia que se transmite respecto de las partes en litigio y al conjunto de la ciudadanía.

En mi opinión, el principal problema reside en la actitud que adoptó el Tribunal Constitucional ante el nuevo Estatuto en el momento de enjuiciarlo, una actitud poco acorde con los principios de deferencia y *self-restraint* antes mencionados, ni creo que tampoco acorde con el principio de presunción de constitucionalidad de las leyes que el mismo Tribunal Constitucional ha elevado a doctrina general desde un buen principio.

Es muy probable que el factor ambiental hubiera influido. La tramitación del Estatuto en las Cortes Generales fue declarada *casus belli* por el PP. Se puso en marcha la campaña de recogida de firmas contra el Estatuto y también la maquinaria mediática correspondiente. Un ambiente muy hostil, como hacía mucho tiempo que no se veía, y del que seguramente era difícil abstraerse, sobre todo por un tribunal que en los últimos tiempos ya se había visto sometido a una politización excesiva.

Sin embargo, el Tribunal debería haber extremado aún más, si cabe, su deferencia frente al legislador en un caso como este; porque, respecto al Estatuto, no se trataba de la obra de un único legislador, sino en realidad de tres legisladores: el Parlamento catalán, las Cortes Generales y los ciudadanos catalanes que lo aprobaron por referéndum. Por tanto, un acto legislativo resultante de dos procesos de democracia representativa y uno de democracia directa.

A ello se añadía, además, otro factor no menos relevante: el valor del Estatuto como norma de desarrollo constitucional que, en cierta forma, lo permite ver como una norma casi constitucional, no como una simple ley ordinaria.

Durante los cuatro años en que el Estatuto estuvo en el Tribunal Constitucional, se alzaron muchas voces en contra de que este pudiera pronunciarse sobre un asunto que ya había sido sometido al refrendo de los ciudadanos. Esta idea se extendió con la contribución de alguna opinión jurídica favorable a esta tesis y creó en Cataluña otro ambiente tóxico, especialmente explotado por algunos medios de comunicación con la clara intención de deslegitimar al Tribunal Constitucional cuando ya se sabía que el tiro podía salir por la culata.

Mi opinión al respecto es que, jurídicamente hablando, el Estatuto es una norma que puede ser objeto de un proceso constitucional. Esto está claro. Sin embargo, también es cierto que, al haber sido sometido ya previamente al refrendo ciudadano, aquí se agudiza el problema del choque de legitimidades, pues ya no se trata solo de un conflicto entre el legislador y el Tribunal Constitucional, sino también entre este y los ciudadanos. Un argumento más para exigir al Tribunal la máxima deferencia hacia el Estatuto. Sin embargo, lo que ocurrió fue todo lo contrario. El paso del Estatuto por el Tribunal Constitucional está plagado de anomalías que deberían sonrojar a muchos protagonistas. Diversos diputados del PP interpusieron recurso de amparo contra el acuerdo de la Mesa del Congreso mediante el cual se admitía a trámite la propuesta de reforma estatutaria. El argumento era simple, pero de gran calado. El PP entendía que el Estatuto implicaba una reforma encubierta de la Constitución y consideraba que debía tratarse como tal. Todo un torpedo en la línea de flotación. El Tribunal tuvo que resolver esta cuestión, y aquí ya se fracturó. Rechazó el recurso, pero muchos de sus miembros adoptaron necesariamente un *parti pris*, un sesgo o predisposición sobre la futura sentencia.

Y después vinieron más cosas cuando el Estatuto fue impugnado tras su aprobación: la ola de recusaciones, no siempre resuelta en el mismo sentido, de algunos de los miembros del Tribunal Constitucional; la reforma de la ley del Tribunal para prorrogar el mandato de su presidenta y permitir que pudiera ejercer su voto de calidad (cosa que finalmente no hizo), y la situación esperpéntica de un tribunal que dicta sentencia cuando dos tercios de sus magistrados ya habían cumplido su mandato. Un bloqueo de la renovación del Tribunal por intereses políticos y con la finalidad de no alterar su composición, cuando ya había caducado con creces.

Son demasiadas anomalías para no comprometer la imparcialidad de un tribunal, ya sea del Tribunal Constitucional o de cualquier otro. Si la imparcialidad también se juzga por las apariencias, está claro que la credibilidad al respecto quedó bajo mínimos. La sociedad catalana lo vio como una jugada política, como una estafa que nada tenía que ver con la justicia. De poco podía servir recordar en aquel momento que quizá se habían cometido algunos excesos en la elaboración del Estatuto. El sainete vivido durante el largo proceso ante el Tribunal Constitucional superaba esta cuestión y la dejaba en el olvido.

La sentencia del Estatuto es engañosa si la vemos solo desde el punto de vista aritmético: catorce artículos declarados inconstitucionales y veintitrés artículos y cuatro disposiciones adicionales declarados constitucionales, siempre y cuando se interpreten en el sentido que indica la sentencia. Puede parecer poco si tenemos en cuenta que el Estatuto está integrado por doscientos veintitrés artículos más las correspondientes disposiciones adicionales, transitorias y finales (veinticinco en total) y una derogatoria. Pero, como ocurre con muchas cosas, lo que importa no es la cantidad, sino la calidad. No todas las piezas de un sistema tienen la misma importancia. Si en un circuito eléctrico anulamos determinados dispositivos, el circuito queda inservible.

Utilizo esta metáfora para explicar el resultado de la sentencia, que se puede calificar de «desactivación» del Estatuto, entendida esta expresión como pérdida de su principal sustancia, de haber quedado seriamente comprometido su mismo objetivo, de una decepción política y social en toda regla que luego iba a traer importantes consecuencias.

El alcance de la sentencia afectó, por de pronto, a aspectos de gran carga simbólica; desde la referencia a Cataluña como nación contenida en el preámbulo, que el Tribunal tuvo especial interés en desvincular de cualquier consecuencia o efecto jurídico, hasta los derechos lingüísticos, los aspectos relacionados con la cultura o la reivindicación de derechos históricos. El caso de la lengua fue especialmente grave, pues la sentencia significaba un retroceso sobre la anterior doctrina establecida por el mismo tribunal. El blindaje competencial que intentaba conseguir el Estatuto también saltó por los aires. En este caso, el Tribunal Constitucional lo hizo negando el valor a los criterios con que el Estatuto pretendía clarificar y garantizar el reparto de competencias y preservar la exclusividad de muchas de ellas. El núcleo material del autogobierno, ni más ni menos.

Otros aspectos que salieron malparados fueron los relacionados con la Hacienda de la Generalitat, la capacidad para establecer una organización territorial propia (las veguerías), la organización del poder judicial en Cataluña o la capacidad para promover consultas populares. Todos ellos muy importantes, especialmente la financiación, que era un tema muy desarrollado en el Estatuto que, sin llegar a ser un régimen de concierto o convenio económico, tenía el potencial para aproximarse al mismo sin obviar el principio de solidaridad interterritorial.

La decepción fue mayúscula. El intento de establecer una relación bilateral Cataluña-España resultó un fracaso. Se cerró la expectativa por la que muchos catalanes habían apostado: que la Constitución ofrecía un espacio para reeditar un nuevo pacto para el autogobierno, más ambicioso; para superar el listón de 1979. Esto se acabó, y si hay algo más demoledor en la sentencia del Estatuto es que se nota que quiere dejarlo muy claro. Un ninguneo hacia el Estatuto y lo que representa como norma; porque lo que se desprende de la sentencia es que para el Tribunal Constitucional solo hay dos cosas que cuentan: por un lado, lo que dice la Constitución y, por otro, como él la interpreta. Lo que diga el Estatuto no importa, porque solo se aceptará si se considera que encaja en esos dos únicos criterios. La Constitución y yo. La Constitución es lo que yo digo que es, pero no exactamente en el sentido en que lo decía el juez Hughes.

¿Y AHORA QUÉ HACEMOS?

La sentencia del Estatuto puso en una situación delicada al Gobierno tripartito, presidido entonces por José Montilla. Hubo momentos de cierto desconcierto sobre el alcance de la tragedia. Algunos se resistían a aceptarlo porque se habían comprometido a fondo en la operación Estatuto y existía la tentación de minimizar los daños.

El 18 de enero de 2010, unos meses antes de conocerse la sentencia, Artur Mas fue proclamado por tercera vez consecutiva candidato de CiU a la presidencia de la Generalitat. Después de la amarga experiencia de ver cómo el Gobierno tripartito le había relegado a la oposición y hacer en ella una larga travesía del desierto, era una nueva oportunidad que esta vez no se podía desaprovechar. La sentencia del Estatuto no le iba mal, electoralmente hablando, ya que las encuestas apuntaban a un importante crecimiento electoral de la coalición nacionalista. Aunque Mas había permitido, con su acuerdo con Rodríguez Zapatero, que el Estatuto pudiera avanzar, el Gobierno tripartito y las formaciones que lo integraban serían las que asumirían más directamente el fracaso.

Para valorar el alcance de los daños al Estatuto, el presidente de la Generalitat José Montilla decidió encargar un informe a un grupo de expertos para analizar la sentencia y sacar las correspondientes conclusiones. Estos fueron Laia Bonet, entonces secretaria del Gobierno y encargada de coordinar el informe; Jaume Galofré, entonces director del Gabinete Jurídico de la Generalitat; Carles Viver, director del IEA, y el autor de este libro.

Se nos pidió rapidez en elaborar el informe. Se pretendía que en el grupo de expertos estuvieran presentes personas de confianza de todos los partidos que habían dado su apoyo al Estatuto. Carles Viver cubrió en aquel momento la sensibilidad de ICV, al depender el IEA del Departamento de Interior, Relaciones Institucionales y Participación, cuyo titular era Joan Saura. Mi incorporación al grupo fue a propuesta del grupo parlamentario de CiU.

Nuestro lugar de reunión fue la Casa dels Canonges. Antes nos habíamos dado un breve plazo para poder analizar bien la sentencia, especialmente larga y compleja. Los medios de comunicación ya estaban dando sus conclusiones, seguramente sin haberse tomado la molestia de leerse a conciencia la sentencia. Por desgracia, esto continúa ocurriendo ahora. Muchas veces me piden mi opinión sobre una decisión o un texto que aún no se conoce oficialmente y sin haber tenido siquiera la oportunidad de leerlo.

La entidad Òmnium Cultural había convocado para el 10 de julio, con el apoyo de la mayoría de los partidos políticos representados en el Parlamento, los sindicatos y numerosas entidades cívicas, una manifestación con el lema «*Som una nació. Nosaltres decidim*» («Somos una nación. Nosotros decidimos»). Era sábado y no pude asistir a la manifestación, como hubiera deseado. Estaba en mi casa. Sobre la mesa, la sentencia del Estatuto, y poco tiempo por delante para poder analizarla bien. No podía permitirme el lujo de ir a la manifestación, pero mientras trabajaba, la iba mirando de reojo por la televisión. Me impresionó. Nunca hubiera imaginado que una sentencia pudiera sacar tanta gente a la calle. Era solo el preludio de las grandes manifestaciones que vendrían después reclamando la independencia de Cataluña y la prueba evidente del mar de fondo que empezaba a sacudir a parte de la sociedad catalana.

En las reuniones del grupo de trabajo se hicieron patentes algunas discrepancias sobre la valoración de la sentencia. Yo era especialmente crítico, Carles Viver también, aunque quizá algo menos, y Laia Bonet y Jaume Galofré intentaban rebajar la crítica. No dejaba de ser la escenografía lógica. Como altos cargos del Gobierno, su tendencia era a minimizar los efectos negativos de la sentencia.

Durante las reuniones de trabajo recibimos alguna visita del presidente Montilla para saludarnos y ver cómo iba el informe. Nunca lo he considerado como un intento de interferencia o de presión, sino solo de deferencia y también de preocupación. Por el resultado del informe, desde luego, pero sobre todo por la crisis que había producido la sentencia. Es probable que el informe fuese más crítico de lo que hubiera deseado el Gobierno, pero creo sinceramente que no podía serlo menos. Tampoco creo que tuviera mayor impacto; no descubrió nada. Había una coincidencia bastante generalizada sobre los efectos de la sentencia en el ámbito político y académico y un gran desconcierto sobre qué hacer. El pacto por el autogobierno, que debía situar a Cataluña en un nuevo escenario institucional y político, había sido un espejismo, como se había encargado de certificar el Tribunal Constitucional.

Fue entonces cuando tuve la ocasión de conocer a Quim Torra, el actual presidente de la Generalitat. Las anomalías producidas en la tramitación del recurso contra el Estatuto daban pie suficiente a analizar la posibilidad de ejercer alguna acción ante el TEDH para denunciar la falta de imparcialidad del Tribunal Constitucional. Estudié el asunto ya antes de conocer la sentencia, y las conclusiones no podían ser muy sólidas al respecto. El Convenio europeo está pensado para proteger a los particulares que han sido parte en un juicio, y este no era el caso. Además, deja claro que los poderes públicos no están legitimados para acudir al TEDH, con lo que el Parlamento quedaba excluido. En una argumentación que reconozco muy voluntarista, se me ocurrió que el único asidero podía pasar por considerar que los ciudadanos que votaron en el referéndum habían actuado en este caso como legisladores y que podían considerarse parte afectada por la sentencia a condición de que intentaran personarse antes en el recurso de inconstitucionalidad, aun a riesgo de que el Tribunal Constitucional lo rechazara. Había que hacerlo rápido, antes de conocerse la sentencia. Lo hablé con algunos portavoces y diputados, pero no lo vieron claro.

Sin embargo, hubo dos personas que acudieron al TEDH una vez conocida la sentencia: el entonces editor Quim Torra y el abogado Jordi Cortada. Recuerdo bien que ambos, por separado, contactaron conmigo para comentar la cuestión. Les facilité mis notas y les advertí de las dificultades. Como era de esperar, el TEDH inadmitió la demanda por falta de legitimación al no responder a un litigio sobre derechos u obligaciones civiles propias de los demandantes. *La Vanguardia* del 9 de enero de 2012 da cuenta de esta noticia y reproduce unas palabras de Torra que me parecen premonitorias sobre lo que ocurrirá en Cataluña unos años después: «Lo volveríamos a intentar, seguimos pensando que siempre que haya una mínima posibilidad, hay que enfrentarse con el Reino de España, hasta el final, sin tregua y sin vacilar».

Tengo que asumir mi parte de responsabilidad en el fracaso de la operación estatutaria; no en vano fui uno de los primeros que defendieron académicamente esta operación, y me remito al informe del IEA antes mencionado. En aquel momento, creía sinceramente que era posible otro modelo estatutario que superara los inconvenientes del primer Estatuto, un modelo más innovador y ambicioso que garantizara un mayor contenido del autogobierno. Pero este planteamiento presuponía que la Constitución lo permitía, cosa que acabó descartando el Tribunal Constitucional.

Tampoco esperaba que, si la operación se desarrollaba correctamente, el Tribunal Constitucional nos sorprendería con su sobreactuación. Pero con el PP a la carga y el Tribunal Constitucional en guardia, la suerte del Estatuto parecía que estaba echada desde el mismo momento en que se empezó a tramitar.

En cualquier caso, me parece oportuno dejar abierta la pregunta de qué hubiera sucedido si el Tribunal Constitucional no hubiera sido tan beligerante contra el Estatuto. Porque hay que decir que no fue nada hábil, pues no era imprescindible que fuera tan explícito como lo fue e incluso podía haber disimulado algo el resultado. No hacía falta desactivar de forma tan evidente y casi obscena el Estatuto, porque al Tribunal siempre le quedaba la oportunidad de pulir algunos excesos con ocasión de los posteriores recursos que seguramente suscitaría su aplicación.

Aunque lo más importante que hay que reseñar es el cerrojazo que la sentencia implica respecto de otra posible lectura y aplicación de la Constitución, que podría ser defendida y sostenida con argumentos no solo políticos, sino también jurídicos. Es querer ignorar o minimizar el espacio de decisión que, en materia de organización territorial, la misma Constitución ha querido dejar al ámbito político por la desregulación expresamente buscada en esta delicada cuestión que podía haber sido explotada mediante una nueva regulación estatutaria. Quizá alguien se arrepienta ahora de no haber percibido el grado de fragilidad de lo que tuvo en aquel momento entre sus manos.

5

RUMBO A LA INDEPENDENCIA: EL DERECHO A DECIDIR

Catalunya, històricament, els fets rupturistes els juga malament. No en conec cap que hagi acabat bé.
[...] Les forces desiguals han de ser compensades amb intel·ligències desiguals.

Cataluña, históricamente, juega mal los sucesos rupturistas. No conozco ninguno que haya acabado bien. [...]
Las fuerzas desiguales tienen que ser compensadas con inteligencias desiguales.

Miquel Roca Junyent, extracto de la comparecencia ante la Comissió d'Estudi del Dret a Decidir. Parlamento de Cataluña, 15 de octubre de 2013

La desconexión emocional

Mucho se ha especulado sobre si la sentencia del Estatuto es la causa principal del proceso independentista en Cataluña. Es difícil decirlo. Como ocurre con muchos otros problemas, seguramente no hay una única causa del cambio de rumbo que la política catalana iba a acometer a partir de aquel momento; no de una manera clara y evidente, pero sí estableciendo una tendencia y propiciando una evolución del catalanismo político hacia posiciones más radicales. Donde más se apreció precisamente este hecho es en la evolución de CiU, la formación política representativa del catalanismo moderado, el partido pactista por antonomasia que, después de algunas vacilaciones iniciales, emprendería una evolución que finalmente lo llevaría a su propia autodestrucción. Pero aún tendrían que pasar unos años para que esto ocurriera.

En cualquier caso, aunque la sentencia del Estatuto no sea la causa principal de lo que vendría después, sí que debe ser considerada como uno de sus principales desencadenantes. Algo habrá de razón en ello cuando más de un millón de personas se manifiestan contra una sentencia, y lo hacen precisamente bajo el lema «*Som una nació. Nosaltres decidim*», y cuando solo dos años más tarde, en la primera de las masivas manifestaciones del 11 de Septiembre de esta última época, este lema se transforma en «*Catalunya, nou Estat d'Europa*» («Cataluña, nuevo Estado de Europa»).

El fracaso político del Estatuto y de lo que tenía que ser el nuevo pacto de igual a igual con el Estado no debe atribuirse exclusivamente al Tribunal Constitucional. Las responsabilidades están más repartidas, pues consisten, en parte, en no haber calibrado bien que el Estado no es solo el partido que tiene la mayoría en las Cortes Generales, en haber subestimado al PP y su capacidad de reacción e influencia y en haber creado unas expectativas excesivas en torno al Estatuto que propiciaban su vulnerabilidad.

Y luego está el contexto social y económico. La crisis global (que se desencadena precisamente entre la aprobación del Estatuto y su sentencia), que coincide con agravios arrastrados durante años y con la desesperanza de ver cómo lo que pretendía ser una nueva solución se desvanecía de golpe en el aire. En aquel momento se hace evidente, más que nunca, la existencia de un conflicto político y social muy complejo, larvado durante tiempo, en el que se conjugan elementos identitarios y económicos, la pugna por el reparto del poder territorial y la ausencia de respuestas políticas que lo resuelvan o, cuando menos, lo afronten con perspectivas de solución.

El resultado de tal combinación es una crisis de desconfianza respecto a la capacidad y la voluntad del Estado de aceptar y respetar su propio carácter plurinacional. Debo reconocer que en aquel momento yo también sentí mi propia desconexión emocional. Como ciudadano y como jurista.

Durante estos años creí en las posibilidades de resolver el encaje de Cataluña dentro del Estado o, al menos, de llegar a esa «conllevancia» que proponía Ortega y Gasset en su discurso en las Cortes republicanas durante el debate del Estatuto de 1932. Creo que los padres de la Constitución de 1978 eran muy conscientes de ello al enfocar la cuestión territorial de la forma en que lo hicieron.

Se había intentado desarrollar al máximo el Estatuto de 1979 sin demasiado éxito. Y después vino la oportunidad de reelaborar el pacto estatutario con el Estatuto de Autonomía de 2006, cuyas aspiraciones eran muy altas. Si la operación salía bien, se iniciaría una nueva etapa, y habría que esperar a ver en qué se concretaba. El pacto habría funcionado y todos deberían respetarlo. En cierta forma, era un antídoto frente a opciones más radicales que quedarían descartadas, al menos de momento. El Parlamento y los ciudadanos catalanes se habían comprometido a ello al aceptar el nuevo Estatuto.

Pero no salió bien, y en la parte que a mí me corresponde me quedé, por así decirlo, fuera de juego. Sin discurso. La sentencia del Tribunal Constitucional eliminaba de un plumazo todo el potencial que yo creía haber visto siempre en el marco constitucional y estatutario. Era un aviso para navegantes: «No hay más cera que la que arde y yo digo cuánta es». En resumen, la sentencia no parecía dejar mucho margen para defender alternativas a la autonomía *low cost* bajo la sombra del Alto Tribunal, empeñado en ejercer el papel de férreo guardián de la Constitución.

En mi fuero interno, yo también llegué a la conclusión de que había que explorar nuevas sendas. La independencia se abría paso en el horizonte, y quizá podía ser alcanzable como solución definitiva para Cataluña si, en un futuro más o menos inmediato, la impulsaba una mayoría política. Pero lo esencial, el requisito imprescindible debía ser que también los ciudadanos, mayoritariamente, la quisieran. Este debía ser el fundamento democrático que la legitimara, aunque no garantizara su éxito, no nos engañemos, pues dicha legitimidad democrática se confrontaría con otra, la del Estado, que también la tiene, dado que sus instituciones políticas se fundamentan asimismo en el ejercicio de la democracia. Las Cortes Generales las eligen los ciudadanos, incluidos los catalanes.

Con todo, la independencia era un nuevo camino que había que considerar, pero, al mismo tiempo, extremadamente difícil de conseguir. Casi todos los factores jugaban en su contra y al final todos desembocaban en el dilema que se plantea en todo proceso secesionista: ¿qué hacer si no hay acuerdo entre el Estado y el territorio que aspira a encauzar ese proceso? Puede parecer un contrasentido, pero este dilema se complica más en un contexto normalizado, esto es, en una democracia que ya admite un cauce de expresión política a las minorías nacionales y en el que no existen conflictos sociales relevantes.

Para un jurista es un camino que produce vértigo —al menos me lo produce a mí—, porque está plagado de obstáculos para los que no hay respuestas jurídicas claras. Los instrumentos jurídicos a nuestro alcance son muy toscos en este caso, poco seguros y fiables, sobre todo cuando la Constitución, como suele ser habitual en este caso, no reconoce el derecho de secesión y este derecho tampoco puede acogerse a los supuestos especialmente limitados para los que el derecho internacional prevé el ejercicio del derecho a la autodeterminación.

¿Misión imposible, entonces? No del todo. Se puede intentar, siempre que se asuma inexcusablemente su gran dificultad. Para obtener algo no basta con quererlo ni con pensar que se tiene la razón, sobre todo cuando no depende solo de ti y la otra parte tiene también sus razones para querer mantener el *statu quo*. La estrategia que se debe seguir tiene que ser prudente y perseverante, porque es un proceso de largo recorrido en el que hay que gestionar muy bien los tempos en función de las circunstancias. En el caso de Cataluña, las prisas no solo han sido malas consejeras, sino que han llegado a ser letales.

En este camino, los juristas podemos ayudar, desde luego, pero no tenemos ninguna varita mágica. En el mundo del derecho solemos utilizar la expresión «el papel lo aguanta todo» para referirnos a que se puede escribir lo que sea en una ley, pero esto no basta para transformar la realidad. Un proceso de independencia es una operación de alto contenido político, de política en mayúsculas, de aquella que requiere consistencia, sentido de la responsabilidad y una estrategia bien pensada y desarrollada. No es un lugar para tacticismos ni improvisaciones; tampoco para dejarse arrastrar por los sentimientos y las emociones. Hay que tener siempre los pies en el suelo, por muy frío que esté.

¿Estaba bien pertrechada la política catalana para emprender este camino? En aquel momento era difícil decirlo. Todo dependía de muchos factores aún desconocidos. Sin embargo, conociéndola de cerca, se podían intuir algunos signos preocupantes. Si finalmente se decidía seguir adelante, el riesgo estaba asegurado.

Mientras tanto, la movilización social a favor del proceso por la independencia iba tomando cuerpo. La manifestación del Estatuto había sido organizada, entre otras entidades, por Òmnium Cultural, que a partir de entonces asumiría un protagonismo esencial en el *procés*. La otra gran entidad soberanista, la Assemblea Nacional Catalana (ANC), se constituyó el 10 de marzo de 2012, y el 14 de diciembre de 2011 ya se había constituido la Associació de Municipis per la Independència, aglutinante del poder local, que tenía sus precedentes en las convocatorias municipales de consultas populares proindependencia.

Las dudas de Artur Mas

Se aproximaban las elecciones al Parlamento y Convergència i Unió tenía la oportunidad de ganarlas, según la mayoría de las encuestas. Después de dos legislaturas de tripartito, el desgaste del Gobierno y el fiasco del Estatuto, cabía especular con un cambio de escenario. Artur Mas había sido nombrado candidato de dicho partido por tercera vez y esta podía ser la vencida.

Los pronósticos se cumplieron, y en las elecciones del 28 de noviembre de 2010 CiU obtuvo una amplia victoria, aunque lejos de la mayoría absoluta. La abstención del PSC en segunda vuelta permitió la investidura de Mas y la formación de Gobierno, al que el mismo presidente de la Generalitat bautizó como «*business friendly*» («agradable para los negocios»), muy alejado ideológicamente de la CUP, que aún no estaba representada en el Parlamento. En aquel momento, Mas parecía mantenerse fiel a los postulados tradicionales de CiU en lo económico y pactista en lo referente a las relaciones con el Estado.

Sin embargo, CiU ya había experimentado un cambio generacional importante, que se hacía especialmente visible en el entorno inmediato de Mas, mucho más proclive a un sesgo soberanista que no podía permitir verse superado por los últimos acontecimientos que se estaban produciendo en Cataluña.

En su discurso de investidura, Mas supo nadar y guardar la ropa. Situó como gran objetivo de su mandato conseguir un nuevo modelo de financiación para Cataluña y anunció al mismo tiempo la apertura de un proceso de transición nacional basado en el «derecho a decidir» del pueblo de Cataluña. En ningún caso rompía con la tradición pactista de CiU, ya que, por un lado, reivindicaba un nuevo pacto con el Estado —el pacto fiscal— y, por otro, no optaba de entrada por ninguna vía unilateral, sino por negociar con el Estado la convocatoria de una consulta sobre el futuro político de Cataluña.

Al menos en teoría, porque, una vez hecho el anuncio e iniciado el camino, era difícil volver atrás. Y si el camino unilateral no era la opción inicial, cabía el riesgo de que las circunstancias posteriores le arrastraran a él. El 15 de junio de 2011, una gran movilización ciudadana sitió literalmente el Parlamento para impedir que se celebrara el pleno y diera trámite a unos presupuestos de la Generalitat que imponían importantes recortes sociales para equilibrar el déficit acumulado. La presión social era muy grande, tanto por los efectos de la crisis económica como por las reivindicaciones de un movimiento soberanista *in crescendo*. El coste político que podía derivarse de esta situación sería previsiblemente elevado, una perspectiva que podía invitar a abandonar la moderación y virar hacia posiciones más radicales. La propuesta de pacto fiscal sería el último intento. Si no funcionaba, se entraría definitivamente en la nueva fase, la del proceso soberanista, aunque nadie supiera muy bien cuál sería la estrategia que se debía seguir. De entrada, ofrecer diálogo y negociación para poder ejercer el derecho a decidir, un eufemismo que ahora ya sabemos que significaba una consulta sobre la independencia.

El 3 de julio de 2011 se constituyó en el Parlamento la Comisión de Estudio de un nuevo modelo de financiación basado en el Concierto Económico. Existía un consenso bastante amplio sobre el excesivo déficit fiscal de Cataluña, derivado de un sistema de financiación que perjudicaba gravemente a Cataluña, especialmente en el momento de aplicar los mecanismos de solidaridad entre territorios. Varios estudios sobre las balanzas fiscales lo certificaban, aunque la evaluación del déficit no siempre ofrecía el mismo resultado.

Los instrumentos de nivelación interterritorial, también conocidos como fórmulas de solidaridad entre territorios, existen en la gran mayoría de los Estados federales y regionales. La solidaridad es un principio aceptado, necesario pero también injusto si se aplica de manera excesiva; es decir, si tiene el efecto perverso de perjudicar a los territorios más prósperos sin incentivar a cambio el desarrollo de los que lo son menos. Justo en aquel momento se debatía en Alemania esta cuestión, tras una sentencia del Tribunal Constitucional que establecía que debían existir límites razonables a las prestaciones de los *Länder* más ricos para que no se vieran excesivamente perjudicados. Esta sentencia también consideraba transitorios los instrumentos de solidaridad, pues su misma lógica está pensada para corregir desequilibrios, no para perpetuarlos.

Jordi Turull presidió la Comisión de Estudio y yo fui el letrado que la asesoró. La Comisión se esforzó especialmente en demostrar en su informe que la Constitución no define un modelo único de financiación y que permite diferentes alternativas, incluso soluciones no idénticas dentro del llamado sistema común. La sentencia del Estatuto había cerrado la posibilidad de que este fuera el marco donde se especificara un modelo propio y definido para Cataluña, pero esto no impedía que pudiera conseguirse por otros cauces, principalmente mediante la LOFCA.

En resumen, este estudio concluía que era posible, mediante los cambios normativos oportunos, que Cataluña pudiera acceder a un régimen de financiación que, en la práctica, podía parecerse bastante a un régimen de concierto o convenio económico como el del País Vasco o Navarra.

El 25 de julio de 2012, el Pleno del Parlamento aprobó el informe y las conclusiones de la comisión sobre el pacto fiscal. Obtuvo un apoyo político importante: el de CiU, ERC e Iniciativa per Catalunya Verds-Esquerra Unida i Alternativa (ICV-EUiA), así como el apoyo significativo, aunque no total, del PSC. En las elecciones generales celebradas el 20 de noviembre de 2011, el PP obtuvo la mayoría absoluta y Mariano Rajoy relevó a José Luis Rodríguez Zapatero en la presidencia del Gobierno.

El 20 de septiembre de 2012, después de las vacaciones de verano y de una nueva manifestación multitudinaria el día 11 del mismo mes, Rajoy y Mas se reunieron en la Moncloa con la propuesta de pacto fiscal encima de la mesa. La reunión fue un completo fracaso, un diálogo de sordos. Mas lo reconocía el mismo día en una comparecencia en la delegación del Gobierno de la Generalitat en Madrid antes de volver a Barcelona. La posición del Gobierno de España era clara: se rechazaba la propuesta de pacto fiscal por considerarla contraria a la Constitución. Solo se dejaba abierta la puerta a negociar modificaciones puntuales del sistema general de financiación autonómica. Rajoy empezaba a parapetarse en su línea Maginot particular: la legalidad estricta e inflexible; una interpretación pétrea de la Constitución, en clave absolutamente centralista, que tiene la ventaja de eximirle de hacer política. Porque, si no puede ser, para qué vamos a discutir. La llamada Brigada Aranzadi, que se articula en torno al núcleo duro del Gobierno, va a ser la gran valedora de esta estrategia.

Cabe pensar que lo que ocurrió aquel 20 de septiembre de 2012 en la Moncloa fue más una escenografía que otra cosa, fruto de la conveniencia mutua de hacer visible un desacuerdo sobre algo que seguramente nadie quiso negociar en profundidad. Por el lado catalán, permitía encarar ya, sin tapujos, la siguiente etapa, el derecho a decidir y el consiguiente proceso hacia la independencia. Para el Gobierno español, se trataba de marcar territorio, de no ceder a nada que pudiera parecer un chantaje y de defender a ultranza la unidad de España y la igualdad entre sus territorios. Daba igual lo que pensara un gran número de catalanes. Había que confiar en que, fuera lo que fuera, ya se les pasaría y en que sus dirigentes políticos no llegarían a posiciones extremas.

El pacto fiscal y las graves deficiencias de la Hacienda de la Generalitat quedaron en el baúl de los recuerdos, arrollados por los acontecimientos posteriores. Pero quizá en algún momento habrá que volver sobre ello y superar la asignatura pendiente.

De momento, solo enseñaremos la patita

El 25 de septiembre de 2012, solo cinco días después de la reunión con Rajoy, tiene lugar en el Parlamento el debate de política general. En su intervención, el presidente de la Generalitat anuncia solemnemente su decisión de disolver la legislatura y convocar elecciones, que se celebrarán el 25 de noviembre. En el entorno de CiU, las expectativas son muy altas. Creen que se puede conseguir la mayoría absoluta. Muchas encuestas así parecen indicarlo. Artur Mas puede capitalizar el malestar existente en Cataluña y la negativa de Rajoy al pacto fiscal.

Pero las encuestas fallan estrepitosamente y la candidatura de CiU queda lejos de la mayoría absoluta. Artur Mas pierde la capacidad que buscaba de controlar la nueva etapa política al anticipar las elecciones. Además, la CUP entra por primera vez en el Parlamento. Sus diputados no serán en este caso decisivos, pero sí influyentes. A partir de entonces, se va a ir perfilando una mayoría independentista tripartita (CiU, ERC y CUP); y, sin saberlo aún, también una modificación del calendario electoral, pues a partir de aquella legislatura ya no habrá ninguna hasta ahora que dure los cuatro años previstos.

El resultado electoral deja a Mas a merced de ERC. El pacto de gobernabilidad entre ambas formaciones parece lo lógico, pues hay una base común muy definida respecto al ejercicio del derecho a decidir. El 19 de diciembre de 2012 se firma el acuerdo político entre CiU y ERC que va a permitir a Artur Mas formar Gobierno. Se titula «Acuerdo para la transición nacional y para garantizar la estabilidad parlamentaria del Gobierno de Cataluña». Como su mismo nombre indica, tiene dos partes bien diferenciadas: la que expresa la voluntad de convocar una consulta sobre el futuro político de Cataluña y la que determina las prioridades de actuación del Gobierno en esa fase de transición nacional, con especial referencia a la adopción de medidas para prepararla (las futuras «estructuras de Estado»), sin olvidar las políticas sociales y de recuperación económica. En realidad, del mismo texto se desprende que la transición nacional se va a producir, y parece dar por descontado que el ejercicio del derecho a decidir se hará efectivo y será favorable a la independencia.

Releyendo el documento se aprecia que se trata de un acuerdo ambicioso y detallado. Conociendo su contenido, lo que sorprende es que, tras su firma, Oriol Junqueras, líder de ERC, sea considerado jefe de la oposición. No parece muy congruente, pero así es, a pesar de las protestas del PSC, que reclama para sí dicho estatus. Durante la legislatura asistiremos a debates bastante peculiares en los que el jefe de la oposición y el presidente de la Generalitat mantienen una buena sintonía. Una oposición que cualquier Gobierno desearía tener.

El anexo 1 del acuerdo político que marca el inicio de esta décima legislatura del Parlamento es la pieza clave de la institucionalización del proceso soberanista y de la que va a ser su primera fase. El anexo recoge el compromiso de CiU y ERC de celebrar una consulta para que el pueblo de Cataluña pueda decidir democrática y libremente su futuro colectivo. Este compromiso se concreta en la presentación a debate y votación de una «declaración de soberanía del pueblo de Cataluña» en el primer pleno ordinario de la legislatura y expresa la voluntad de convocar la consulta antes de finalizar el año 2014. También expresa el compromiso de que, antes del fin de 2013, pueda anunciarse la pregunta que la ciudadanía deberá responder: la posibilidad de que Cataluña se convierta en un Estado en el marco europeo. Otra medida no menos importante será la creación del Consell Assessor per a la Transició Nacional como órgano de asesoramiento del Gobierno para tal fin, un organismo que deberá estar integrado por personalidades de reconocido prestigio que representen a las entidades vinculadas al proceso de transición nacional y también a los sectores económicos, sociales y culturales del país.

En este plan de actuación hay, sin embargo, algo que no acaba de encajar. El acuerdo también habla de abrir un proceso de negociación y diálogo con el Estado que incluya el derecho a decidir mediante la convocatoria de un referéndum, a cuyo efecto se establece el compromiso de formalizar una petición dentro del primer semestre de 2013. ¿Qué es lo que no encaja? Pues que la referencia a esa negociación parece metida con calzador dentro del discurso lógico que se desprende del mismo acuerdo, un discurso que ya da por hecho lo que se va a hacer y que solo se refiere a la negociación con el Estado como una posibilidad, no como una condición, ni siquiera como una prioridad antes de recurrir a otras vías. Así lo delata la redacción del acuerdo al aludir a una petición, algo muy distinto a abrir en serio una negociación. La referencia a esta última parece, pues, algo impostada, escrita para que nadie diga que al menos no se va a intentar.

En mi opinión, este es uno de los puntos más débiles de la estrategia soberanista, ya que resta credibilidad a la voluntad de negociar de verdad. El soberanismo da por sentado que la otra parte no la tiene. Pero, aunque esto fuera cierto, quien pretende segregar un territorio de un Estado tiene ante todo que negociarlo insistentemente con este, en vez de pasar de inmediato a la siguiente fase. Guste o no guste, es una carga que hay que asumir, aunque requiera tiempo y paciencia. Es esencial no ignorar al otro interlocutor cuando se está inmerso en algo que involucra a dos partes y también tener en cuenta que el interlocutor no siempre será el mismo, además de que las circunstancias políticas pueden hacer que cambie asimismo la percepción del problema en el tiempo. No hay que confundir al Estado con el Gobierno de turno.

Aunque ahora parezca un dato menor, quizá convenga recordar que, dos meses después de la firma del acuerdo, los catorce diputados del PSC en el Congreso rompieron la disciplina de voto del grupo socialista para apoyar sendas mociones (de CiU e IU-ICV) a favor de la realización de una consulta en Cataluña sobre el derecho a decidir; mayor razón para mantener la cabeza fría e intentar sumar más apoyos a una estrategia de negociación pausada. Dos de los diputados que votaron a favor de las mociones ocupan cargos de responsabilidad en el actual Gobierno. Teresa Cunillera es la delegada del Gobierno en Cataluña y Meritxell Batet es la ministra de Política Territorial y Función Pública.

El acuerdo de 19 de diciembre de 2012 delata que se ha querido (o no se ha podido evitar) quemar etapas demasiado rápido, lo que ha dado al *procés* un sesgo unilateral desde su inicio. Una mala señal puertas adentro y también puertas afuera, puesto que es una tarjeta de visita algo inquietante para la Unión Europea y la comunidad internacional. En aquel momento estaba empezando a tomar cuerpo la creencia de que la voluntad de los ciudadanos y del Parlamento sería suficiente para legitimar un proceso de independencia; la invocación del principio democrático como dogma de fe.

El *procés* no es una carrera al esprint

Antes de las vacaciones de verano de 2012, justo después de haber sido aprobada la resolución del pacto fiscal, tuve una reunión con Francesc Homs, quien era, en aquel momento, secretario general de la Presidencia y portavoz del Gobierno. Yo acababa de ser nombrado letrado mayor del Parlamento. En la reunión, Homs me planteó abiertamente que se iba a iniciar una nueva etapa en la política catalana con el horizonte puesto en la independencia. Esto ocurría solo unos meses antes de la convocatoria de elecciones y del pacto de gobernabilidad que firmarían a final de año CiU y ERC.

Conocía a Homs de mi anterior etapa en el IEA. Habíamos colaborado en la redacción del nuevo Estatuto y teníamos una buena relación. Sé que tenía un buen concepto de mí como jurista, y entre los dos había una relación de confianza mutua. Por eso me pidió que reflexionara sobre el asunto y le hiciera llegar mis conclusiones al respecto. Me dejó claro que no era un encargo formal y que también se lo había pedido a otras personas. Como yo ya intuía que las cosas iban a ir por ese camino, mi inquietud profesional no me dejó opción. Le dije que sí al instante.

Por supuesto, el tema en estudio era (y es) especialmente complejo y difícil. Ya he comentado antes que los instrumentos jurídicos son, en este caso, de escasa fiabilidad y consistencia; y es que no se trataba de ver en ese momento qué márgenes de desarrollo permitía el marco constitucional, sino de ir más allá y determinar además cómo. ¿Qué vías podían seguirse para que un proceso de esa naturaleza discurriera dentro de unos límites mínimamente razonables y jurídicamente aceptables? Parecía una tarea en teoría imposible, pues la vía de la independencia cuestiona las bases de cualquier sistema constitucional, sobre todo cuando este ya reconoce el derecho a la autonomía territorial como forma de expresión del pluralismo territorial.

Mis reflexiones se tradujeron en un documento que ahora he recuperado, y me doy cuenta de que el papel amarillea, lo que indica quizá que se trata de algo viejo, superado. Planteé su contenido a modo de interrogantes a los que intentaba dar respuesta. Claro está, se referían a preguntas que pueden surgir en cualquier proceso de independencia. Es imposible resumir aquí el documento, pero sí quisiera destacar algunas de sus principales conclusiones, especialmente las centradas en los interrogantes siguientes: ¿Cataluña tiene derecho a ser un Estado independiente? ¿Cómo debería ser el proceso que hay que seguir para conseguirlo? ¿Qué sería necesario evitar en este proceso? ¿Qué puede hacer el Estado para impedirlo u obstaculizarlo?

Sobre el primer interrogante, dejaba claro que la Constitución no reconoce el derecho a la secesión. Nada nuevo, pues es lo que ocurre con la inmensa mayoría de las constituciones. Poco hay que añadir sobre este punto, excepto la posibilidad de una reforma constitucional. Desde la perspectiva del derecho internacional, tampoco se podía llegar a otra conclusión, al menos de manera clara. El derecho a la autodeterminación queda reservado para supuestos excepcionales (situaciones coloniales o de minorías nacionales sometidas a graves violaciones de derechos). Esta perspectiva ya la había abordado, en

1998, el Tribunal Supremo de Canadá cuando emitió su opinión sobre una consulta formulada por el Gobierno federal a raíz del último referéndum celebrado en Quebec. El derecho internacional solo dejaba un resquicio muy pequeño, y más teórico que real. Me refiero a la doctrina de la reparación de agravios (*remedial secession*), que, según algunos autores, permitiría apelar al derecho de autodeterminación cuando una comunidad nacional que forma parte de un Estado ve impedido *de facto* el autogobierno que, en teoría, debería tener garantizado de acuerdo con la Constitución. En este tercer supuesto podría admitirse el derecho de autodeterminación en circunstancias específicas, pero, en cualquier caso, es una base muy débil para que Cataluña apoyara en ella su pretensión de ser reconocida internacionalmente.

Respecto del segundo interrogante, me parecía esencial señalar que un proceso de independencia se ha de fundamentar siempre en una voluntad mayoritaria y clara expresada por los ciudadanos y verificada mediante un referéndum o consulta, o, si no pudiera realizarse, a partir de un proceso electoral que deje también clara la existencia de esa mayoría social. Sin embargo, precisaba que este requisito —la constatación de una mayoría social— solo debería entenderse como un mandato para abrir un proceso de negociación con el Estado. Concretamente, advertía que la decisión inicial de las instituciones catalanas no había de ser la de declarar la independencia como un acto unilateral o de ruptura, sino la de pedir al Estado abrir el proceso de negociación, que debería superar después el último obstáculo de la reforma de la Constitución.

Sobre el tercer interrogante, me parecía importante advertir que España no es un país con la tradición y la cultura democráticas de Canadá y Gran Bretaña, por poner dos ejemplos pertinentes, y que el Estado previsiblemente haría lo posible para paralizar la independencia de Cataluña (como, por lo demás, harían muchos otros países ante parecida tesitura). Por esta razón, advertía que había que evitar o meditar con extremo cuidado decisiones unilaterales que quebrasen el marco constitucional. En este sentido, decía que la prioridad era que el *procés* se llevara adelante sin romper con la legalidad constitucional, esto es, que las instituciones catalanas se mantuviesen impecables al respecto; así, el soberanismo se podía cargar de razones y desarrollar su gran baza a nivel internacional: esgrimir la existencia de una gran mayoría de los ciudadanos favorable a realizar un referéndum, como evidencia de un valor democrático al que había que dar una respuesta.

Ciertamente, en un proceso de esta naturaleza resulta ingenuo descartar la vía de la unilateralidad. El mismo Tribunal Supremo de Canadá lo dijo en su opinión de 1998, al reconocer que la mayoría de las independencias se han producido por la vía de hecho cuando lo han permitido la relación de fuerzas y, especialmente, el apoyo internacional. Pero este es, sin duda, el último recurso al que acudir, un paso que hay que medir muy bien para que tenga perspectivas de éxito. Antes de darlo, hay que jugar un partido muy largo. Había que intentar, hasta el último momento, conciliar democracia y legalidad constitucional.

Respecto al cuarto interrogante, me parecía importante dejar claro que una cosa es la libertad de defender ideas y promover proyectos políticos (aunque no sean compatibles con el marco constitucional vigente) y otra muy distinta adoptar medidas contrarias al ordenamiento constitucional. Esto último debería evitarse con especial cuidado e insistir, en cambio, en agotar todos los márgenes políticos para negociar. Se trataba sobre todo, decía, de evitar decisiones o hechos consumados de ruptura, o declaraciones de independencia prematuras, sin haber realizado antes el paso previo de plantear, a partir de la constatación de una mayoría social, una negociación formal con el Estado en el sentido expuesto anteriormente; porque, de lo contrario, era de prever que el Estado no se quedaría de brazos cruzados. Y no solo porque acudiera al Tribunal Constitucional, sino también a otras medidas más extraordinarias como la aplicación del artículo 155 de la Constitución. No llegué a plantearme en ese momento otros escenarios, difíciles de predecir a finales de 2012.

Releyendo ahora este documento tengo una sensación agridulce. Me tranquiliza no haberme lanzado a la piscina sin mirar y haber actuado con cautela. Es verdad que el documento daba argumentos a favor del *procés*, algunos quizá demasiado voluntaristas, vistos retrospectivamente, pero también advertía de sus dificultades, al menos de las principales.

El Pacto de Santo Domingo

Según el programa previsto, los grupos de CiU y ERC impulsaron enseguida la propuesta de resolución para aprobar la Declaración de Soberanía y del derecho a decidir del pueblo de Cataluña. También impulsaron una iniciativa sobre el mismo tema, aunque con redactados diferentes, los grupos Mixto y de ICV-EUiA. El grupo socialista, a su vez, presentó una resolución sobre el derecho a decidir en el contexto de una reforma constitucional. Este fue el primer gran conflicto político relacionado con el *procés*.

Para quien no esté familiarizado con el funcionamiento parlamentario, debe saber que la Mesa del Parlamento es el órgano encargado de decidir sobre la tramitación de las iniciativas que presentan los diversos grupos parlamentarios, que pueden formular una solicitud de reconsideración de los acuerdos de la Mesa si creen que una admisión a trámite se ha adoptado de manera incorrecta. Algo en teoría poco frecuente, pues un acuerdo de la Mesa es un acto de carácter formal en el que esta no puede ni debe entrar a valorar el contenido de las iniciativas, salvo casos excepcionales.

Dicho proceder iba a cambiar desde ese momento, ya que la mayoría de las iniciativas relacionadas, primero con el derecho a decidir y después con el proceso de independencia, iban a originar un conflicto político y jurídico en la medida en que podían contradecir de manera más o menos evidente la Constitución y el Estatuto.

Esto sucedió con la propuesta de resolución presentada por CiU y ERC, especialmente respecto de su primer apartado, en que se declaraba que el pueblo de Cataluña tenía carácter de sujeto político y jurídico «soberano». Los apartados restantes ya no eran tan problemáticos, pues se referían a los principios que articularían el derecho a decidir, unos principios que se expresaban en unos términos no necesariamente contradictorios con la Constitución.

El contenido de la propuesta presentada por CiU y ERC, que es la que acabó finalmente prosperando en el Pleno, nos causó un cierto impacto a Imma Folchi, entonces secretaria general del Parlamento, y a mí, como letrado mayor. Hoy, después de lo que he tenido que ver, ese recuerdo me hace sonreír. En aquel momento nos extrañó la contundencia del primer apartado y también que nadie nos hubiera consultado antes de presentarla. Quizá podríamos haber hecho alguna sugerencia. Aun así, pensamos que no debíamos echarnos las manos a la cabeza. Al fin y al cabo, solo era una resolución, un acto declarativo sin efectos jurídicos. Así lo parecía en aquel momento, pero pronto íbamos a descubrir que estábamos en un error.

Imma Folchi y yo nos conocíamos desde la época de las oposiciones a letrado de la Cámara. Éramos de la misma promoción y llegamos a tener una buena relación, próxima en algún momento a la amistad, aunque lo importante era que nos entendíamos bien en el trabajo. Imma es una persona muy responsable y le gustaba tenerlo todo bajo control, tanto en el ámbito político como en la Administración parlamentaria, que gestionaba con mano de hierro. Muy inteligente y aguda, su nariz para los acontecimientos que se avecinaban era única. Conociendo su carácter, la mejor forma de trabajar con ella era respetar escrupulosamente su terreno, asumir un perfil bajo y colaborar solo en ámbitos predeterminados. Por fortuna, eso no era difícil, pues ella se encargaba más de los aspectos relativos a la gestión parlamentaria y yo, de las cuestiones que requerían un mayor trabajo de estudio. Creo que así nos complementábamos bien y formábamos un buen tándem como asesores de la Mesa y principales responsables de los servicios jurídicos.

La resolución fue aprobada en la sesión plenaria del 23 de enero de 2013. Como estaba previsto, su primer apartado, el de mayor calado, declaraba formal y solemnemente el carácter de «sujeto político y jurídico soberano» del pueblo de Cataluña. El texto se convirtió en la Resolución 5/X. Aunque su redactado no hacía referencia explícita a la convocatoria de una consulta, es evidente que se refería a ella cuando identificaba el derecho a decidir con la expresión de la voluntad de los ciudadanos acerca de su futuro político colectivo y, a continuación, determinaba cuáles habían de ser los principios bajo los que debería articularse un procedimiento para que esa voluntad se pudiera expresar.

No es nada normal que una resolución parlamentaria se lleve ante el Tribunal Constitucional. De hecho, la doctrina parlamentaria es prácticamente unánime en señalar que las resoluciones parlamentarias, como también las mociones, son actos que solo expresan una voluntad política y que, a diferencia de las leyes, no producen efectos jurídicos; y, sin ellos, no hay acto que pueda colisionar materialmente con la Constitución ni que un tribunal pueda controlar. Pero esta interpretación iba a cambiar. El Gobierno creía que había caso y que la resolución era impugnable. El Consejo de Estado le dio argumentos y finalmente se presentó la impugnación.

Me tocó a mí redactar las alegaciones en defensa del Parlamento. En teoría, parecía una tarea fácil. La impugnación no podía admitirse por tratarse de un acto político, no jurídico. Bastaría valerse de la doctrina parlamentaria al respecto y advertir al Tribunal Constitucional de que, si se decidía a entrar en el caso, correría el riesgo de exceder los límites de su función y penetrar en el terreno propio de otras instituciones. Pero mi olfato me decía que las cosas no serían tan sencillas. Teníamos ciertamente unos buenos argumentos formales, pero la resolución de que se trataba no era una resolución parlamentaria cualquiera. Su apartado primero me preocupaba, y me traía a la memoria que el Tribunal Constitucional ya había sometido a interpretación conforme a la Constitución la frase del preámbulo del Estatuto de Autonomía de 2006 que se refería a Cataluña como nación. Ese había sido un primer aviso: con la nación no se juega. La Constitución, hablando en términos estrictamente jurídicos, solo reconoce una, dejando aparte los posibles usos de «nación» en un sentido histórico, social o cultural.

El Tribunal Constitucional se tomó su tiempo para responder. Es verdad que lo hizo más pronto de a lo que entonces nos tenía acostumbrados, pero no tanto como cuando tuvo que seguir el ritmo que tomó el *procés* en la siguiente legislatura. La respuesta fue la Sentencia 42/2014, de 25 de marzo, conocida también como Pacto de Santo Domingo, pues se dice que se gestó entre un grupo de magistrados aprovechando su participación en una conferencia interamericana de tribunales constitucionales celebrada en Santo Domingo. Al parecer, sus principales protagonistas fueron el presidente del Tribunal, Francisco Pérez de los Cobos, y los magistrados Juan Antonio Xiol y Pedro González Trevijano.

Es una sentencia que casi conozco de memoria. La he leído y releído innumerables veces. Personalmente, la considero muy diferente a la del Estatuto; criticable en algunos aspectos, pero bastante más equilibrada que aquella. En definitiva, una sentencia más política, en el buen sentido de la palabra, ya que intentaba resolver un problema dejando las puertas abiertas. Sin llegar a ser una réplica de la opinión del Tribunal Supremo de Canadá de 1998 sobre la independencia de Quebec, pretendía tener un efecto parecido. De hecho, la misma sentencia menciona la decisión que entonces adoptó el tribunal canadiense.

En mi opinión, la sentencia tiene una parte débil cuando considera que una resolución parlamentaria, como era la Resolución 5/X, aun siendo un acto esencialmente político, también puede tener efectos jurídicos, aunque no sean vinculantes. Creo que es una interpretación muy forzada, pero que el Tribunal Constitucional necesitaba hacer para poder entrar a enjuiciar la resolución. Al Tribunal lo que le preocupaba era el apartado primero de la misma, el que declaraba la soberanía política y jurídica del pueblo catalán. Temía que si no lo declaraba contrario a la Constitución, podría crearse la apariencia de que se reconocía al pueblo catalán una soberanía que en realidad no posee y al Parlamento, en tanto que su cámara de representantes, unas atribuciones que exceden las que, según la Constitución, corresponden a las asambleas autonómicas. En consecuencia, este punto de la resolución no superó la impugnación y fue anulado.

Sin embargo, la sentencia era más flexible en cuanto al resto de la resolución, en la medida en que esta invocaba los principios de legitimidad democrática y de legalidad y llamaba al diálogo con el Estado. Basándose en ello, el Tribunal reconocía que la Constitución admite la defensa y la promoción de cualquier proyecto político, incluidos aquellos que le sean contrarios (como es el caso de la independencia), pero al mismo tiempo advertía que tal aspiración no podía hacerse efectiva, es decir, hacerse realidad fuera de los procesos de reforma constitucional.

Según el Tribunal Constitucional, la democracia permite defender cualquier ideología. La Constitución española no es militante, no exige adhesión y es siempre revisable. Pero una cosa es defender desde un poder público proyectos o iniciativas que no tengan cabida en el marco constitucional y otra muy distinta imponer hechos consumados. El necesario respeto a la ley fundamental es precisamente lo que garantiza el principio de legalidad.

Con estos argumentos, el Tribunal devuelve la pelota al campo político, al catalán y al estatal, y deja claro que es esencialmente en este terreno donde debe resolverse el conflicto catalán. Aunque en este punto se queda lejos de la doctrina del Tribunal Supremo de Canadá, cuando la única solución que considera es la reforma constitucional y el único referéndum posible previsto para esta reforma.

Al menos queda el consuelo de que, en teoría, la Constitución se puede reformar (incluso para permitir el derecho a la autodeterminación). Lo digo para que nadie olvide que en nuestro entorno próximo existen constituciones blindadas hasta el punto de excluir, de origen, la reforma de alguna o algunas de sus partes. En Italia y Alemania, por ejemplo, la intangibilidad territorial se incluye en este blindaje, como sus respectivos tribunales constitucionales han evaluado en algunos de sus pronunciamientos. Una situación mucho peor, por tanto, de la que se da en España, que quizá no ha sido convenientemente destacada.

Visto lo ocurrido después, no parece que el Pacto de Santo Domingo convenciera a ninguna de las partes implicadas. Unos aún iban a dar un acelerón a su hoja de ruta, y los otros, a reforzar las trincheras de la defensa a ultranza de la Constitución.

Un primer aviso

Unos meses antes de conocerse la sentencia del Tribunal Constitucional sobre la resolución de Declaración de Soberanía, el Pleno del Parlamento acordó la creación de la Comisión de Estudio del Derecho a Decidir.

La Comisión de Estudio del Derecho a Decidir fue muy distinta a la del pacto fiscal. Lo sé de primera mano porque fui el letrado de ambas y asistí a todas sus reuniones. En la del Derecho a Decidir no se hizo un verdadero trabajo de estudio, ni siquiera se elaboró un informe y unas conclusiones finales. La comisión languideció tras una ronda de comparecencias de expertos y nunca más se supo de ella. Alguien dijo hace tiempo que, para no resolver un tema o entretenerlo durante el tiempo conveniente, hay que crear una comisión. Supongo que hay algo de cierto en ello, aunque no siempre sea así. Lo que sí he podido constatar por experiencia personal es que muchas comisiones de estudio tienen una función más propagandística que otra cosa, para dar una apariencia de rigor a un proyecto o una decisión futuros. Además, como es la propia comisión la que acuerda su plan de trabajo, la mayoría siempre tiene la sartén por el mango. Un caso extremo de utilización partidista de las comisiones de estudio lo veríamos más tarde, ya en la novena legislatura, cuando se creó la Comisión de Estudio del Proceso Constituyente.

Por lo que respecta a la Comisión de Estudio del Derecho a Decidir, lo cierto es que había diversidad entre los comparecientes citados. El tema al que se dedicó especial atención en todas las sesiones fue el de la consulta. Se trataba de debatir si era posible y quién podía convocarla. Muchas de las comparecencias coincidieron en señalar la importancia de que la consulta fuera reclamada por una base social amplia. Aquí jugaba a favor el principio democrático. Sin embargo, ya no quedaba tan claro jurídicamente quién podía convocarla ni si podía hacerlo la propia Generalitat.

Uno de los comparecientes que avaló la tesis de que el Estado podía convocar un referéndum fue Francesc de Carreras. Me parece importante señalarlo porque, aunque este jurista ha manifestado repetida y claramente su opinión personal en contra del *procés*, no ha dejado que esta interfiriera con su condición profesional, o al menos no tanto como han hecho muchas otras personas afines a uno u otro bando. Conozco a Francesc de Carreras desde la época en que coincidimos en el entonces Consell Consultiu de la Generalitat y puedo dar fe de su forma de actuar.

Esta posición favorable sobre la consulta no debe sorprender, porque otros ilustres juristas también la estaban defendiendo, comenzando por Francisco Rubio Llorente, gran constitucionalista y exvicepresidente del Tribunal Constitucional en una de las mejores épocas de esta institución, que había argumentado en un artículo publicado en *El País* la conveniencia y posibilidad de consultar a los ciudadanos de Cataluña. Tesis que también defendió Miquel Roca en su comparecencia ante la comisión. Más dudosa era, en cambio, la potestad de la Generalitat de convocarla por su cuenta si el Estado se negaba a hacerlo o autorizarlo. En cualquier caso, me parece importante señalar la existencia de estas opiniones acerca de la posibilidad de una consulta sobre el derecho a decidir, mucho más flexibles que las del Tribunal Constitucional en lo referente a esta cuestión.

De la intervención de Miquel Roca he insertado al principio del capítulo una de las frases que más llamó mi atención en aquel momento. Es una frase contundente, además de cierta, ya que no hace más que poner de relieve una evidencia, a saber, que una ruptura implica un conflicto y que quien suele salir victorioso de una confrontación así es el más fuerte. Tener o creer tener la razón política, histórica o moral puede ser importante, pero no decisivo.

Las palabras citadas de Roca fueron la respuesta a algunos diputados miembros de la comisión que preguntaron a los comparecientes su opinión sobre la utilización de la vía unilateral si no se podía realizar una consulta acordada con el Estado. En aquel momento pensé que Roca estaba avisando de un peligro. Quería dejar claro que con su intervención no había defendido la ruptura, porque esta, y ahí estaba tocando el nudo gordiano de la cuestión, solo puede ser una respuesta idónea como contestación a un hecho totalitario, no como contraposición a otra parte, el Estado, que también se asienta sobre una base de legitimidad democrática.

Este debate, ocurrido en octubre de 2013, me hace pensar en cómo hemos confundido las cosas en Cataluña. Hemos planteado la cuestión como si la democracia solo estuviera del lado catalán, como si las instituciones del Estado no fueran representativas también del pueblo de Cataluña y no tuvieran legitimidad democrática. Guste o no guste, esta es una visión falsa, o cuando menos distorsionada, que en los últimos tiempos llegó al punto de asimilar el Gobierno de Mariano Rajoy al franquismo, comparación exagerada y que, además, confunde Gobierno y Estado. Qué mal le ha ido a este discurso el cambio político en el Gobierno central.

El aviso de Roca, por venir de quien venía, no debería haber caído en saco roto. Tras su intervención, recuerdo que Gemma Calvet, la portavoz de ERC en la comisión, me preguntó si no me parecía que Roca había exagerado. No me extrañó que me hiciera esta pregunta, conociendo la manera de pensar y de argumentar de la entonces diputada. Me limité a contestarle que no lo creía, que si alguien conocía bien la historia de las relaciones entre Cataluña y España y el funcionamiento del poder en Madrid, este era Roca. Y que si alguien sabía lo que es el Estado, este también era Roca.

6

CUANDO EL DERECHO A DECIDIR SE CONVIERTE EN PROCESO PARTICIPATIVO

> Y Ulises se encontró con Poseidón en su viaje hacia Ítaca. Según el poema de Konstantinos Kavafis, no debería haber sucedido, pero sucedió.

La primera consulta: el 9-N

El acuerdo de gobernabilidad firmado entre CiU y ERC establecía que, antes de finalizar el año 2013, se debía estar en condiciones de convocar la consulta para que el pueblo de Cataluña se pronunciase sobre la posibilidad de convertirse en un Estado dentro del marco europeo. Se intentaría acordar con el Estado, pero, si no existiera acuerdo, se guardaba un cartucho en la recámara: se impulsaría una ley de consultas en el Parlamento que permitiría, en última instancia, poder convocar la consulta desde la Generalitat.

Ya he comentado antes que este plan de actuación, tal y como estaba formulado, tenía algunos puntos débiles. Ciertamente, el acuerdo hace referencia explícita a la intención de negociar y dialogar con el Estado, pero también adelanta una forma de proceder que da por supuesto que no es necesario esforzarse mucho en ello. Aparece más como un trámite que hay que cumplir que como un objetivo que se debe preparar a conciencia y en el que perseverar, como diciendo: si funciona, perfecto, pero si no, no vamos a perder el tiempo en ello. Por eso, ya anunciamos que vamos a hacer nuestra propia ley y a convocar nosotros mismos la consulta antes de que acabe el año 2013.

Lo que digo no es una afirmación gratuita y sin fundamento; se desprende del contenido del mismo acuerdo y los hechos lo iban a confirmar pronto. Porque ya estamos a finales de 2013 y aún no se ha presentado al Estado ninguna iniciativa formal al respecto. A finales de julio, Mas envió una carta a Rajoy para manifestarle la voluntad de realizar la consulta, carta que no tendrá respuesta hasta septiembre, después de las vacaciones. La respuesta, por supuesto, fue negativa; solo un intercambio de cartas en las que cada parte mantiene su posición. Muy poco, para poder calificarlo como un intento de negociación o diálogo serio sobre el fondo del problema. En Cataluña hay prisa, y ni siquiera se plantea la posibilidad de esperar a que en el Gobierno del Estado haya otro interlocutor. Los escoceses y los quebequeses han demostrado tener mucha más paciencia y han entendido que, en un tema como este, las prisas son malas consejeras, como en casi todo en la vida.

Llegamos a finales de 2013. Poco antes, tuvo lugar una nueva manifestación multitudinaria con motivo del 11 de Septiembre, organizada esta vez en forma de cadena humana de norte a sur del país. La vía catalana hacia la independencia. Fue un gran éxito de participación, otra gran demostración de que una parte importantísima de la sociedad catalana está por la independencia. La cadena pasó por delante del Parlamento. La presidenta Núria de Gispert y otros miembros de la Mesa estaban situados justo delante de la puerta. Yo estaba algo más lejos, con mi hijo y unos amigos.

El plazo autoimpuesto para convocar la consulta está llegando a su fin, y la presión derivada de la última manifestación y la ejercida por las entidades cívicas que están impulsando con fuerza el *procés* (la ANC y Òmnium Cultural, principalmente) es muy alta. Finalmente, el 12 de diciembre, el presidente de la Generalitat anuncia solemnemente que la consulta se convocará el 9 de noviembre de 2014 y que la pregunta no será binaria, sino más compleja. Los votantes deberán responder primero si quieren que Cataluña sea un Estado y, en caso afirmativo, responder a continuación si quieren que ese Estado sea independiente. El anuncio produce cierto estupor por la pregunta. Mucha gente no lo acaba de comprender muy bien, sobre todo porque entienden que querer ser un Estado ya implica en sí mismo la independencia, sin que quepan otros supuestos más ambiguos.

Para entenderlo bien hay que ser alguien experto o al menos iniciado. El concepto de «Estado» no tiene un único significado. Puede referirse a un Estado soberano e independiente, pero también a un Estado dentro de una federación. La cosa va por ahí, y explica cómo entre los partidos que promovían el *procés* aún había visiones distintas al respecto, que pensaban sobre todo en sus potenciales votantes. El anuncio de la consulta es suscrito no solo entre CiU y ERC, sino también con ICV-EUiA y la CUP. Solo ERC y la CUP admiten claramente que hubieran preferido otra pregunta más clara y directa sobre la independencia. En el caso de CiU, Ramon Espadaler, de Unió Democràtica de Catalunya, explica que la pregunta tiene la virtud de que puede hacer sentir cómodos tanto a los que son independentistas como a los que no lo son, pero que sin embargo quieren cambiar el *statu quo* existente.

Visto en perspectiva, el anuncio del 9-N pone de relieve que, a finales de 2013, aún existen muchas dudas sobre cómo desarrollar el *procés* y, sobre todo, acerca de su alcance político. Hay una clara voluntad de aglutinar el mayor número de partidos a su favor, y esto obliga a un compromiso. ICV-EUiA no ha firmado el acuerdo de gobernabilidad y no es proclive a vías que no sean negociadas con el Estado, postura que continuará manteniendo en el futuro y que le hará tomar posiciones propias a partir del momento en que el *procés* entre definitivamente en su fase unilateral. Por su parte, CiU es una coalición que aún debe mantener sus equilibrios internos. Por eso, en el momento de redactar el acuerdo de gobernabilidad con ERC, ya se había escogido una redacción ambigua, que permitía encajar una pregunta como la que finalmente se eligió.

El anuncio del 12 de diciembre, hecho por el presidente en el marco solemne del Palau de la Generalitat, acompañado de los líderes de los demás partidos políticos, tiene más importancia de lo que parece. Alex Salmond, el primer ministro de Escocia que negoció con David Cameron el referéndum de 2014, nunca anunció por su cuenta cuál sería la fecha y la pregunta del referéndum escocés. En la lógica política anglosajona y en el marco de una negociación pendiente, es impensable una actitud como esta. No se entendería y haría fracasar definitivamente cualquier negociación o acuerdo.

Si una negociación está teóricamente abierta, no se pueden preestablecer condiciones sobre su contenido esencial, por muy difícil que parezca llegar a acuerdos. Para tomar una decisión unilateral, primero hay que dar por terminada la negociación y el diálogo. Y en diciembre de 2013 esto no había ocurrido.

En sentido estricto, no puede decirse que el 12 de diciembre de 2013 empezara la vía unilateral por la independencia, pero sí que el *procés* se decantaba inexorablemente hacia ella. Porque la pregunta que muchos nos hacíamos es cómo se pretendía negociar y dialogar con alguien cuando ya se han puesto las condiciones más importantes que debe resolver una negociación. Y no solo esto, sino que ya se han anunciado públicamente para que no haya vuelta atrás. No hay negociación sincera y leal cuando una parte está avanzando y publicitando su forma de proceder si finalmente no se consigue un acuerdo. Alguien puede ver fácilmente en ello una amenaza o un chantaje.

Creo que lo que sucedió realmente es que, dando por descontado que no iba a haber posibilidad alguna de negociación, se decidió avanzar como fuera, pero sin decir expresamente que esta posibilidad quedaba excluida. Lo que también podía leerse como una advertencia al Estado en el sentido de que, hubiera o no negociación, la consulta se iba a realizar de todas formas. En cualquier caso, aquel momento fue crucial porque ya presagiaba que nadie iba a ceder en sus posiciones. Era el anuncio de un conflicto en el que entraríamos muy pronto.

Podemos dar por seguro que el presidente del Gobierno no quería negociar la convocatoria de un referéndum; ya había dicho que ni podía ni quería hacerlo. Pero Mariano Rajoy tenía razón cuando decía que se había enterado de la fecha y la pregunta de la consulta del 9-N por los medios de comunicación. Esto le colocaba en una situación insostenible. Aunque hubiera existido una mínima posibilidad de negociar, el anuncio hecho por el presidente de la Generalitat el 12 de diciembre la anulaba por completo. A partir de aquel momento, al ni quiero ni puedo pudo añadir el argumento de que no podía ceder a un chantaje.

Buscando un punto de apoyo

La consulta ya estaba anunciada. Pero hay un pequeño problema: no existe una base legal que permita convocarla. Hay varias opciones, aunque todas tienen sus dificultades. Si se convoca un referéndum —el tipo de consulta más adecuada en un caso como este—, no lo puede convocar la Generalitat. Todo el mundo tiene muy claro que solo puede hacerlo el Estado. Nadie lo discute, y la misma Generalitat ya lo ha reconocido cuando aprobó, en la época del tripartito, la ley de consultas populares por vía de referéndum. Esta ley asume que la celebración de un referéndum requiere la autorización del Estado. No puede ser de otra forma, porque así lo dice expresamente la Constitución.

La otra alternativa es que la consulta no se convoque formalmente como un referéndum. Aquí sí que hay un resquicio, pues el Estatuto de Autonomía (artículo 122) reconoce a la Generalitat la competencia exclusiva para regular y convocar procedimientos participativos (encuestas, audiencias públicas, foros de participación), así como «cualquier otro instrumento de consulta popular». Si nos apoyamos en esta última frase, parece que ya tenemos la solución. Estas consultas populares se regulan por una ley que puede aprobar la Generalitat y, a partir de ella, convocar la del 9-N.

Pero no es tan sencillo; de hecho, es mucho más complicado. En primer lugar, porque el Tribunal Constitucional, en la sentencia sobre el Estatuto, ha sometido el artículo 122 a una determinada interpretación que viene a decir, resumidamente, que no ampara la competencia para regular y convocar una consulta que, a pesar de no tener el nombre, tenga las características que son propias de un referéndum. Y, en segundo lugar, porque si la consulta se articula sobre el derecho de voto, que es lo que se da por sentado, vamos a tener importantes problemas para diferenciarla de un referéndum. Ya sabemos que en derecho se aplica el principio general de que el nombre no hace las cosas. Lo que importa es lo que materialmente son.

A pesar de este escenario complicado, los preparativos para disponer de esta plataforma legal ya se habían iniciado antes del anuncio del 9-N. En marzo de 2013, se había constituido una ponencia conjunta para elaborar la ley de consultas populares no referendarias y participación ciudadana. Los ponentes que llevaban el control eran Josep Rull (CiU) y Gemma Calvet (ERC). El papel del letrado asesor también me correspondía esta vez a mí, como letrado adscrito a la comisión legislativa que debía tramitar la proposición de ley.

Teniendo en cuenta las prisas que vendrían en etapas posteriores del *procés*, la tramitación de esta ley se tomó su tiempo. Esto permitió analizar a fondo los problemas que presentaba la regulación. Recuerdo perfectamente que, en la fase inicial de comparecencias ante la comisión, numerosos especialistas de derecho constitucional vinieron a decir que si la consulta se basa en el ejercicio del voto y se aplica un procedimiento similar al electoral, distinguirla de un referéndum es como la cuadratura del círculo. Diferencia nominal, pero no material.

Cuando estamos aún en fase de ponencia se me ocurre una idea para resolver este problema, aunque yo mismo la veo como una solución forzada y algo extravagante. Pero quizá podría funcionar, porque introduciría una diferencia importante entre el referéndum y la simple consulta que la futura ley podría contemplar. La idea es que la consulta no se articule sobre el ejercicio del derecho de participación del artículo 23 de la Constitución, es decir, el que se realiza mediante el derecho de voto, sino como manifestación del derecho de libertad de expresión regulado en el artículo 20 de la Constitución.

La propuesta era, en síntesis, que la convocatoria se planteara como una llamada general a los ciudadanos para que expresaran su opinión acerca de una cuestión o pregunta, invitándoles a hacerlo de una forma flexible. Debían acudir a unos lugares preestablecidos donde, después de identificarse, tendrían dos opciones: o bien manifestar verbalmente su posición para que constara en acta, o bien hacerlo mediante una papeleta que quedaría en custodia para contabilizarla después y añadirla al resultado. El procedimiento podría ser presencial o también telemático, en el caso de la segunda opción.

Reconozco que un procedimiento como este puede parecer extraño, lo admito, pero está aquel refrán que viene a decir, más o menos, que cuando el hambre aprieta, la inspiración se agudiza. Una fórmula de este tipo no creo que sea contraria a la Constitución ni que no sea posible regularla por ley. Ciertamente hay una parte que se asemeja al ejercicio del derecho de voto, pero el procedimiento como tal es diferente. Tiene una naturaleza mixta que no permite confundirlo con un referéndum, o lo hace mucho más difícil. Por otra parte, estoy seguro de que hoy en día muchos ciudadanos no tendrían inconveniente en expresar públicamente cuál es su posición, sin necesidad de recurrir al secreto que proporciona la papeleta.

Elaboré un informe sobre esta cuestión y se lo entregué a Josep Rull, para que pudiera evaluar la propuesta y consultarla con quien considerase oportuno. Pocos días después, me dijo que era interesante pero imposible de aplicar, porque ya se había trasladado a la ciudadanía la imagen de que el 9-N iba a haber una votación *comme il faut*, es decir, con urnas y nada más.

La ley siguió su camino y tuvo que pasar un primer filtro antes de ser aprobada. Varios grupos parlamentarios pidieron dictamen al Consell de Garanties Estatutàries. Como era previsible, el problema de la confusión entre consulta referendaria o no referendaria afloró con fuerza. El Consell prácticamente se dividió, aunque fue favorable a la proposición de ley por mayoría. Los miembros discrepantes veían en esta la regulación de un referéndum encubierto y sostenían esta conclusión, haciendo notar que el proceso diseñado se basaba en los mismos elementos que definen una consulta popular como un referéndum, sin que los cambios introducidos tuvieran la relevancia suficiente para contradecirlo.

La dinámica del *procés* puso a prueba, por primera vez, al Consell de Garanties Estatutàries, un organismo establecido por el propio Estatuto como fórmula de autocontrol de la misma Generalitat para dictaminar que las leyes que aprueba el Parlamento sean conformes con el marco constitucional y estatutario. El dictamen y la división del Consell no auguraban nada bueno. Parecía estar sucumbiendo a la presión del entorno político. Pero, afortunadamente, fue un espejismo, porque después tendría la ocasión de resolver papeletas aún más difíciles, y hay que reconocer que supo dar la talla y cumplir con la función para la que fue creado.

La ley de consultas populares no referendarias y participación ciudadana fue finalmente aprobada el 19 de septiembre de 2014. No fue una casualidad; los últimos 11 de Septiembre son fechas señaladas y el contexto cuenta mucho. En aquel año, se había producido la gran concentración en forma de uve de la Diagonal y la Gran Vía, con el punto de unión en la plaza de las Glorias, la plaza nunca acabada, eternamente en obras. Fue aquel 11 de Septiembre cuando Carme Forcadell, entonces presidenta de la ANC, pronunció la conocida frase de «*President, posi les urnes*» («Presidente, ponga las urnas»).

El 9-N se acercaba y había que tener aprobada la ley que permitiría convocarla. Así lo hizo el Parlamento. Pero, como era de prever, el Gobierno del Estado reaccionó rápido y la impugnó. Era inevitable, a pesar de que entre el Gobierno de la Generalitat y el del Estado se jugó al gato y al ratón durante unos días. La publicación de la ley se retrasó hasta el 27 de septiembre para hacerla coincidir con el decreto de convocatoria de la consulta. Esto permitió al presidente de la Generalitat escenificar la firma del documento con la ley aún vigente, pero por poco tiempo, porque el Tribunal Constitucional lo suspendió enseguida. Más tarde dictaría la sentencia y se confirmaría lo que ya era previsible: que lo que se había regulado era, en esencia, un referéndum, algo que excedía las competencias de la Generalitat.

La suspensión de la vigencia de la ley y de la convocatoria del 9-N creaban un grave problema para el Gobierno de la Generalitat. Quedaba muy poco tiempo para reaccionar, y quizá alguien pudo pensar que estaba siendo víctima de sus propios actos: el anuncio del 9-N (fecha fija) y la presión ejercida por las entidades soberanistas (*President, posi les urnes*). Además, la manifestación del último 11 de Septiembre había sido seguramente la más multitudinaria hasta entonces. Frente a ello, estaba el riesgo de desobedecer al Tribunal Constitucional, el primer momento de verdadero riesgo, la hora de la verdad.

El encargo inesperado

Antes de ver cómo se resolvió el bloqueo de la convocatoria del 9-N y sus consecuencias, es necesario volver un poco atrás en el tiempo para comentar el desarrollo de la otra vía que hubiera permitido convocar el referéndum. La posibilidad de una convocatoria autorizada por el Estado.

El acuerdo de gobernabilidad firmado entre CiU y ERC se refería a esta posibilidad, que se intentó antes de ser aprobada la ley de consultas populares no referendarias. A principios de enero de 2014, justo un mes después del anuncio solemne de la convocatoria del 9-N, los grupos parlamentarios de CiU, ERC, ICV-EUiA y la CUP presentaron ante el Congreso de los Diputados una proposición de ley orgánica de delegación de la competencia para autorizar, convocar y celebrar un referéndum sobre el futuro político de Cataluña.

Conozco especialmente bien el contenido de la proposición de ley, pues no en vano fui el encargado de preparar este texto. Fue una petición personal de la presidenta del Parlamento, Núria de Gispert, hecho además con especial urgencia. El punto de partida irrenunciable es que debía tratarse de una ley de delegación a la Generalitat para poder convocar el referéndum, una ley dictada al amparo del artículo 150.2 de la Constitución, que permite delegar a las comunidades autónomas facultades que son competencia del Estado, como es el caso de la convocatoria de un referéndum.

Cuando me hizo este encargo, me quedé algo confuso, porque no era una tarea habitual de los letrados del Parlamento y porque pensé que una cuestión de esta trascendencia política debería haberse preparado de otra manera y en otro lugar; es decir, en el ámbito de los grupos parlamentarios que iban a presentar la iniciativa y del Gobierno, que contaba para ello con los instrumentos de asesoramiento y apoyo correspondientes. Sin embargo, no puse reparos a pesar de que el texto debía estar listo con mucha urgencia. El anuncio público de la consulta del 9-N obligaba a actuar rápido para demostrar que se hacía este intento, aunque se confiara más, desde luego, en la futura ley de consultas populares que entonces se estaba tramitando en el Parlamento.

A lo largo de mi experiencia profesional he podido constatar cómo las cuestiones jurídicas han ido perdiendo, con el tiempo, el respeto que antes imponían a la clase política. El valor del derecho se ha ido relativizando, de manera que cada vez parece que se ve más como un formalismo que hay que cumplir que no como un fundamento de las decisiones. Probablemente es injusto hablar así en general. Es cierto que hay excepciones a esta visión instrumentalista, pero creo que es una tendencia bastante generalizada y que se ha ido acentuando últimamente. Como ocurre en todas las ciencias (el derecho también lo es, aunque algunos no lo crean), hay cuestiones fáciles de resolver y otras mucho más complejas. Las primeras requieren poco tiempo, pero las segundas pueden exigir mucha mayor dedicación para resolverlas. Se debe analizar bien el problema que suscitan, estudiar el marco legal y la jurisprudencia, que no son siempre claros e inequívocos, y después decidir qué soluciones son las más adecuadas para resolverlo. Lo que me cuesta entender es que cuando se pide una opinión o se hace un encargo no se tenga en cuenta todo esto. Para mí, esta es una de las pruebas más claras de la devaluación de lo jurídico a la que me refería.

Desde luego, no es nada cómodo trabajar en estas condiciones, por mucha experiencia que tengas. No solo produce estrés, sino que aumenta exponencialmente el riesgo de error. Trabajar contra reloj tiene este inconveniente, porque al final tú eres el responsable y el que da la cara, sobre todo si el consejo no es el adecuado. Visto desde otra perspectiva, esta forma de proceder denota prisas e improvisaciones, lo que no es un síntoma de buen proceder. Algo que quizá también es demasiado frecuente en los últimos tiempos.

Para poder tener lista la propuesta en tan breve lapso le pedí ayuda a Pau Bossacoma. Fue alumno mío en la Universitat Pompeu Fabra, después colaboró con el área de derecho administrativo de la Facultad de Derecho y posteriormente trabajó de asesor en el Institut d'Estudis Autonòmics. Tenemos una excelente relación personal y de amistad, a pesar de la diferencia de edad entre nosotros. Cuando lo conocí era un diamante en bruto, de los que han de pulirse a sí mismos. Su carácter le puede dar una apariencia de autosuficiencia, pero en realidad ello responde más a la convicción que pone cuando defiende sus ideas que no a su faceta más personal. Le considero una persona muy preparada en general y sobre todo en temas relacionados con procesos de secesión, en los que se ha especializado. He discutido mucho con él, a veces acaloradamente, pero también he aprendido mucho de él.

Analizamos la situación y los dos coincidimos en que presentaba muchos problemas. Políticos, por descontado, pero también jurídicos. Por de pronto, no se preveía que fuera el

Estado el que convocara el referéndum, sino que lo hiciera la Generalitat por delegación. En teoría, esto era posible, pero estaba muy al límite de lo que permite el artículo 150.2 de la Constitución. Se nos ocurrió que, para minimizar una delegación incondicionada, podía ser una buena idea establecer que la convocatoria y la ejecución de la consulta quedaran sujetas a las condiciones que se acordaran entre el Estado y la Generalitat. Los únicos requisitos fijos que establecía la ley serían que la celebración del referéndum se hiciera antes de finalizar el año 2014 y con las garantías mínimas que deben exigirse a una consulta referendaria de esta naturaleza. En el fondo, se trataba de hacer más presentable una iniciativa que, en su misma concepción, ya era bastante forzada. Se intentaba compensar el efecto drástico de la delegación a favor de la Generalitat introduciendo un margen de negociación y acuerdo con el Estado para la aplicación efectiva de la ley.

En cualquier caso, era evidente que la proposición se enfrentaba a demasiados obstáculos para poder prosperar. Políticamente porque el Gobierno del Estado ya se había posicionado en contra del referéndum y estaba claro que el anuncio hecho un mes antes sobre la convocatoria del 9-N le quitaba credibilidad. Era fácil ver en la iniciativa un acto formal, para cubrir el expediente, para que no se dijera que no se había intentado. Quizá demasiado evidente. Además, existía otro problema jurídico tanto o más importante que el del uso del artículo 150.2 de la Constitución.

El problema principal era que el Tribunal Constitucional ya había establecido una doctrina contraria a la convocatoria de un referéndum, incluso hecha por el mismo Estado, cuando la pregunta que había que plantear pudiera dar como respuesta un resultado contrario a la Constitución vigente, salvo que ese referéndum fuera el previsto en el procedimiento de reforma constitucional. Esta doctrina se estableció con motivo del recurso interpuesto contra la Ley 9/2008, de 27 de junio, de convocatoria y regulación de una consulta popular como plan alternativo a la Propuesta de Estatuto Político de la Comunidad de Euskadi (también conocida como «Plan Ibarretxe») que el lendakari había defendido sin éxito en el Congreso de los Diputados a principios de 2005.

La doctrina del Tribunal Constitucional tiene su lógica, pues trata de evitar que se produzca un choque de legitimidades entre la Constitución vigente y un posible resultado contrario a la misma expresado a través de un referéndum. Sin embargo, como todo principio general puede tener sus excepciones y una de ellas bien podría ser un referéndum de secesión, ya que no tiene mucho sentido emprender un largo y complejo proceso de reforma constitucional si antes no se ha podido constatar si existe un apoyo social suficiente a un proceso de independencia.

Conociendo este problema, intentamos que quedara bien reflejado en el preámbulo de la proposición de ley, aludiendo expresamente al caso de Canadá donde esta excepción está plenamente asumida, así como otros argumentos justificativos.

El debate sobre la proposición de ley de delegación se produjo en el Congreso el 8 de abril de 2014 y su defensa corrió a cargo de Jordi Turull (CiU), Marta Rovira (ERC) y Joan Herrera (ICV-EUiA). La proposición fue rechazada por amplia mayoría, como era de prever. Un dato que hay que destacar es que el presidente de la Generalitat no intervino en la defensa de la proposición de ley ante el Congreso, a diferencia de lo que anteriormente había hecho el lendakari Ibarretxe respecto de su proyecto de Estatuto Político.

Aunque seguramente no habría cambiado el resultado, existe margen para especular, como opción alternativa a la convocatoria de un referéndum sobre el derecho a decidir, con la propuesta de un referéndum que contemplara una pregunta más indirecta en la que se pidiera la opinión sobre la conveniencia o necesidad de iniciar un proceso de reforma constitucional para poderla hacer efectiva (por ejemplo, ¿está usted de acuerdo con que se inicie un proceso de reforma de la Constitución que permita a Cataluña ejercer el derecho de autodeterminación?). Una pregunta de estas características podría soslayar el problema que supone la doctrina del Tribunal Constitucional.

Pero en aquel momento era impensable que los promotores de la proposición de ley pudieran aceptar una alternativa como esta, y ni siquiera se me ocurrió plantearla. Acepto que hay una diferencia importante entre una consulta que pide directamente a los ciudadanos que se posicionen sobre la independencia y otra que condiciona la respuesta a un proceso de reforma constitucional posterior. Pero, además de que esta segunda opción es escrupulosa con el principio de legalidad, creo que no deberíamos condenarla antes de tiempo. Si un referéndum como este pudiera realizarse y su resultado fuera positivo, creo que la situación cambiaría y mucho. Se habría expresado una opción mayoritaria por vías democráticas incuestionables que no podría caer en saco roto.

Al final no es una consulta, es un proceso participativo

Cuando solo queda un mes y medio para el 9-N, su base legal sufre un serio tropiezo.

La ley y el decreto no están anulados aún, pero sí suspendidos cautelarmente por el Tribunal Constitucional. La suspensión significa que no están vigentes, a la espera de lo que definitivamente diga la sentencia. Mientras, no pueden aplicarse ni la ley ni el decreto, pues, en caso contrario, existe el riesgo de tener que asumir responsabilidades. En la actual etapa autonómica, Cataluña no se había encontrado en una situación límite como esta. El Gabinete Jurídico de la Generalitat pide con urgencia el levantamiento de la suspensión, pero el Tribunal la mantiene.

¿Qué hacer ahora? El apoyo político relativamente amplio que tenía la consulta se resintió cuando, después de varias reuniones, el presidente de la Generalitat decidió suspender oficialmente los preparativos de la consulta y reconvertirla en un «proceso participativo». Lo anunció el 14 de octubre, dejando bastantes incógnitas sobre lo que implicaba esa conversión y el papel que a partir de entonces iba a desempeñar la Generalitat. Por una parte, quedaba bastante claro que se iba a trasladar a las entidades cívicas un importante protagonismo en la organización del proceso, pero, por otra, también era bastante evidente que la Generalitat no se desentendía del todo, especialmente en algunos aspectos de su logística.

Una situación de ambigüedad calculada pero peligrosa, que iba tomando cuerpo en los días siguientes y que nadie quería aclarar ni desmentir. Desde la Generalitat se insistía en que no había convocatoria formal del proceso participativo y que, por tanto, este no existía como acto derivado de una decisión institucional. También era un momento de mucha especulación sobre la existencia de negociaciones entre el Estado y la Generalitat y de posibles acuerdos, explícitos o implícitos, para que el 9-N fuera tolerado bajo este nuevo formato. Finalmente, el 9-N tuvo lugar en un contexto festivo y de normalidad. Contó con una participación elevada, situada en torno a los 2.340.000 personas, de las cuales 1.897.274 se decantaron por el sí en su respuesta a la doble pregunta formulada.

Sin embargo, la celebración de la consulta, aunque fuera bajo el formato de un proceso participativo, tuvo sus consecuencias para el presidente de la Generalitat y una parte de su Gobierno. El Gobierno del Estado lo impugnó antes de su celebración y el Tribunal Constitucional también lo suspendió.

Antes comentaba que con la conversión de la consulta en un proceso participativo se podían asumir riesgos si finalmente era también impugnado. También he comentado que para el derecho no solo cuentan los actos formales, sino también los hechos, la actuación material de los poderes públicos, aunque no tengan un soporte formal. La existencia de una página web vinculada a la Generalitat y relacionada con el proceso participativo y otros actos de apoyo logístico al mismo fueron utilizados para sustentar la impugnación, que el Tribunal Constitucional aceptó solo cinco días antes del 9-N. Esto dio pie a la presentación de una querella, justo unos días después, contra el presidente de la Generalitat y otros tres miembros de su Gobierno.

Cuando estos fueron a declarar ante el Tribunal Superior de Justicia de Cataluña, se tomó la decisión de convertir esta circunstancia en un acto de apoyo masivo a los afectados, que entonces se plasmó en una gran manifestación que los acompañó desde el Palau de la Generalitat hasta el Palacio de Justicia. Recuerdo que la declaración se retrasó más de media hora por este motivo.

Puedo entender los motivos de este proceder, pero no estoy nada seguro de que la decisión de actuar así tuviera en cuenta todas sus posibles consecuencias. Conozco a algunos jueces, y también creo conocer su forma de pensar como colectivo profesional. No me refiero a sus ideas personales, desde luego, sino a cómo entienden el ejercicio de su función, de un poder que es una de las garantías y uno de los poderes básicos del Estado de derecho. Me refiero a un poder que se fundamenta en el principio de independencia de los jueces y magistrados y que es alérgico, por definición, a actuaciones que pueden ser vistas como presiones a su quehacer, sobre todo de aquellas que pretenden devaluar su función o subordinarla a la primacía de otros principios y valores constitucionales.

Habría que esperar al mes de marzo de 2017 para conocer el resultado de esta querella. Como es conocido, el presidente Artur Mas, las consejeras Joana Ortega, Irene Rigau y el entonces ya exconsejero Francesc Homs fueron condenados por un delito de desobediencia; el *procés* se cobraba sus primeras víctimas. La condena suponía esencialmente la inhabilitación temporal para ejercer cargos públicos. Sin embargo, algo tan grave o más estaba por venir. La Fiscalía también presentó ante el Tribunal de Cuentas una demanda de responsabilidad contable por los gastos, a cargo de las arcas de la Generalitat, derivados del proceso participativo. Esta demanda, que afecta también a otros altos cargos de la época, supone, de acuerdo con la sentencia dictada por el Tribunal de Cuentas en noviembre de 2018, un grave quebranto para el patrimonio de los demandados al tener que hacer frente a reintegrar 4,9 millones de euros al Estado.

De entre los afectados conozco especialmente a Francesc Homs y a Irene Rigau. Me hago cargo de su situación y lo lamento mucho. Para Francesc Homs, persona joven, es un serio contratiempo personal y también para su carrera política. Irene Rigau es una política veterana, de las de antes, una persona muy seria y responsable con gran capacidad de gestión. Lo demostró en su etapa como responsable del Departamento de Educación y también después como diputada, cuando fue ponente de la ley de educación de 2009 y supo llegar a un amplio acuerdo con Ernest Maragall, entonces consejero, en un tema especialmente delicado. Es una pena que su carrera política acabara de esta forma.

El final de la legislatura se precipita

El proceso participativo fue un sucedáneo del derecho a decidir. Está claro para todos que no puede tener el valor de un referéndum o de una consulta de verdad. Es más bien una gran manifestación popular, un acto cargado de simbolismo de los que parece que tanto gustan a una parte de la sociedad catalana, aunque su valor no puede despreciarse. Los datos de participación no se cuestionan y el resultado es el que es. Hay un gran número de catalanes y catalanas que quieren que Cataluña se convierta en un Estado independiente.

Desde el punto de vista político hay que aceptar, sin embargo, que fue un fracaso, quizá no estrepitoso, pero sí importante. La gran promesa hecha solemnemente a la sociedad catalana el 12 de diciembre de 2013 no se pudo cumplir de la forma y con el significado que se pretendía. Esto coloca al presidente de la Generalitat en una situación complicada. La legislatura tiene fecha de caducidad, y las fuerzas políticas independentistas y las entidades cívicas que apoyan el *procés* se preparan para jugar una nueva partida.

El presidente convoca elecciones al Parlamento de Cataluña para el 27 de septiembre de 2015. La fecha elegida no es irrelevante: solo dos semanas después de otro 11 de Septiembre. Tras negociaciones muy complejas, Artur Mas consigue integrar a ERC, junto a CiU, en una gran coalición en defensa del proceso hacia la independencia. No es posible sumar a ninguna otra formación, especialmente a la CUP, pero nace Junts pel Sí como una plataforma que quiere aglutinar el independentismo con el objetivo de obtener la mayoría absoluta en el Parlamento. Junts pel Sí tiene un carácter instrumental y circunstancial, pues no pretende sustituir definitivamente a las dos fuerzas políticas que se disputan el espacio independentista. CiU y ERC son partidos con marcado carácter propio que se han disputado el mismo espacio político, pero que ahora ven la oportunidad de presentarse conjuntamente ante el electorado. Hay muchas dudas de que esta operación sea más rentable que ir por separado, pero la insistencia de Artur Mas consigue que prospere;

eso sí, a cambio de que el cabeza de lista por Barcelona no sea ninguno de los principales tenores. Se ficha para la oportunidad a Raül Romeva, antiguo diputado de ICV en el Parlamento Europeo. Toda una sorpresa, y también un guiño al electorado que hasta aquel momento había dado su apoyo a ICV-EUiA.

Pero Junts pel Sí no es solo una candidatura electoral; es algo más. En ella se integran personas relevantes de la sociedad civil y cuenta con el apoyo de las dos principales entidades independentistas, la ANC y Òmnium Cultural. Eso sí, un apoyo relativo, pues las dos entidades también apoyan a la CUP. Junts pel Sí y la CUP ponen en el frontispicio de su programa electoral el objetivo de conseguir la independencia de Cataluña. Es un frente para la independencia, pero con una debilidad interna que no se da en otros escenarios y que más tarde pasará una gran factura. Nada que ver, por ejemplo, con Escocia y su Scottish Nacional Party, partido en torno al cual se cohesiona el independentismo.

El presidente de la Generalitat en funciones aún no lo sabe, pero esta nueva apuesta, como la que intentó en las anteriores elecciones cuando aspiraba a tener la mayoría absoluta, tampoco le valdrá. Entonces no pudo tener el control de la situación como hubiera querido y se vio abocado al pacto de gobernabilidad con ERC. Ahora esperaba que una mayoría absoluta de Junts pel Sí le ayudara a encauzar el *procés* hacia la independencia en lo que debía ser su fase culminante.

La convocatoria electoral del 27 de septiembre no es una convocatoria normal, no al menos para Junts pel Sí y para la CUP. Se plantea como un proceso plebiscitario para que actúe como sustituto de lo que no pudo ser: un sustituto del referéndum o de la consulta popular sobre el derecho a decidir. En este caso se decide dar un paso más; el plebiscito se entenderá como un apoyo social a la independencia de Cataluña, y de lo que se trata es de verificar mediante las elecciones si existe esta mayoría.

Este enfoque o planteamiento se puede aceptar en términos políticos, pero es muy poco sólido como fundamento para sostener unos efectos equivalentes a un referéndum, especialmente si se trata de basar en él algo tan relevante como una independencia. Voy a parecer un poco pesado, pero debo repetir aquello de que las cosas son lo que realmente son y no lo que quieren sus promotores que sean. Son ya unas cuantas veces las que se tropieza con la misma piedra. Ante las dificultades, no es aconsejable acudir a fórmulas de autoengaño.

Hay dos obstáculos esenciales en contra de la idea. Por de pronto, una convocatoria de elecciones es un procedimiento previsto para configurar un parlamento mediante la elección de representantes. Es un claro ejemplo de ejercicio de democracia indirecta, todo lo contrario de un referéndum o cualquier otro mecanismo en que se pide directamente a los ciudadanos una opinión, que se pronuncien por ellos mismos sobre algo, ejerciendo lo que se conoce como democracia directa o participativa. En segundo lugar, un proceso electoral para elegir a un parlamento no se concentra sobre una única cuestión, sino que toma como referencia los programas de los partidos políticos, que abarcan muchos otros aspectos. Y como es lógico, esto no permite asociar el voto del ciudadano a un solo punto o aspecto concreto de un programa y separarlo del resto. En un proceso electoral ordinario, el voto es más amplio y difuso que el que pueda expresarse en un referéndum.

Este problema se acentúa considerablemente si se pretende legitimar en estas elecciones plebiscitarias una decisión de consecuencias tan trascendentes como es el inicio de un proceso hacia la independencia, que ya va a depender solo del parlamento elegido. Un proceso que se quiere legitimar en estas elecciones sin descartar totalmente la posibilidad de una negociación con el Estado, pero sin considerarla en ningún caso imprescindible. Un punto de inflexión que se pretende anclar en el principio democrático, pero que puede llevar a un conflicto inevitable con el orden constitucional establecido.

Sin embargo, en aquel momento ya se contaba con un arsenal político y jurídico en apoyo de esta estrategia. En febrero de 2013, el Gobierno había creado el Consell Assessor per a la Transició Nacional. Este organismo fue concebido como una plataforma de asesoramiento al Gobierno de la Generalitat sobre el proceso de transición nacional, así como para desarrollar propuestas sobre la consulta del derecho a decidir y la creación de las estructuras de Estado en vista a una futura independencia de Cataluña. Entre sus diversos informes había unos que trataban acerca de la posibilidad de unas elecciones plebiscitarias como alternativa, en caso de no poder realizarse una consulta legal, y sobre cómo podía desarrollarse, a partir de ellas, un proceso que llevara a Cataluña a la independencia y a generar su propio proceso constituyente. Si el resultado electoral acompañaba, esta doctrina podía ser especialmente útil.

Todo hacía prever que se avecinaba una nueva legislatura difícil e incierta, y yo personalmente tendría el honor de inaugurarla, pues las sesiones constitutivas de cada legislatura se inician con unas palabras rituales del secretario general del Parlamento en las que da cuenta del decreto de convocatoria y se invita acto seguido a los miembros de la Mesa de Edad a que ocupen su lugar. Esta vez me tocaría hacerlo a mí como letrado mayor, en sustitución de Imma Folchi, que había decidido dejar el cargo de secretaria general justo en aquel momento.

Como dato anecdótico, yo sería la persona que abriría la sesión constitutiva del Parlamento que declararía la independencia de Cataluña, aunque como secretario general en funciones solo llegué a serlo por muy poco tiempo, pues en la primera reunión de la nueva Mesa fue nombrado para el cargo Pere Sol, también letrado del Parlamento. Yo continué como letrado mayor.

7

LA INDEPENDENCIA CAMPO A TRAVÉS. SOLUCIONES SIMPLES PARA PROBLEMAS COMPLEJOS

El Tourist Trophy se considera una de las pruebas motociclistas más anacrónicas y peligrosas que existen. Se celebra cada año, desde 1907, en la isla de Man, en un circuito rápido y largo formado por carreteras comarcales, donde los pilotos corren entre muros, árboles y edificios. En este trazado no existen escapatorias, lo que significa que un accidente puede tener consecuencias desastrosas.

Para correr en el Tourist Trophy es imprescindible ser un piloto excepcional. Hace falta valor, y mucho, para hacerlo, pero de nada sirve si no se tiene la cabeza fría, capacidad de decisión y si no se dispone de una buena estrategia para afrontar el reto. Es necesario conocer bien el circuito, saber dónde y cuándo hay que frenar y acelerar, y dejar siempre un margen para corregir errores.

Cuando se asume un reto como este, no es bueno fiarlo todo a la improvisación porque el riesgo es muy alto y el Tourist Trophy no perdona.

El plebiscito que no fue

El resultado de las elecciones del 27 de septiembre de 2015 no es el que esperaba Junts pel Sí. No es un buen resultado; en realidad, es malo, porque no consigue la mayoría absoluta en el Parlamento. Y peor aún, la suma de los votos obtenidos por las candidaturas que habían planteado las elecciones como un plebiscito por la independencia no llega a la mayoría de los votos emitidos. Junts pel Sí y la CUP solo suman el 47,8 % de los votos. Quedan cerca de superar la barrera del 50 % pero no lo consiguen.

Es posible que entre los votantes que obtiene Catalunya Sí que es Pot (CSQP) haya muchos que sean favorables a la independencia. Pero, aunque así sea, no se puede computar este 8,9 % de los votos porque el programa electoral al que ha dado su apoyo es diferente del de las otras dos candidaturas y no plantea las elecciones como un plebiscito que abra paso directo a la independencia de Cataluña. A diferencia de la posición adoptada por ICV-EUiA en la fase anterior del derecho a decidir, CSQP se va a desmarcar de la vía unilateral que proponen ahora Junts pel Sí y la CUP y va a mantener su propia posición sobre el proceso catalán en la legislatura que se inicia.

La participación ciudadana expresada democráticamente el 27 de septiembre no es un sí o un no a la pregunta sobre la independencia de Cataluña; es una elección de representantes para configurar el Parlamento catalán, algo muy distinto y con otro valor y finalidad.

Antonio Baños, cabeza de lista de la CUP, asume en unas declaraciones a los medios de comunicación que el plebiscito no se ha ganado. Es coherente con su posición de partida. Si las elecciones se planteaban como un plebiscito, lo que había que contar eran los votos, no los escaños; y los votos son los que son. Sin embargo, esta demostración de sinceridad y coherencia será un acto aislado. Junts pel Sí y la propia CUP no lo ven así, y entienden que la mayoría de los escaños independentistas que suman las dos coaliciones en el Parlamento da el apoyo social suficiente a su hoja de ruta por la independencia.

Entre los errores que se cometieron en esta parte final del *procés* creo que este fue especialmente grave, porque contradecía el fundamento principal en el que se sustentaba el discurso. Para empezar, su legitimidad democrática. Ningún proceso de independencia puede avanzar sin este requisito. Con independencia del resto de las dificultades, no se puede pretender ningún apoyo interno o externo sin él, y mucho menos si se va a intentar una vía unilateral. Además, el mismo argumento democrático se debilita cuando se contrapone a los votos que se han expresado en signo diferente en el mismo proceso electoral.

La sesión constitutiva de la nueva legislatura transcurre con relativa normalidad. El hecho más destacado es que la presidencia del Parlamento recae en Carme Forcadell, diputada de Junts pel Sí, pero persona más conocida hasta entonces como presidenta de la ANC. Es una jugada fuerte y simbólica. Se coloca al frente del Parlamento a una persona muy comprometida con la causa independentista. Como diputada tiene todo el derecho a ser elegida presidenta, pero muchos piensan que quizá no sea lo más conveniente para asumir las funciones que debe desarrollar la presidencia de una cámara legislativa. No tanto por una cuestión de capacidad, sino por la posición de neutralidad y objetividad que debe asumir un cargo de estas características como representante de una institución plural y para el desarrollo de los debates y trabajos parlamentarios.

Sobre esta cuestión, y más allá del caso concreto, quisiera recordar que en otros lugares existe una cultura política cuidadosa con este aspecto; esto es, la necesidad de conciliar, en la mayor medida posible, la pertenencia a una formación política con el distanciamiento suficiente para ejercer al mismo tiempo una función institucional. En Gran Bretaña y otros países de tradición anglosajona se suele dar mucha importancia a esto. Ciertamente, esta cultura depende mucho de la tradición que existe en cada país, aunque parece evidente que es un signo de su calidad democrática. Gregorio Peces-Barba decidió no ejercer su derecho de voto cuando fue presidente del Congreso para enfatizar la imparcialidad que representaba su figura. Alguien podría pensar que no tenía mucho mérito porque en aquella legislatura su voto no era imprescindible, pero seguramente lo tenía como acto simbólico.

El discurso que pronuncia la presidenta en la sesión constitutiva no gusta a la oposición, sobre todo su llamamiento final a iniciar el proceso constituyente y su «Viva la república catalana». Se augura una legislatura difícil y conflictiva.

No conocía a la presidenta, pero tuve ocasión de comprobar enseguida que su trato personal era muy correcto y amable con todo el personal al servicio de la Cámara, la presidenta más cercana que habíamos tenido nunca, lo que le granjeó muchas simpatías. Muy pronto vi que confiaba en mí profesionalmente, y mi continuidad como letrado mayor se dio por sentada desde un principio. Con el nombramiento de Pere Sol como secretario general, los dos íbamos a ser los funcionarios que estarían más cerca del epicentro de la legislatura que se estrenaba. En aquel momento, no imaginaba lo que iba a venir, o quizá prefería no imaginarlo. Tampoco sabía que mi relación con la presidenta se iría deteriorando conforme avanzara la legislatura, aunque sí presagié que este riesgo existía.

Me resulta difícil juzgar la actuación de la presidenta durante la legislatura, que acabaría abruptamente con una declaración de independencia fallida y la aplicación del artículo 155 de la Constitución. Obviamente, ella fue una protagonista importante de lo que ocurrió por razón de su cargo institucional. Para algunos fue una heroína y para otros, justo lo contrario.

Además, ahora está en prisión e imputada por delitos muy graves. Sin embargo, sí creo necesario decir, más allá de lamentar su situación, que su entorno político más cercano no le facilitó mucho las cosas. Nunca me pareció que los otros miembros de la Mesa de la mayoría, políticos más veteranos, estuvieran dispuestos a darle un apoyo incondicional. La impresión que tengo es que la dejaron muy sola, muy expuesta personalmente y utilizada en muchas ocasiones para diluir otras responsabilidades. Puede que muchos piensen que ya sabía dónde se metía, y parte de razón tendrán, pero no toda, y me parece importante señalarlo. Al final cayó sobre sus espaldas una responsabilidad que seguramente fue más compartida. Seguramente también quedó atrapada por venir de donde venía.

La CUP tiene la llave de la legislatura

El sistema institucional catalán es un régimen parlamentario. Un modelo muy común y el mismo en el que se fundamentan el Estado y las comunidades autónomas. A diferencia de los sistemas presidencialistas, donde los ciudadanos eligen por separado al presidente y a la cámara legislativa, en los sistemas parlamentarios los ciudadanos solo eligen al Parlamento, que es el que configura el Gobierno por medio de un acto de confianza política: la investidura. Esta confianza no es un acto puntual, pues se trata de una relación que debe mantenerse. La moción de censura es la prueba evidente de ello, y no hace mucho hemos podido comprobar su eficacia a nivel estatal: Pedro Sánchez ha desplazado a Mariano Rajoy de la Presidencia del Gobierno.

La investidura es el primer acto parlamentario, el primer deber de todo parlamento, hasta el punto de que si no lo cumple en un plazo relativamente breve, el Parlamento se disuelve automáticamente y se convocan nuevas elecciones.

El resultado electoral puede complicar la continuidad de Artur Mas en la Presidencia de la Generalitat, y así se confirmará muy pronto. La CUP no está por la labor de investirlo, y su falta de apoyo, o incluso su abstención, no asegura siquiera la mayoría simple en segunda vuelta. El 9 de noviembre se celebra el primer debate de investidura, y esa posibilidad se convierte en certeza. Artur Mas lo intenta de nuevo el 12 de noviembre y la situación no varía.

El plazo de dos meses para la disolución del Parlamento si no se consigue investir al presidente de la Generalitat ya está corriendo y el tiempo apremia. Hay mucha incertidumbre política, que también se traslada a la ciudadanía, con todos pendientes de las asambleas que la CUP anuncia que hará para tomar una decisión. Tres meses después de las elecciones, el 27 de diciembre, la CUP celebra la asamblea definitiva que todo el mundo espera. Como si se tratara de una novela de intriga, después de doce horas de reunión, se anuncia que se ha producido un empate. Un empate con mil quinientos quince votos a favor y en contra. Algo increíble en los diversos sentidos que tiene la palabra.

Finalmente, los diputados de la CUP deciden optar por el no a la investidura de Mas. A pesar de su compromiso con el *procés*, a Artur Mas parece que le ha pasado factura su pasado político: ser heredero de Pujol y toda la polémica de la financiación de CiU; quizá también su primer Gobierno *business friendly* y algunas dudas sobre su disposición a llevar el *procés* hasta sus últimas consecuencias. Si Junts pel Sí no espabila y propone otro candidato alternativo, habrá nuevas elecciones. El 10 de enero de 2016 es el *deadline*. En una frase que parece original pero no lo es, el diputado de la CUP Benet Salellas declara a los medios de comunicación que van a enviar a Mas a la papelera de la historia. Es la misma frase o parecida que Trotsky dedicó a Kerensky, presidente del Gobierno provisional ruso, cuando los mencheviques abandonaron el Congreso de los sóviets en octubre de 1917 y los bolcheviques tomaron el control de la revolución. Es posible que la frase no sea una simple casualidad. Los primeros sóviets fueron creados por el mismo Trotsky durante la revolución de 1905. Sóviet puede traducirse del ruso como consejo o asamblea, una fórmula de Gobierno de raíces tradicionales e históricas, pero que después de la revolución pasaría a ser el sistema de Gobierno de la Unión Soviética.

Cuando nadie parecía apostar por salvar la legislatura, Artur Mas dio su conocido «paso al lado» para propiciar una candidatura que pudiera concitar el apoyo de la CUP. El candidato sería Carles Puigdemont, diputado y alcalde de Girona. También era en aquel momento el presidente de la Associació de Municipis per la Independència.

Carles Puigdemont ya había sido diputado en anteriores legislaturas. Sin embargo, yo no lo conocía mucho. Su nombre sonaba en algunos círculos convergentes como posible líder de futuro, sobre todo por su cargo institucional al frente del Ayuntamiento de Girona y por formar parte de una generación que ya podía quedar desvinculada del lastre que arrastraba el partido por casos de corrupción.

El discurso de investidura lo percibí como un discurso decidido, de una persona que tenía muy clara la responsabilidad política que estaba asumiendo. Reconozco que me quedé preocupado, no tanto por el discurso en sí, sino porque, justo dos meses antes, el Parlamento ya había aprobado la Resolución 1/XI sobre el inicio del proceso político en Cataluña como consecuencia de los resultados electorales del 27 de septiembre de 2015. El candidato a presidente de la Generalitat hizo expresa alusión a esa resolución y dejó claro que sería el referente de su acción de Gobierno. Dijo textualmente que a partir de ella se iba a iniciar el proceso para constituir un Estado independiente en Cataluña, que las decisiones del Parlamento serían soberanas y que se abriría un proceso constituyente de base participativa ciudadana, todo ello sin prejuicio de ofrecer voluntad de diálogo y negociación con el Estado, con la Unión Europea y con la comunidad internacional.

El acto fundacional de un nuevo Estado

La Resolución 1/XI, de 9 de noviembre de 2015, puede considerarse el acto fundacional de la república catalana. Así lo vio el Tribunal Constitucional cuando la declaró inconstitucional y nula en una sentencia dictada en tiempo récord: menos de un mes desde su aprobación. Pero antes el Tribunal Constitucional ya había comunicado al Parlamento que la resolución quedaba suspendida. Y estrenando la reforma de la ley orgánica del Tribunal Constitucional que se había producido hacía poco tiempo, el Tribunal también había advertido a los miembros de la Mesa y al secretario general de su deber de acatar la suspensión decretada y de paralizar o impedir cualquier nueva iniciativa que pudiera significar un incumplimiento de la misma.

La reacción del Gobierno del Estado fue contundente frente a la aprobación de la Resolución 1/XI y el Tribunal Constitucional actuó también en consecuencia. Para ambos, la decisión adoptada por el Parlamento expresaba la voluntad de romper con el orden constitucional y erigirse en un poder autónomo y soberano desvinculado del mismo. Así lo expresó el Tribunal Constitucional en la Sentencia 259/2015, de 2 de diciembre, que dedujo esta voluntad a partir de los términos contenidos en la resolución, especialmente de aquellos por los que se declaraba el inicio de un proceso de creación de un Estado catalán en forma de república, se afirmaba que el depositario de la soberanía era el Parlamento y se decidía poner en marcha un proceso constituyente.

Para el Tribunal Constitucional, la Resolución 1/XI suponía una autoatribución por el Parlamento de unos poderes de los que no dispone de acuerdo con la Constitución y el Estatuto. Y volvía a recordar lo que ya dijo en la sentencia sobre la Declaración de Soberanía (STC 42/2014): que una cosa es la posibilidad de defender y promover democráticamente proyectos políticos que no se ajusten al orden constitucional vigente y otra muy distinta es pretender conseguir estos fines de manera unilateral e ignorando deliberadamente los procedimientos de reforma constitucional.

¿Merecía la Resolución 1/XI una crítica jurídica de tal calibre? Por su contenido y su forma de expresión, la verdad es que no dejaba mucho margen de defensa, en términos estrictamente jurídicos. Los autores del texto no se habían esforzado demasiado en ser sutiles, sobre todo cuando, después de decir lo que ya conocemos, añadían la guinda al pastel precisando que también se abría un proceso de desconexión con el Estado español, de manera que el Parlamento ya no quedaba supeditado a las decisiones de las instituciones del Estado y, en particular, del Tribunal Constitucional. Para que no quedaran dudas, esta afirmación se hacía en tiempo verbal presente.

Es difícil ponerlo más fácil, si se me permite el juego de palabras. Quizá con un texto más medido podría haberse evitado el choque frontal; por ejemplo, a modo de declaración solemne de voluntad de iniciar un proceso que permitiera diferir los riesgos a futuras decisiones. Pero mucho me temo que para algunos de los que negociaron el texto, finalmente acordado por Junts pel Sí y la CUP, era necesario que la Resolución expresara ya, en sí misma, un acto de ruptura. Aunque existía una alternativa, porque el grupo parlamentario de CSQP había presentado su propia propuesta, que mantenía un hilo conductor con el derecho a decidir y la necesidad de convocar un referéndum de autodeterminación, al cual se vinculaba el inicio de un proceso constituyente. Era una propuesta que hacía también especial énfasis en la adopción de un plan de rescate social, y que, en definitiva, no entraba en el terreno de la ruptura unilateral ni de la desconexión, porque en ningún momento planteaba el referéndum como un acto unilateral. La defensa de un referéndum acordado con el Estado abriría una línea propia de este grupo parlamentario que mantendría a lo largo de la legislatura. Pero para Junts pel Sí y la CUP, los tiempos del derecho a decidir ya quedaban lejos.

También llovía sobre mojado. Con la aprobación de la resolución de soberanía del año 2013 (la Resolución 5/X) se había sentado un precedente que, con el tiempo, tendría importantes consecuencias. El Tribunal Constitucional ya había abierto la puerta a enjuiciar y anular resoluciones parlamentarias; doctrina discutible, pero que ahí estaba. A la vista de la Resolución 1/XI, hay que reconocer que el Tribunal Constitucional fue muy hábil en aquel momento, quizá previendo lo que podía venir después. La Resolución 1/XI le daba ahora la razón, porque, a diferencia de la inmensa mayoría de las resoluciones parlamentarias, esta, como en su momento lo había sido la Declaración de Soberanía, no era inofensiva para la Constitución, sino todo lo contrario.

Continúo pensando que es difícil de justificar la fiscalización por el Tribunal Constitucional de actos como las resoluciones o las mociones. No me convence la doctrina del Tribunal cuando pretende diferenciar de manera un tanto artificiosa entre efectos jurídicos vinculantes y no vinculantes. Si un acto de un poder público no genera ningún deber u obligación exigible, veo difícil que se le pueda vincular algún efecto jurídico. En derecho parlamentario se ha entendido siempre que las resoluciones y mociones no tienen efectos jurídicos, y si estos no concurren, no existe lo jurídico, esto es, la condición necesaria para que pueda intervenir el Tribunal Constitucional.

Sin embargo, también debo reconocer que todos los principios generales pueden tener excepciones, pues no es lo mismo una resolución que inste al Gobierno a construir una carretera o una escuela que otras resoluciones de mayor calado político y constitucional, como son la Declaración 5/X o la Resolución 1/XI. Son ejemplos, especialmente el segundo, que llevan a sus límites los principios generales de la interpretación jurídica, porque la razón y el sentido común nos dicen que estos actos son tan extremos que no pueden quedar sin respuesta, aunque solo sea para evitar que su permanencia pueda dar una apariencia de legitimidad y de validez jurídica a algo que no solo es manifiestamente contrario a la Constitución, sino que tiene la voluntad explícita de promover actuaciones públicas con la intención de desbordarla y hacerla inaplicable.

En la gestación de la Resolución 1/XI no se debe olvidar el contexto de la investidura del presidente de la Generalitat, aún pendiente de resolver cuando aquella se tramitó y aprobó. Mucho se especuló entonces sobre la influencia de la CUP en su elaboración y tramitación, como contrapartida a dar apoyo a la investidura de Artur Mas. El entonces consejero de Economía Andreu Mas-Colell comentó en aquel momento que solo podía entender aquel texto si servía para investir a Artur Mas. Pero no sirvió y el texto quedó.

Hay un dato importante que conviene destacar de la Resolución 1/XI. Si se lee su contenido, no hay referencia alguna a la celebración de un referéndum sobre la independencia. Esto no debe extrañar, porque la resolución es la consecuencia del resultado de un proceso electoral que se planteó como un plebiscito sustitutivo del referéndum o consulta que no pudo celebrarse en la anterior legislatura. La Resolución es coherente con ello y por esta razón se basa en el resultado de las elecciones del 27 de septiembre, por entender que fue en estas elecciones donde la ciudadanía expresó su voluntad de constituir un Estado independiente. El mandato democrático que serviría para justificar todo lo que vendría después.

Sin embargo, esta posición de partida, bajo la cual debe leerse la Resolución 1/XI, no va a mantenerse invariable en el tiempo porque, si hubiera sido así, no habría existido el referéndum del 1 de octubre de 2017. Conforme avance la legislatura, la estrategia de las fuerzas independentistas sufrirá cambios, y el más importante de ellos va a ser abrir un debate sobre la necesidad de que exista o no una consulta de verdad para legitimar el paso que se pretende dar.

Me parece importante recordarlo ahora para poner de relieve que las mismas fuerzas independentistas se dieron cuenta relativamente pronto de la debilidad que suponía extraer de las elecciones del 27 de septiembre la legitimidad para llevar hasta el final un proceso unilateral de independencia. El problema iba a ser que esta reorientación del proceso llevaría al mismo círculo vicioso de antes, es decir, a los problemas ya evidenciados con motivo de la consulta del 9-N para poder celebrar un referéndum con las garantías mínimas que exige un proceso participativo de esta naturaleza.

El punto de inflexión

La Resolución 1/XI no solo fue un punto de inflexión para el *procés*. En un ámbito más personal, también lo fue para mí, no tanto en mi condición de ciudadano, sino de profesional; de un funcionario del Parlamento cuya función es la de asesorar jurídicamente a los órganos parlamentarios y especialmente a la Mesa y la Junta de Portavoces. Era una de aquellas situaciones en las que no deseas encontrarte, aquellas que hacen emerger sentimientos encontrados y que generan un conflicto interno entre lo que se puede desear a título personal y aquello que tu conciencia profesional te dice que «por ahí no». Es un *turning point*, un momento crucial en el que hay que tomar una decisión sabiendo que ello traerá necesariamente consecuencias, sea cual sea la decisión que tomes.

Por mucho que quisiera, no podía estar de acuerdo como jurista con el planteamiento de la resolución, no por el proyecto que expresaba, sino por cómo lo planteaba y su estrategia de ejecución, que chocaba frontalmente con los pilares del sistema jurídico; un sistema jurídico de una democracia occidental que, con independencia de sus defectos y debilidades, se fundamenta en los valores y principios inherentes a este.

Sé que muchos piensan que no es así, que los catalanes tenemos frente a nosotros un régimen de corte autoritario y solo con apariencia democrática; que piensan que la transición política de finales de los años setenta del siglo pasado únicamente sirvió para enmascarar el antiguo régimen, el régimen franquista, que aún está latente. En los últimos tiempos se ha ido amplificando este discurso, con la ayuda fácil de identificar al Estado con un Gobierno concreto. Un discurso que omite, por cierto, la misma existencia de la Generalitat durante todo este tiempo, que también habría sido cómplice de ello, si fuera cierto. Esta escenografía ha perdido fuelle con la llegada al poder de Pedro Sánchez, aunque no descarto que, con el tiempo, también él y su Gobierno puedan ser víctimas del mismo mensaje.

Personalmente, creo que la democracia española tiene muchos aspectos mejorables. No es una democracia de extraordinaria calidad, pero sí es homologable a la de muchos países de nuestro entorno; aunque también es cierto que la misma dinámica del *procés* y las respuestas a este no han contribuido a mejorarla, sino todo lo contrario.

Pero no deberíamos confundir estos defectos, por muy importantes que sean, con la inexistencia de un sistema democrático como tal y fulminar con ello los principios en que se asienta toda democracia, entre ellos la existencia de una constitución como marco general de convivencia y el respeto a la legalidad que se ha establecido a partir de esta Constitución. Una legalidad que no es obra de un solo legislador, sino de varios, cada uno actuando dentro de su propio espacio competencial.

La Resolución 1/XI viene a decir lisa y llanamente que todo esto ya no va con nosotros. Y no lo dice un ciudadano de a pie, sino un parlamento que, como poder público, aún está más sujeto al principio de legalidad.

En el poso de la resolución hay letra y música; y la sensación que se extrae de ella es una distorsión de la realidad política y social, en parte inducida y en parte provocada. Por un lado, la desfiguración de la esencia democrática y de la legitimidad de un sistema al que uno ya no se considera sometido; por otro, la apelación a un acto de desobediencia, entendido no tanto como de oposición a algo injusto y de lucha política contra ello, sino como algo más, como un acto de ruptura que va más allá de los planteamientos clásicos de la doctrina de la desobediencia civil. Esta desobediencia es más bien un desacato al mismo sistema, porque no otra cosa implica desconectar de él o no considerarse supeditado a él, sobre todo cuando el que desobedece son unas autoridades y unas instituciones públicas.

La Resolución 1/XI y la filosofía que la inspira podría llegar a tener, acaso, alguna consistencia si se hubieran dado dos condiciones: primero, la existencia clara y evidente de un incumplimiento sistémico por parte del Estado del marco de autogobierno que la propia Constitución y el Estatuto garantizan a Cataluña y, segundo, si la decisión rupturista contara con un apoyo social amplio y mayoritario. Podría apelarse en este caso a la doctrina de la *remedial secession* o a la doctrina de la democracia dual, que entiende que el principio democrático puede tener como contenido implícito el germen del poder constituyente cuando se puede apreciar la existencia de un amplísimo consenso social para superar, sin necesidad de una reforma formal, el marco de convivencia que establece un determinado modelo constitucional.

Como jurista, me cuesta aceptar esta tesis, aunque entiendo que se pueda defender como uno de los supuestos en que la legalidad formal puede llegar a ceder ante una realidad fáctica que se opone claramente a esta; una muestra de la dialéctica entre el principio de legitimidad que expresa la norma y el principio de efectividad que permite imponer un marco legal alternativo. Sin embargo, esta no deja de ser una especulación meramente teórica, porque es evidente que en octubre de 2017 no concurrían en Cataluña ninguna de las dos condiciones mencionadas, especialmente la segunda, que es la más importante.

Cuando se impugna la Resolución no hay ningún letrado de la Cámara dispuesto a redactar alegaciones en su defensa. Será la misma presidenta del Parlamento la que presentará un escrito de marcado contenido político ante el Tribunal Constitucional. El secretario general y yo mismo la ayudamos en lo que podemos, pero le decimos que no podemos firmarlo. Ella lo entiende y lo acepta.

En aquel momento, albergo la esperanza de que las cosas no vayan a seguir por ese camino; que lo que dice la Resolución no se ejecute y quede solo como una declaración simbólica. No sería la primera y la única resolución parlamentaria que no se cumple. Algunos diputados de Junts pel Sí me comentan en privado que ha sido el peaje que ha habido que pagar (a la CUP, se entiende) para poder investir al presidente de la Generalitat y formar Gobierno, pero que luego ya se verá.

Sin embargo, en mi fuero interno ya he tomado una decisión. Prefiero anteponer mi condición de profesional del derecho a aquello que pueda pensar o desear como ciudadano. Existen para mí dos poderosas razones. Considero que es mi obligación como jurista y como funcionario que está al servicio de la institución parlamentaria. Los letrados lo somos del Parlamento en su conjunto, no de la mayoría ni de los grupos de la oposición. Nuestras normas de actuación lo definen muy bien cuando dicen que debemos ejercer nuestras funciones con objetividad y con independencia de criterio.

Según esta regla, parece que lo tengo fácil, pero sé perfectamente que no será así si las cosas no cambian. Los letrados del Parlamento, y de manera muy especial el secretario general y el letrado mayor, vamos a estar en el centro del huracán. La posición relativamente plácida a la que estábamos acostumbrados puede desaparecer de golpe. Lo más probable es que nos veamos atrapados en una pinza, sometidos a presiones de los diferentes lados y, por qué no decirlo claramente, a una utilización de nuestros posicionamientos en interés de los partidos; obviamente, de todos ellos. El secretario general y el letrado mayor lo teníamos aún más complicado porque éramos cargos de libre designación de la Mesa, cargos a los que va asociada una relación de confianza; y no solo de la Mesa o de su mayoría hacia ellos, sino también de ellos respecto de la Mesa, porque tú también has de estar cómodo en la situación. A nadie le gusta decir que no o poner pegas a quien te ha puesto en el sitio. Había riesgo de divorcio.

La tramitación de la Resolución 1/XI fue solo un avance de la conflictividad parlamentaria que iba a venir y a persistir durante toda la legislatura. Como era de prever, se presentaron solicitudes de reconsideración contra la admisión a trámite de la proposición para evitar que fuera debatida y aprobada por el Pleno. Las discusiones de la Mesa y la Junta de Portavoces fueron muy tensas, y algunos portavoces nos interpelaron directamente para que diéramos nuestra opinión, como quien hace de árbitro o de juez. Un papel inusual para los letrados, de acuerdo con la naturaleza de nuestras funciones. La presión llegó hasta el punto de trasladarnos la sensación y la inquietud de hacernos también a nosotros corresponsables de la tramitación de la resolución.

Tuvimos que precisar a algún portavoz que los letrados no tenemos atribuidas funciones de control de legalidad de las decisiones parlamentarias, algo que sería impropio en una institución política como es un parlamento; que, como ocurre en las Cortes Generales y en otros parlamentos, nuestra función es la de asesorar y que, además, no podemos ejercerla de cualquier forma, sino cuando lo piden determinados órganos de la Cámara y de acuerdo con lo que establecen las reglas internas de funcionamiento. Pero esto solo sería un aperitivo de lo que vendría después. Esta tendencia no se pudo frenar, y en el futuro pasaríamos por situaciones aún más difíciles. Afortunadamente, es de agradecer que no todos los portavoces optaran por esta estrategia. Hubo algunos más comprensivos con nuestra posición institucional.

El más incisivo de ellos ha sido el portavoz de Ciudadanos Carlos Carrizosa, que no ha dudado en interpelarnos directamente en las reuniones de la Junta de Portavoces. Puedo entender sus motivos, pero considero necesario decir que ha sido una actitud demasiado sistemática y que sus formas han podido llegar, en algunas ocasiones, al límite de lo que impone el respeto al ejercicio de las funciones que ejercemos los funcionarios. La gente que le conoce personalmente dice de él que es una persona encantadora. No lo dudo e intuyo que debe ser cierto. Es una lástima que solo haya podido conocer su faceta como portavoz.

Un encargo envenenado

La decisión del Tribunal de suspender la Resolución 1/XI incluía la advertencia a los miembros de la Mesa del deber de impedir o paralizar cualquier nueva iniciativa que pudiera suponer ignorar o eludir los efectos de dicha suspensión. Algo especialmente preocupante, pues el deber de impedir o paralizar no se refería al acto final resultante de una tramitación parlamentaria, sino a cualquier iniciativa parlamentaria que, en sí misma, pudiera ser considerada contraria a la suspensión decretada. Se trataba de una restricción muy importante de la autonomía parlamentaria y del mismo derecho de iniciativa de los grupos parlamentarios, pues el efecto de la medida podía afectar a la iniciativa y no al acto final en que podía concretarse. No es esta una cuestión intrascendente. Tiene efectos prácticos importantes, pues no hay que descartar que se produzcan modificaciones de una propuesta a lo largo de su tramitación. Una propuesta puede presentar problemas iniciales, pero luego pueden desaparecer en el texto finalmente aprobado. Y viceversa. Por tanto, parece notoriamente excesivo someter a una iniciativa a un deber de acatamiento en lugar de hacerlo sobre un nuevo acto definitivamente aprobado.

La novedad que supuso la decisión del Tribunal Constitucional formulada en estos términos llevó a la Mesa a encargar un informe al respecto a los servicios jurídicos del Parlamento. Se me adjudicó a mí esta responsabilidad. Durante la elaboración del informe tuve la suerte de que la sentencia se dictara y declarara inconstitucional y nula la Resolución 1/XI, lo que daba un mayor margen argumental. La suspensión es una medida cautelar que opera mientras no haya una sentencia. Cuando se dicta, las medidas cautelares decaen y se sustituyen por lo dispuesto en ella. En este caso, la sentencia no hacía referencia alguna al mantenimiento del deber de impedir o paralizar nuevas iniciativas; se limitaba a declarar la inconstitucionalidad y nulidad de la Resolución.

En este nuevo escenario se podía argumentar, y así se hacía en el informe, que la Mesa podía dar trámite, en principio, a cualquier iniciativa que cumpliera los requisitos formales que establece el Reglamento del Parlamento, sin tener que entrar a valorar su contenido. Era esta, además, la doctrina general que siempre había mantenido el Tribunal Constitucional, sin que ahora quedara excepcionada por ninguna otra condición.

Sin embargo, por muy amplios que sean estos márgenes, la obligación de cumplimiento de las resoluciones y sentencias del Tribunal Constitucional existe y está claramente explicitada en la ley. Por esta razón es inevitable considerar que, si algún efecto debe tener esta obligación, ha de proyectarse, como mínimo, sobre la prohibición de no reiterar o insistir de manera voluntaria y consciente en aquello que el Tribunal ya ha dicho que es inconstitucional y nulo.

Existe un debate académico sobre esta cuestión centrado en la posibilidad de admitir y no considerar como incumplimiento de una sentencia constitucional la reiteración por el legislador de normas iguales o parecidas a otras previamente declaradas inconstitucionales. El principal argumento a su favor es que la doctrina del Tribunal Constitucional es modificable, y lo que hoy es inconstitucional puede que dentro de un tiempo no lo sea. Pero aquí no estábamos ante un supuesto ordinario al que pudiera trasladarse ese argumento sin más. El valor que la misma sentencia daba a la resolución como acto fundacional de un proceso de ruptura del orden constitucional y la naturaleza excepcional de las medidas cautelares que previamente había adoptado el Tribunal parecían elementos suficientemente relevantes como para advertir en el informe que podía existir un límite en este caso; un límite que se situaría en la tramitación de nuevas resoluciones o actos parlamentarios de contenido igual o análogo al de la Resolución 1/XI o de aquellos que pretendieran insistir en concretar o desarrollar lo establecido en la misma.

El informe no gustó a todo el mundo, especialmente a los miembros de la mayoría en la Mesa. Esta última precisión molestaba. Sin embargo, pronto tendríamos ocasión de conocer cómo lo vería el Tribunal Constitucional porque el Parlamento ya había puesto en marcha una nueva iniciativa que nos llevaría directamente a tener que afrontar este problema.

La Comisión de Estudio del Proceso Constituyente

El 28 de enero de 2016 se constituyó la Comisión de Estudio del Proceso Constituyente. Conocer la génesis de esta comisión es un dato interesante para ver cómo fueron los primeros pasos para desarrollar la Resolución 1/XI; no en vano el inicio de un proceso constituyente en Cataluña era uno de sus objetivos. Esto situaba al Parlamento en una posición delicada, puesto que la creación de una comisión para desarrollar el proceso constituyente podía entenderse como un primer acto de desobediencia de la Sentencia 259/2015, que había anulado la Resolución 1/XI.

La idea inicial de los grupos proponentes de la creación de la comisión, Junts pel Sí y la CUP, era que la comisión fuera legislativa. Esto encendió las alarmas, ya que una comisión legislativa tiene como principal finalidad proponer textos normativos con efectos jurídicos plenos. En este caso, nada más ni nada menos que sobre un proceso constituyente que debería llevar a la futura constitución de la república catalana.

Esta cuestión se discutió en una Junta de Portavoces en un tono menos crispado del que podía esperarse. El portavoz del grupo parlamentario de CSQP, Joan Coscubiela, planteó la posibilidad de que la comisión fuera de estudio, y esto abrió una vía que soslayaba el problema principal. Se nos pidió opinión a los letrados al respecto y no dudamos en aconsejar que, si se creaba una comisión, fuera de estudio. Sorprendentemente, el portavoz del grupo parlamentario del PP, Enric Millo, tampoco se opuso frontalmente a esta opción.

Una comisión de estudio no adopta decisiones parlamentarias propiamente dichas. Es una comisión de trabajo interna que recibe el encargo de estudiar un tema y elabora un informe y unas conclusiones que después eleva a la Mesa del Parlamento. El procedimiento puede acabar aquí o tener continuidad si se decide después trasladar al Pleno las conclusiones para convertirlas en una resolución parlamentaria. Pero este último trámite no es obligatorio, y en aquel momento nadie adelantó ninguna intención al respecto.

Desde el punto de vista político y social, sería absurdo no reconocer que la creación de la comisión tenía un importante significado simbólico: el de escenificar de cara a la ciudadanía que el Parlamento ya se había puesto a desarrollar la hoja de ruta prevista en la Resolución 1/XI. Algo parecido había pasado en la anterior legislatura con la Comisión de Estudio del Derecho a Decidir.

Como había sucedido antes con la Comisión de Estudio del Derecho a Decidir, me toca otra vez a mí ser el letrado de esta comisión de estudio, a cuyas reuniones algunos grupos parlamentarios, concretamente Ciudadanos y el PSC, anuncian que no van a asistir. El PP comunica que solo lo hará con el objetivo de estar presente y manifestar su posición contraria a los trabajos. Por su parte, CSQP participa con la voluntad de que el proceso constituyente, que es el objeto de la comisión, se contemple desde una perspectiva más amplia y diferente de la que se desprende de la Resolución 1/XI, como un estudio que permita analizar una hipotética reforma de la Constitución española y ponga también especial énfasis en los aspectos sociales.

La presidencia de la comisión se asigna a Muriel Casals. No la conocía personalmente y no tendré ocasión de conocerla. Como es de sobra conocido, fallece antes de la primera reunión como consecuencia de un desgraciado accidente. La sustituirá Lluís Llach, todo un referente como persona comprometida con la lucha antifranquista, que ahora ha optado por un nuevo compromiso político y se ha integrado como independiente en la candidatura de Junts pel Sí.

De mi época de estudiante guardaba un recuerdo muy especial de Lluís Llach. En 1976, asistí a un concierto que dio en el campus de la Universitat Autònoma, al igual que muchos estudiantes. He leído que las personas guardamos mejor en la memoria los momentos que, para bien o para mal, nos emocionan. Aquel lo fue para mí, sin duda, no solo en lo artístico, sino sobre todo por lo que aquel concierto simbolizaba en aquel momento.

Ahora Lluís Llach estaba actuando de otra forma; ejercía un papel político, aunque a mí me pareció que no deseaba tener mucho protagonismo, porque se le notaba incómodo en la posición de presidente de la comisión. Era evidente que la burocracia parlamentaria no le gustaba, pero aun así intenté colaborar con él hasta donde me permitió mi condición de funcionario.

Lo que se espera de una comisión de estudio es que sus conclusiones sean el resultado de un trabajo concienzudo y fundamentado. Pero este no fue el caso, si exceptuamos las intervenciones de los comparecientes ante la comisión, que tampoco fueron seleccionados para expresar posiciones plurales. Pasamos directamente de estas comparecencias a las propuestas de conclusiones que presentaron los grupos parlamentarios a votación.

La aprobación por la comisión de sus conclusiones hizo aflorar un nuevo conflicto con el Tribunal Constitucional. El Gobierno del Estado vio el acto de creación de la comisión como un incumplimiento de la sentencia recaída sobre la Resolución 1/XI. El Gobierno presentó un incidente de ejecución contra la creación de la comisión que el Tribunal Constitucional había dejado de momento aparcado, consciente de las dificultades de considerar como un incumplimiento un acto que se limitaba a crear una comisión de estudio.

Pero cuando se publicaron las propuestas de conclusiones y llegaron al conocimiento del Tribunal Constitucional, el incidente se desaparcó de inmediato y el Tribunal decidió actuar; de una forma peculiar y extraña, pues no anuló propiamente la creación de la comisión de estudio, que era el objeto del incidente, sino que declaró que sus conclusiones contravenían la obligación de obedecer la sentencia dictada en contra de la Resolución 1/XI. Pero este juego malabar no es lo más importante. Lo fundamental fue la advertencia que el Tribunal dirigió a la Mesa para que no diera más trámite a esas conclusiones. Vamos, que no se le ocurriera llevarlas a la aprobación del Pleno.

Pero es el momento de pagar un nuevo peaje a los socios de la CUP. La Mesa no adoptó ninguna decisión al respecto, pero se especula con que el debate y la votación de las conclusiones se van a plantear en el próximo pleno por medio de la ampliación del orden del día. Se trata de un procedimiento pensado para agilizar el trabajo parlamentario cuando hay un consenso amplio o para temas menores, pero que en esta legislatura va a tomar una dimensión nueva y perversa. Este va a ser el primer caso. El peso de la decisión va a recaer únicamente en la presidenta, pues es ella la que dirige el Pleno y tendrá que decidir si acepta o no que se amplíe el orden del día para incluir el debate y la votación de las conclusiones de la comisión de estudio.

Los rumores aumentan, y el secretario general y yo estamos preocupados. Hay una advertencia muy seria del Tribunal Constitucional a los miembros de la Mesa sobre su deber de impedir que se apruebe una nueva resolución que contravenga su sentencia. Obviamente, ni él ni yo tenemos capacidad para impedirlo, pero sí que se nos puede exigir como diligencia mínima que lo advirtamos. Aunque tenemos un grave problema: esta advertencia no podemos hacerla en el ámbito más discreto de la Mesa, sino que la tendremos que hacer, en este caso, en el mismo Pleno cuando se decida sobre la marcha si se amplía el orden del día.

El secretario general prepara un escrito de mínimos, un recordatorio o constancia de que el debate y la aprobación de las conclusiones pueden ir en contra de la sentencia y del auto que el Tribunal Constitucional ha dictado en el incidente de ejecución. Sin embargo, no lo podemos entregar aún porque no sabemos si la ampliación del orden del día se hará efectiva o no. Acordamos con la presidenta que, cuando ocurra, le entregaremos el documento para que lo lea ante el Pleno. Entiende nuestra posición, y para nosotros es un alivio.

En el pleno del 27 de julio de 2016 se vota la ampliación del orden del día y se debaten y aprueban las conclusiones de la comisión de estudio. Con la lectura pública de nuestro documento, es la primera vez que unos funcionarios de la Cámara hacen una advertencia como esta, derivada ciertamente de la que ha hecho el Tribunal Constitucional. Pero mucha gente, tanto en el Parlamento como fuera de él, no lo entiende y nos critica. Para mí ha sido un primer acto de exposición pública que, con su consiguiente amplificación mediática, va a tener consecuencias personales. Y esto solo ha empezado.

Sin embargo, este problema es mucho menor comparado con el que va a tener la presidenta del Parlamento. Aunque la ampliación del orden del día ha sido una decisión del mismo Pleno, ello no impedirá que el Gobierno del Estado presente un nuevo incidente de ejecución y que se pida al Tribunal Constitucional que dé traslado al Ministerio Fiscal sobre la eventual responsabilidad en que pudiera haber incurrido la presidenta por incumplir las resoluciones del Tribunal Constitucional. Es lo que se conoce técnicamente como «deducir testimonio de particulares», por si la Fiscalía considera que los hechos pueden fundamentar la presentación de una querella. El Tribunal anula la nueva resolución del Parlamento y remite a la Fiscalía el testimonio de particulares que pide el Gobierno. La Fiscalía superior actúa con presteza: al día siguiente presenta la querella por delito de desobediencia.

La presentación de la querella también debe verse como un aviso a navegantes para nuevas decisiones que pretendan insistir en desarrollar el contenido de la Resolución 1/XI, lo que el Tribunal Constitucional define como «dar continuidad y soporte» al objetivo proclamado en esa resolución. Con la reiteración de resoluciones, el mismo Parlamento está estrechando su margen de maniobra. Es una mala estrategia, que debía haberse tenido en cuenta a la hora de diseñar la hoja de ruta. Cualquier otro peaje que se exija va a acabar poniendo a la presidenta y a los demás miembros de la Mesa en el disparadero.

En aquel momento ya era evidente que habíamos entrado en un círculo vicioso. Cualquier nuevo movimiento tendría una rápida respuesta del Tribunal y el riesgo a exponerse a desobediencia. Un toma y daca a tres bandas —el Parlamento, el Gobierno del Estado y el Tribunal Constitucional—, al que se unirían ocasionalmente los grupos de la oposición que presentaron recursos de amparo en defensa de sus derechos parlamentarios.

En este relato de los hechos no hemos hablado aún de las conclusiones de la comisión de estudio ¿Qué dicen? Estas conclusiones se convirtieron en la Resolución 263/XI, y son claramente tributarias de la Resolución 1/XI. Reafirman que no hay otra vía para ejercer el derecho a decidir del pueblo catalán que la desconexión del Estado por la vía unilateral y la necesidad de poner en marcha un proceso constituyente propio, puesto que el pueblo de Cataluña cuenta con la legitimidad suficiente para hacerlo. Y a continuación detallan cómo debe ser este proceso constituyente, que tendrá tres fases: una primera de participación ciudadana; una segunda de desconexión del Estado propiamente dicha, y finalmente la elección de una asamblea constituyente encargada de redactar una constitución catalana, que posteriormente será ratificada por referéndum. La resolución indica que, después de la fase participativa, se producirá la desconexión de la legalidad del Estado español con la aprobación de las leyes de desconexión por parte del Parlamento de Cataluña y un «mecanismo unilateral de ejercicio democrático» [sic] que servirá para activar la convocatoria de la asamblea constituyente. También declara que ningún otro poder ni tribunal podrá controlar las leyes de desconexión ni tampoco las decisiones que adopte la futura asamblea constituyente.

Un aspecto de especial interés es cómo se concibe el proceso participativo que se anuncia. Su órgano principal será un foro social constituyente, integrado por representantes de la sociedad civil organizada y de los partidos políticos. Este foro, que la resolución no indica bajo qué criterios se va a formar, abrirá a su vez un proceso participativo ciudadano para debatir y formular preguntas concretas sobre la futura constitución y que los ciudadanos deberán responder. Finalmente, el resultado de todo este proceso participativo constituirá un mandato vinculante para los integrantes de la asamblea constituyente, que lo tendrán que incorporar en el texto de la Constitución.

Leyendo la resolución, llama la atención cómo combina la democracia representativa con la participativa y a cuál de las dos da prevalencia, una prevalencia que se decanta hacia el tipo de democracia que, en mi opinión, menos garantías y fiabilidad tiene, especialmente por la ambigüedad que impregna todo el proceso. También llama la atención que, en este proceso, el único órgano elegido por los ciudadanos quede vinculado por el resultado de un proceso participativo tan difuso.

«Referéndum o referéndum»

En la resolución que aprueba las conclusiones de la comisión de estudio hay un elemento novedoso que me parece importante destacar. Se hace referencia a un «mecanismo unilateral de ejercicio democrático» que debe acompañar a las leyes de desconexión. No se dice expresamente que deba ser una consulta o un referéndum, pero la impresión es que se está pensando en esta posibilidad. Un posible cambio de estrategia que también denota improvisación en un plan de actuación que, una vez decidida su puesta en marcha, habría que suponer que partía de posiciones mucho más firmes y definidas.

La verdad es que hace tiempo que hay divergencias entre los dos socios de la mayoría sobre si la expresión del acto de ruptura, el «mecanismo unilateral» al que alude la resolución, ha de adoptar la forma de una declaración unilateral de independencia (DUI) o debe expresarse mediante un referéndum. También se debate sobre ello en las entidades soberanistas. Quizá se está asumiendo que la tesis plebiscitaria de las elecciones del 27 de septiembre de 2015 es una base poco sólida para sostener una declaración unilateral de independencia proclamada directamente por el Parlamento. Es indiscutible que un referéndum es un instrumento mucho más poderoso para hacer algo así porque es el único que puede evidenciar si existe o no una mayoría social favorable. Todo esto en teoría, porque ya sabemos que esta vía presenta otros problemas.

Volver a este escenario del referéndum o de la consulta parece un *déjà vu* porque ya se intentó con el 9-N, con el resultado que conocemos. Se trata de resucitar una fórmula que ya vimos cómo acabó, y optar de nuevo por ella va a significar ir al conflicto final con el Estado y asumir sus consecuencias. La respuesta del Gobierno ya se conoce. También está la doctrina del Tribunal Constitucional, férrea defensora hasta ahora de que no es posible convocar un referéndum para preguntar algo que contradiga la Constitución, salvo que se trate del referéndum previsto para la reforma constitucional. La Generalitat tampoco tiene la competencia para convocarlo, y aunque el Estado quisiera, debería vencerse este obstáculo.

En estas condiciones, volver a plantear un referéndum aboca necesariamente a una política de hechos consumados en los que el derecho difícilmente puede ayudar; porque, aunque se llegue a convocar el referéndum y se pueda incluso llevar a cabo, este acto siempre va a tener un problema de credibilidad y legitimidad. Y es que un referéndum, para que pueda tener algún valor, no se organiza ni se desarrolla de cualquier manera. Nadie va a darle validez, sobre todo la comunidad internacional, si no se ajusta a la legalidad y a las garantías imprescindibles a las que ha de sujetarse un proceso de esta naturaleza.

En este caso, es peligroso pretender engañar al derecho con el derecho. Pensar que se puede construir un derecho a medida no ayudará si entra en contradicción frontal con el marco constitucional y estatutario y con la doctrina del Tribunal Constitucional. A estas alturas ya se sabe que la Generalitat no puede convocar un referéndum de autodeterminación, y si lo hace, va a ser ilegal. La ley catalana solo servirá para darle una apariencia de legalidad, pero será un escudo muy débil para refugiarse en él. Seguir este camino también tiene otro riesgo: crear una ficción y trasladarla a los ciudadanos, jugando con los sentimientos e ilusiones de muchos de ellos; promover el falso imaginario de que el objetivo es mucho más fácil de cumplir de lo que realmente es.

En junio de 2016, el proyecto de Ley de Presupuestos presentado por el Gobierno catalán fue rechazado al prosperar una enmienda a la totalidad. Al no obtener el apoyo de la CUP, el presidente de la Generalitat Carles Puigdemont hizo una apuesta fuerte. Anunció que presentaría una moción de confianza después del verano.

El tiempo demostró que detrás del rechazo a los presupuestos había más cosas. El debate de la moción de confianza se celebró a finales de septiembre, y el presidente anunció solemnemente que se realizaría un referéndum sobre la independencia en otoño de 2017. El cambio de estrategia se confirmaba. Si el referéndum podía acordarse con el Estado, mejor; pero si no se podía, lo convocaría la Generalitat y se aprobarían las leyes necesarias para ello. El presidente de la Generalitat lo dejó bien claro: «referéndum o referéndum».

8

LA HUIDA HACIA DELANTE

> No se me oculta que muchos han tenido y tienen la opinión de que las cosas del mundo están gobernadas por la fortuna y por Dios hasta tal punto que los hombres, a pesar de toda su prudencia, no pueden corregir su rumbo ni oponerles remedio alguno. Por esta razón podrán estimar que no hay motivos para esforzarse demasiado en las cosas, sino más bien para dejar que las gobierne el azar.
>
> MAQUIAVELO, *El príncipe*

LA PROPUESTA

En agosto de 2016, tuve que quedarme en el Parlamento para redactar las alegaciones en defensa de las conclusiones de la Comisión de Estudio del Proceso Constituyente. El día 1, a pesar de ser inhábil, el Tribunal Constitucional había acordado tramitar el incidente de ejecución y suspender la resolución aprobada por el Pleno. Y, cosa insólita, habilitaba el mes de agosto entero para que el Parlamento presentara alegaciones. Habría que dejar las vacaciones para más adelante.

Defender la resolución era prácticamente imposible, teniendo en cuenta el posicionamiento que el Tribunal ya había adoptado respecto a la Resolución 1/XI y a la misma creación de la comisión de estudio. Pero me puse al trabajo decidido a hacer lo que pudiera. Me esforcé especialmente en la cuestión que me parecía más relevante y aún no discutida. Me refiero a la petición que el abogado del Estado hacía al Tribunal Constitucional para que se diera traslado a la Fiscalía de las actuaciones parlamentarias por si podían ser motivo de responsabilidad penal por parte de la presidenta del Parlamento. El argumento que veía posible utilizar era el de la inviolabilidad parlamentaria, una garantía que ampara a los diputados —también a los del Parlamento de Cataluña— de modo que no puedan ser perseguidos penalmente por las opiniones y votos emitidos en ejercicio de su cargo.

Se abría ahí un espacio para argumentar que la actuación de la presidenta de la Cámara catalana estaba amparada por esta garantía, sobre la que ya había jurisprudencia del propio Tribunal Constitucional y del TEDH. La inviolabilidad protege el discurso político y el voto en sí mismo y cualquier otro acto de los diputados realizado en función del cargo. Sin embargo, puede haber más margen de discusión cuando se trata de decisiones que no se adoptan en condición de simple diputado, sino en ejercicio de cargos parlamentarios que implican desempeñar funciones de ordenación y dirección de los debates, como es el caso de la presidenta de la Mesa.

Pero ya hemos visto que no funcionó. El Tribunal evitó entrar en esta espinosa cuestión y ni siquiera se molestó en rebatir los argumentos, dando traslado a la Fiscalía y dejando que fueran los tribunales ordinarios los que se pronunciaran al respecto.

A la vuelta de mis aplazadas vacaciones, me encontré con la sorpresa de que el secretario general Pere Sol iba a presentar su dimisión. Ya había oído antes algún rumor, pero él no lo había confirmado hasta ese momento. Me dijo que la presidenta quería hablar conmigo e intuí que podría pedirme asumir la Secretaría General. Sobra decir que por aquel entonces no era el cargo más apetecible, al menos para mí. La entrevista con la presidenta se convirtió al final en una reunión a la que también asistieron el vicepresidente primero Lluís Corominas y la secretaria primera Anna Simó, así como el todavía secretario general.

Mi intuición era acertada: me pidieron asumir el cargo. En julio, cuando se aprobaron las conclusiones de la comisión de estudio, previendo ya qué derroteros iba a seguir la dinámica parlamentaria, le había comentado a la presidenta y al vicepresidente primero mi incomodidad y mi deseo de ser sustituido como letrado mayor, cuando la ocasión lo permitiera y con la discreción necesaria. Apenas dos meses después se me proponía aceptar la máxima responsabilidad que un funcionario de la Cámara puede asumir. Me vino a la cabeza la imagen de una carretera con dos coches moviéndose en direcciones opuestas y recuerdo que fue este el ejemplo que utilicé para expresarles mi negativa. Aun así, insistieron y me aseguraron que las cosas iban a cambiar, puesto que ya se había alcanzado un acuerdo con la CUP que salvaría el escollo de la aprobación de los presupuestos. También me dijeron que ya no se volverían a repetir situaciones de conflicto como las que habíamos tenido con la Resolución 1/XI y la aprobación de las conclusiones de la Comisión de Estudio del Proceso Constituyente. Quizá lo pensaban de verdad, pero por mi parte no lo veía probable, así que preferí declinar claramente la oferta antes que tener que presentar mi dimisión al poco tiempo.

El 4 de octubre, la Mesa aceptó la dimisión de Pere Sol como secretario general y nombró a Xavier Muro para ocupar el cargo.

El referéndum de autodeterminación toma cuerpo

Pronto tuve ocasión de ver que no me había equivocado. El Reglamento del Parlamento prevé que, al inicio del periodo de sesiones que se abre después del verano, ha de celebrarse el debate de política general. Es un debate de especial importancia política, que termina con la presentación de propuestas de resolución. Podía ser, por tanto, una nueva ocasión de ratificar o desarrollar los contenidos de la Resolución 1/XI y las conclusiones de la Comisión de Estudio del Proceso Constituyente.

Una oportunidad que el bloque partidario de la independencia no iba a desperdiciar. En efecto, la aprovechó para afinar la hoja de ruta soberanista y la reorientó claramente hacia la convocatoria de un referéndum. Este ajuste quedó reflejado en una nueva resolución, la 306/XI, de 6 de octubre de 2016, que reiteraba el derecho de Cataluña a la autodeterminación y se instaba al Gobierno a celebrar un referéndum vinculante sobre la independencia en septiembre de 2017 como muy tarde. La pregunta debía ser clara y la respuesta binaria. Además, instaba al Gobierno a poner en marcha el proceso constituyente mediante diversas medidas organizativas y económicas a fin de celebrar las elecciones constituyentes de Cataluña en los seis meses posteriores al referéndum, si la opción independentista hubiera obtenido más del cincuenta por ciento de los votos.

Otro aspecto importante que hay que señalar es que la resolución no dejaba ninguna duda de que, en ausencia de acuerdo político con el Gobierno central, se mantendría el compromiso de celebrar el referéndum. Una declaración muy contundente que confirmaba la vía unilateral.

Sin embargo, la resolución contenía una astucia. A raíz de una iniciativa de CSQP, se incorporó también a la resolución la voluntad de celebrar una consulta para conocer la opinión de la ciudadanía respecto al futuro político de Cataluña, a cuyo efecto el Parlamento acordaría dar todos los pasos políticos y parlamentarios necesarios ante el Estado. Si se analizaba bien el texto en su conjunto, la conclusión es que la Resolución 306/XI contemplaba en realidad dos opciones diferentes, incluso contradictorias. Por una parte, se afirmaba de forma tajante la realización de un referéndum para la «independencia», incluso unilateralmente si fuera necesario, y por otra, se proponía celebrar otra consulta (para saber la opinión de los catalanes sobre su «futuro político» colectivo) que se situaba en el terreno de las iniciativas políticas y parlamentarias a acordar con el Estado.

Hay dos razones que probablemente expliquen esta dualidad de contenidos. La primera es que, desde el inicio de la legislatura, CSQP estaba optando por incorporar una línea más moderada que la de Junts pel Sí y la CUP. La segunda, quizá más perversa, es que la opción moderada era un paraguas útil para cubrir ciertas decisiones que la mayoría preveía tomar de todos modos y que así podían quedar disimuladas dentro de la mayor ambigüedad que presentaba el contenido final de la resolución.

La astucia pareció funcionar. En efecto, el Gobierno central solo impugnó los apartados de la Resolución 306/XI que se referían explícitamente al referéndum por la independencia y el proceso constituyente, y no el resto del texto. Pero la impugnación había vuelto a poner a la presidenta del Parlamento en una situación crítica y, en esta ocasión, también a los demás miembros de la Mesa que habían acordado la admisión a trámite de las dos propuestas, ya que, como era de esperar, el Tribunal Constitucional, además de anular los dos apartados impugnados, lo consideró un nuevo incumplimiento de sus resoluciones anteriores. La Fiscalía presentó una nueva querella.

El referéndum tendrá los medios necesarios para celebrarse

Al iniciarse el año 2017 se produjo un nuevo encontronazo entre la Generalitat y el Estado. Los presupuestos catalanes, que se habían tenido que prorrogar en 2016, sí pudieron aprobarse en el nuevo ejercicio gracias a un acuerdo entre Junts pel Sí y la CUP, fruto de la moción de confianza que alumbró el compromiso del «referéndum o referéndum».

Pero la Ley de Presupuestos podía caer en un nuevo incumplimiento de las resoluciones del Tribunal Constitucional en el caso de que contemplara una partida de gastos para celebrar el referéndum. Existía la posibilidad de camuflar el gasto en partidas con denominaciones genéricas destinadas a «procesos electorales», un concepto en el que cabrían, por ejemplo, unas elecciones al Parlamento de Cataluña, perfectamente legales, y también indirectamente un referéndum, puesto que se puede considerar asimismo como un proceso electoral.

A aquellas alturas ya se sabía que había que pagar peajes cada cierto tiempo, y la CUP exigió transmitir a la ciudadanía que el referéndum previsto para el otoño dispondría de los recursos necesarios para llevarse a término. Un mensaje para demostrar que iba en serio. Después de su tramitación parlamentaria, la Ley de Presupuestos de la Generalitat incluía diversas partidas relacionadas con los procesos electorales y participativos en general, pero lo más importante es que su disposición adicional 40 cogía el toro por los cuernos. Su título, «Medidas en materia de organización y gestión del proceso referendario», apenas disimulaba que se refería al referéndum anunciado por el presidente de la Generalitat y contemplado en la Resolución 306/XI; y su contenido aún menos, ya que establecía que el Gobierno catalán, dentro de sus disponibilidades presupuestarias para el año 2017, tenía que habilitar las partidas necesarias para garantizar la organización y la realización del proceso referendario sobre el futuro político de Cataluña.

Sin embargo, la disposición adicional tenía el as en la manga que ya hemos comentado, a saber, la ambigüedad de la misma Resolución 306/XI, que contemplaba dos posibles referéndums: el unilateral y el acordado con el Estado. Solo el primero había sido impugnado por el Gobierno. Por consiguiente, cabía interpretar que las citadas partidas presupuestarias estaban destinadas al segundo. Buena jugada. Además, la disposición adicional tenía un inciso final que aludía al «marco de la legislación vigente» en el momento en que se convocara el referéndum. Una precisión importante, porque permitía interpretar que el referéndum podría tener un amparo legal surgido de un acuerdo con el Estado. Pero el inciso no gustó a la CUP y presentó una enmienda para suprimirlo. A su vez, el grupo parlamentario CSQP presentó una enmienda de modificación con el propósito de dejar claro que la disposición final de la Ley de Presupuestos se refería específicamente al referéndum acordado con el Estado, esto es, al no impugnado por el Gobierno.

Recuerdo muy bien que, durante el pleno en que se debatieron los presupuestos, hubo un intento de negociar un texto transaccionado que hiciera inteligible la redacción. Los letrados ya habíamos advertido que el texto del proyecto de ley y la enmienda de la CUP podían presentar problemas. Un portavoz, a pie de pasillo, me pidió el visto bueno a un texto que, me dijo, había consensuado con otro portavoz. Me pareció bien, pero tomé la precaución de advertirle que era necesario convocar una reunión con todos los interesados para confirmar el acuerdo. La reunión no se celebró. Mi precaución no fue improvisada, porque, aunque habitualmente soy confiado, ya me habían colado más de un gol en otras ocasiones.

Al final, el texto se aprobó con la incorporación de la enmienda de la CUP de supresión del inciso controvertido y convirtió la modificación de CSQP en una enmienda adicional, ante el estupor del portavoz de este grupo, que creía que tal maniobra la desnaturalizaba. Todos estos malabarismos, como era de prever, no evitaron que el Tribunal Constitucional se curara en salud e hiciera algo tan inusual y discutible como declarar inconstitucional una norma con carácter preventivo, es decir, con el objetivo de abortar cualquier posibilidad de que una partida presupuestaria pudiera destinarse directa o indirectamente a la realización de un referéndum ilegal. La astuta pretensión de que la disposición adicional de la Ley de Presupuestos se refería a la parte no anulada de la Resolución 306/XI no había servido al final para nada.

Esta nueva decisión del Tribunal es muy débil en términos estrictamente jurídicos y pone en evidencia que las decisiones aprobadas por el Parlamento de Cataluña estaban llevando al límite los criterios de actuación normales del Tribunal Constitucional. Se había generado un círculo vicioso de acción-reacción en el que las sutilezas ya no tenían cabida. La actividad de la Cámara catalana estaba propiciando cambios significativos en la doctrina del Tribunal Constitucional, porque este se veía en la necesidad de tapar los agujeros por los que pudieran colarse las resoluciones parlamentarias catalanas y que dejaban en entredicho sus anteriores decisiones.

Cuando el proyecto de Ley de Presupuestos se tramitó en el Pleno, el secretario general y yo como letrado mayor juzgamos necesario hacer una nueva advertencia respecto a la referida disposición adicional para poner de relieve que aprobarla, en los términos en que estaba formulada o con la incorporación de algunas de sus enmiendas, podía ignorar el deber de cumplimiento de las resoluciones del Tribunal Constitucional. Nuestra advertencia se leyó en el Pleno, y pude apreciar perfectamente el malestar que causó en muchos diputados. Se abrió un turno de intervenciones y Anna Gabriel, la portavoz de la CUP, después de mencionarnos con nombre y apellidos, nos dio unas irónicas gracias por anticipar lo que efectivamente se iba a hacer, es decir, ignorar las resoluciones del Tribunal Constitucional.

Desde el inicio de la legislatura, se había abierto un escenario muy complejo en el Parlamento. Ciertamente, los políticos eran los principales protagonistas, como debe ser, pero también había unos actores secundarios que tenían que ejercer su función institucional. En la situación excepcional en la que estábamos, los letrados debíamos cumplir nuestro papel, aun siendo conscientes de que buena parte de la Cámara hubiera deseado convertirnos en simples espectadores o que sencillamente mirásemos a otro lado. Supongo que no les importaba que asumiéramos riesgos personales por decisiones políticas que no teníamos por qué compartir y que era más que evidente que planteaban problemas serios de legalidad.

La exposición pública derivada de mis actuaciones profesionales empezó a pasarme factura más allá del ámbito político parlamentario. Con ocasión del debate de la Ley de Presupuestos, una compañera letrada, especialmente influyente en la casa por haber desarrollado con anterioridad cargos de mayor responsabilidad, me recriminó mi actitud, que, según me dijo, le parecía más propia de alguien al servicio del Tribunal Constitucional. Me di perfecta cuenta de que seguramente no era una opinión personal y que me estaba transmitiendo un mensaje de otras personas. Pero aun así me dolió.

En situaciones como estas, la condición humana y el carácter de cada cual ofrecen respuestas muy diversas. Lo que estaba sucediendo en el Parlamento no podía ser ajeno a los que trabajan a su servicio. Son personas que tienen sus propias ideas y que debían hacer frente ahora a una situación comprometida. En estos casos, la experiencia suele demostrar que la gente prefiere no posicionarse y optar por la discreción. Es una actitud correcta y respetable, desde luego, mucho más que escoger la hipocresía. El silencio puedo entenderlo como una autodefensa, pero me cuesta más convivir con la hipocresía. Nunca me han gustado las personas que quieren quedar bien con todos, porque nunca sabes lo que realmente piensan, que dicen a cada uno lo que creen que quiere oír, aunque ellos mismos puedan pensar lo contrario. Reconozco que nadie se escapa de la hipocresía, pero unos la practican más que otros, sobre todo en tiempos agitados. Por desgracia, lo he podido ver mucho más de lo que hubiera sido deseable en el Parlamento con motivo del desarrollo del *procés*.

En mi caso, el problema principal no era este, pues el ejercicio de mi función me había obligado a posicionarme públicamente, lo cual fue una dificultad añadida porque el foco mediático empezó a caer cada vez más sobre los letrados, en particular sobre los que asistíamos a las reuniones de la Mesa y la Junta de Portavoces. Era inevitable, ya que nuestros posicionamientos tenían más repercusión que nunca en la esfera política. El efecto de tanta notoriedad fue que la gente me señalara como héroe o traidor, según el lado desde el que lo viera. No me considero ni una cosa ni otra, y pienso que solo he intentado hacer bien mi trabajo y obrar de acuerdo con mi conciencia profesional. Tuve que asumir las consecuencias, pues en aquel momento ya estaba claro que no podía salir indemne, ni yo ni nadie que hubiera actuado igual en mi lugar. Esta reflexión me ayudó a sobrellevarlo.

La Comisión de Venecia

Coincidiendo en el tiempo con la tramitación de la Ley de Presupuestos de 2017, me llamó el director de la *Revista Ca-*

talana de Dret Públic, el profesor y catedrático de Derecho Constitucional Enoch Albertí, para pedirme que colaborara en un número especial dedicado al futuro político de Cataluña. Más concretamente, me pidió un artículo sobre el papel que el Parlamento estaba desarrollando en el *procés*. Acepté el encargo. En mi condición de profesor universitario era un trabajo académico como tantos otros, y en mi condición de letrado del Parlamento me pareció normal que pensara en mí, ya que podía aportar un plus debido a que conocía el tema. La colaboración con revistas y otros foros académicos es algo habitual en los letrados y otros funcionarios de la Cámara, y es una actividad que no solo se considera compatible, sino deseable y beneficiosa para la imagen de la institución.

Entregué el artículo a principios de mayo y pasó la correspondiente evaluación ciega. Para quien no lo sepa, las revistas académicas que se precian someten los artículos que publican a la evaluación previa de otros expertos, que desconocen la identidad del autor. Este, a su vez, tampoco sabe quiénes son los evaluadores, aunque recibe con posterioridad sus comentarios para que los incorpore al texto si lo desea. Esto en el caso, claro está, de que los expertos hayan dado el visto bueno a su publicación. Pasado este trámite, el artículo se publicó en el número 54 de la revista, que apareció a principios del mes de junio.

Este tipo de artículos, por su contenido y metodología, van más destinados a la comunidad universitaria que al gran público, por lo que solo los lectores especializados suelen conocer su existencia. Dicho de forma resumida, el artículo analizaba jurídicamente cómo se había desarrollado el proceso político catalán desde la primera Declaración de Soberanía del año 2013 hasta el momento actual. Como es lógico, apuntaba los problemas ya mencionados y los que aún podrían aparecer en el contexto de la Resolución 1/XI y de la eventual convocatoria de un referéndum sobre la independencia no pactado con el Estado. El texto alertaba de la dificultad de celebrarlo con las suficientes garantías y de las escasas posibilidades de fundamentar en él una ruptura o una desconexión con el Estado que fuera aceptada por la comunidad internacional.

En mayo de 2017, se puso en marcha un último intento de negociación para evitar que la Generalitat lo convocara unilateralmente. La tenacidad del portavoz de CSQP, Joan Coscubiela, obró que el Pleno aprobara una moción sobre el cumplimiento del apartado de la Resolución 306/XI no impugnada. Recordemos que ese apartado instaba a convocar la consulta en el marco de un acuerdo con el Estado. Parecía que esta nueva moción, la 122/XI, podía marcar un punto de inflexión en la línea que la mayoría del Parlamento había seguido hasta el momento, pero, leída con atención, no era así. Ciertamente, el texto insistía en la necesidad de que el referéndum se realizara de forma pactada con el Estado y conforme con las vías legales existentes en el marco constitucional, pero también es importante destacar que dicho pacto no se llegaba a asumir como condición *sine qua non* de la celebración de la consulta.

Con todo, había en la moción una novedad que sí podía llegar a comprometer la estrategia unilateral, ya que instaba al Gobierno a poner en marcha las iniciativas que hicieran falta para obtener el asesoramiento, el reconocimiento y el aval de la Comisión Europea para la Democracia por el Derecho (conocida como Comisión de Venecia), que es un organismo adscrito al Consejo de Europa. Esta comisión dispone de un código de buenas prácticas que se considera como referencia para la convocatoria y celebración de un referéndum. Define las características que debe reunir todo referéndum en cuanto a su cobertura legal, la independencia y la imparcialidad de los órganos que lo supervisan, el censo electoral que se utiliza, la campaña electoral, los medios de comunicación que lo cubren, la pregunta que se formula y los criterios que hay que utilizar para validar el resultado.

Esta parte de la moción era comprometida, porque todos sabíamos que la Generalitat no iba a poder cumplir ninguno o casi ninguno de los requisitos establecidos en ese código. Quizá sin ser plenamente conscientes de ello, la moción reconocía de manera indirecta que un referéndum unilateral que no se ajustara al código de la Comisión de Venecia no superaría el test mínimo para ser aceptado por la comunidad internacional. La moción manifestaba la voluntad de negociar con el Estado, pero los términos en que lo hacía sugerían más bien un último ofrecimiento de negociación antes de romper definitivamente la baraja. La prueba la tuvimos a los pocos días, cuando el presidente de la Generalitat envió una carta al presidente del Gobierno.

En la misiva, fechada el 24 de mayo de 2017, Carles Puigdemont le decía a Mariano Rajoy que era el momento de buscar una solución política pactada que diera respuesta a la demanda de los ciudadanos de Cataluña para decidir su futuro. Era el momento «imprescindible» para que los dos Gobiernos se sentaran a negociar. La carta adjuntaba, además, un acuerdo adoptado por el Gobierno catalán mediante el cual se solicitaba al Gobierno español el «inicio de negociaciones sobre los términos y condiciones del referéndum» [sic]. Y, por último, daba cuenta y adjuntaba también la moción aprobada por el Parlamento, señalando que reiteraba la voluntad de que el referéndum se celebrase de forma pactada y de acuerdo con los términos que establecía la Comisión de Venecia.

La situación se parecía bastante a la del 9-N, cuando la negociación con el Estado no se planteó hasta después de anunciar la fecha y la pregunta de la consulta. Ahora se daba por sentado que se haría un referéndum y que lo que se debía negociar eran sus condiciones. Es muy difícil que alguien acepte entrar en una negociación de la naturaleza que aquí estamos considerando si ya se parte de la base de posiciones preconcebidas y de que el referéndum se hará de todas formas. En un caso como ese, lo primero que hay que negociar es si el referéndum se celebra y luego cuáles son sus condiciones.

La respuesta del presidente del Gobierno fue inmediata. Su carta seguía la línea habitual. Ofrecía negociar dentro del marco de la Constitución y el Estatuto, reiteraba que hacerlo fuera no estaba al alcance de su función institucional y recordaba que la carta magna permite defender y promover cualquier aspiración política siempre y cuando se proceda según los mecanismos correspondientes, activables mediante una propuesta de reforma presentada ante el Congreso de los Diputados. Finalmente, la carta constataba lo obvio, a saber, que el presidente de la Generalitat pedía negociar un referéndum cuando ya se había anunciado que se haría y se estaban impulsando las iniciativas pertinentes para llevarlo a cabo unilateralmente, si fuera necesario.

El presidente de la Generalitat también envió una carta a la Comisión de Venecia para obtener su asesoramiento y aval respecto al referéndum que se quería hacer en Cataluña. En ella, Carles Puigdemont hacía referencia a la carta enviada al presidente del Gobierno español y le informaba de que la respuesta recibida había sido negativa. La carta terminaba de una forma un tanto enigmática, ya que decía que, a pesar de esta negativa, el Gobierno de Cataluña «mantiene permanentemente abierta» la posibilidad de negociar y pactar el referéndum, formulación que permitía entender que la decisión de realizarlo ya estaba tomada.

El presidente de la Comisión contestó de forma escueta pero contundente. Daba las gracias al presidente de la Generalitat por informarle de la moción aprobada por el Parlamento y tomaba nota de la intención del Gobierno catalán de cooperar con la Comisión en el establecimiento de las condiciones de un referéndum celebrado según su código de buenas prácticas. Pero también le indicaba claramente que la cooperación de la Comisión dependía de dos requisitos: que las autoridades españolas estuvieran de acuerdo y que el referéndum se realizase de conformidad con la Constitución y la legislación aplicable. Se puede decir más alto, pero no más claro. La Comisión de Venecia sugería que un hipotético referéndum que no cumpliera estas condiciones no se ajustaría a lo establecido por su código de buenas prácticas.

La carta contenía un dato anecdótico que quizá no lo sea tanto. El presidente de la Comisión recordaba al de la Generalitat que el nombre oficial de la Comisión era «Comisión Europea para la Democracia por el Derecho». La apostilla podría ser una ironía por haber citado mal el nombre de la Comisión en una carta oficial o quizá quería subrayar la importancia del principio de legalidad. O ambas cosas a la vez.

La respuesta de la Comisión de Venecia fue noticia en su momento, pero creo que no lo suficiente. Era un aviso muy serio sobre la precariedad del referéndum de independencia tal como lo planteaba la Generalitat. Lisa y llanamente advertía que, en aquellos términos, no sería reconocido internacionalmente. Visto en perspectiva, creo que el presidente del Gobierno Mariano Rajoy omitió erróneamente este importante hecho al disponer que se impidiera por la fuerza la votación del 1 de octubre.

Pocos días después de la respuesta de la Comisión de Venecia, el 9 de junio, el presidente de la Generalitat anunció la fecha y la pregunta del referéndum. Se celebraría el 1 de octubre y la pregunta sería: «¿Quiere que Cataluña sea un Estado independiente en forma de república?». El 4 de julio, Junts pel Sí y la CUP presentaron en el auditorio del Parlamento de Cataluña el borrador de la ley del referéndum de autodeterminación.

Un reglamento a medida

La reiteración de las decisiones parlamentarias adoptadas en contra de las resoluciones del Tribunal Constitucional y la presentación de querellas por parte de la Fiscalía contra la presidenta y otros miembros de la Mesa de la Cámara por presunto delito de desobediencia obligaron a la mayoría a buscar alguna forma de evitar un nuevo choque con el Tribunal para dar el último paso: la tramitación y aprobación de la ley del referéndum de autodeterminación.

El único modo de lograrlo sin tener que asumir más responsabilidades por incumplimientos y desobediencias era concentrar la tramitación de la ley en un solo acto. Había, pues, que buscar un procedimiento para hacerlo posible. Este fue un momento crítico, ya que se trataba de tramitar una ley de una gran trascendencia política por un procedimiento parlamentario que necesariamente iba a limitar el debate, la transparencia y los derechos de la oposición.

Para conseguirlo, los grupos parlamentarios de Junts pel Sí y la CUP presentaron una iniciativa para reformar el Reglamento en lo tocante al procedimiento legislativo de lectura única. Se trata de un procedimiento que existe en muchos reglamentos, y está pensado para tramitar leyes que, por su naturaleza o simplicidad, no requieren que se siga el procedimiento ordinario, más largo y complejo. No obstante, es algo polémico, pues se ha tendido a abusar de él, no solo en el Parlamento de Cataluña, sino en muchos otros, incluido el Congreso de los Diputados. Aunque sorprenda a alguien, la reforma del artículo 135 de la Constitución se hizo por esta vía y también, por citar otro ejemplo, la última reforma de la Ley Orgánica del Tribunal Constitucional que reforzó sus poderes de ejecución.

El procedimiento en lectura única se desarrolla en un solo debate en el Pleno, aunque lo normal es que se dé a los grupos parlamentarios la posibilidad de presentar enmiendas. Es un requisito democrático básico para poder presentar al menos alternativas a la iniciativa y defenderlas antes de votar el texto.

Junts pel Sí y la CUP pensaron en este procedimiento para tramitar las leyes de desconexión. Pero surgió un problema. Si la iniciativa provenía de los grupos parlamentarios, el Reglamento de la Cámara vigente en aquel momento exigía que la ejercieran todos, y es evidente que no podría ser este el caso. Solo quedaba, pues, la posibilidad de que el Gobierno presentara un proyecto de ley. Pero esta vía se descartó, ante la contrariedad de la presidenta del Parlamento, que veía cómo el Gobierno le trasladaba a ella y a la Mesa toda la responsabilidad de la tramitación. La solución fue entonces la reforma del Reglamento para permitir a un solo grupo parlamentario activar el procedimiento de lectura única.

La tramitación de la reforma no estuvo exenta de polémica. Se quería que estuviera aprobada antes de finalizar el mes de julio, lo que obligaba a tramitarla de forma urgente, contra el criterio de los grupos de la oposición. El reglamento de una asamblea parlamentaria no es una norma cualquiera; es la que regula su organización y funcionamiento y la que determina los derechos de los diputados y grupos parlamentarios en el ejercicio de su función. Por este motivo, la elaboración y la reforma del Reglamento parlamentario se consideran actos que deben contar con el consenso más amplio posible. Sin embargo, en esta ocasión no fue así.

Algunos grupos pidieron que se sustanciaran comparecencias de expertos para opinar sobre el contenido de la reforma. Este es un trámite habitual en las iniciativas legislativas. La respuesta fue que ya estaban los letrados de la Cámara para opinar, pero el hecho es que no se nos pidió que lo hiciéramos. Los letrados valoramos la posibilidad de elaborar por propia iniciativa un documento de propuestas técnicas de mejora y así lo hicimos.

Pero el informe incomodó a la mayoría. No le gustaba que lo hubiéramos elaborado y tampoco las observaciones que hacíamos respecto a la reforma del procedimiento de lectura única.

El 26 de julio de 2017, el Pleno aprobó la reforma del Reglamento. En ella, además de la reforma del procedimiento de lectura única, llamaba la atención la reducción del periodo de vacaciones parlamentarias a la primera quincena del mes de agosto. La razón era muy clara: el 1 de octubre, día previsto para celebrar el referéndum, estaba muy cerca y era conveniente ampliar el margen de maniobra para poder aprobar la ley que lo regulara y permitiera convocarlo.

Pero la reforma del Reglamento fue impugnada por el Gobierno del Estado y suspendida por el Tribunal Constitucional el 31 de julio. Acción-reacción, como era de prever. Al final, la reforma no serviría de nada. Pero Junts pel Sí y la CUP guardaban otro as en la manga. Hay un artículo del Reglamento, anterior a la reforma y no afectado por ella, que permite introducir nuevos puntos en el orden del día de un pleno después de haberse convocado, aunque se trate de tramitaciones que aún no hayan cumplido los trámites parlamentarios correspondientes. El único requisito para ello es que lo acuerde el Pleno por mayoría absoluta. Este artículo es el mismo que se utilizó para aprobar en su día las conclusiones de la Comisión de Estudio del Proceso Constituyente y, como ya hemos señalado, no está pensado para tramitar leyes. Pero esta vez iba a utilizarse para algo de más enjundia, a saber, para introducir por la puerta de atrás, en un pleno ya convocado y sin que constase inicialmente en su orden del día, nada más y nada menos que las dos leyes fundacionales de un nuevo Estado independiente: la del referéndum de autodeterminación del 1-O y también la de transitoriedad jurídica y fundacional de la república.

No creo equivocarme si digo que esta vía se había planeado mucho tiempo atrás, ya que este artículo del Reglamento no era susceptible de suspensión o anulación por el Tribunal Constitucional. Partiendo de él se construiría, en la sesión plenaria de los días 6, 7 y 8 de septiembre de 2017, un procedimiento legislativo a medida para aprobar ambas leyes.

Noticia por un día

A finales de julio, el artículo que había escrito para la *Revista Catalana de Dret Públic*, publicado un mes atrás, se convirtió en noticia. Hasta entonces solo había recibido comentarios provenientes del círculo académico habitual; pero el periodista Quico Sallés lo leyó y citó algunos de sus contenidos en la edición digital de *La Vanguardia*.

La percepción que transmitía Sallés de mi artículo era bastante sesgada, ya que se trataba de un texto técnico, académico y extenso, difícil de resumir sin eliminar matices o sacar de contexto algunas de sus conclusiones. Los partidos independentistas lo vieron como una dura crítica a su forma de conducir el *procés* y algunos de la oposición lo utilizaron a su favor. El presidente de la Generalitat dijo que solo era una opinión jurídica y tenía razón, pues es lo que era y quería ser. En cambio, el presidente de Junts pel Sí, Jordi Turull, afirmó que era un texto «político». Es curioso que lo expresara así, porque me conocía bien y sabía mi trayectoria profesional.

Decidí hacer mutis por el foro porque en estos casos suele ser lo mejor. Ya pasaría la tormenta, pensé. Pero me planteé si no me había equivocado al aceptar el encargo de la *Revista Catalana de Dret Públic* y si no hubiera sido más prudente dar una excusa. Eso es lo que me decía mucha gente, demasiada para mi gusto. Recapacité más sosegadamente y llegué a la conclusión de que había hecho lo correcto; no lo más cómodo, pero sí lo correcto. Lo que estaba sucediendo en Cataluña y la radicalización de las posiciones a que estábamos asistiendo no debían llevar a nadie a la autocensura.

Si entrábamos en ese terreno, podíamos salir todos perdiendo. No se puede estar hablando todo el día de democracia y libertad de expresión sin ser consecuentes. Todos tenemos derecho a que se nos trate igual, y el silencio autoimpuesto o inducido no enriquece la calidad democrática de una sociedad. En aquel momento, en Cataluña teníamos una alerta encendida, y no quise renunciar a ejercer la libertad que hasta entonces había tenido para expresar mis opiniones y mi posición jurídica acerca de cualquier cosa que ocurriera en mi país.

Sin embargo, el mismo día que saltó la noticia me llamaron del gabinete de la presidenta del Parlamento para convocarme a una reunión con ella. Nos vimos por la tarde y, de una manera un tanto ambigua, me dio a entender que debía presentar mi dimisión como letrado mayor. Tuve la impresión de que actuaba bajo presión y me imaginaba de dónde provenía. Le expliqué las circunstancias en que se había gestado mi artículo y que no debía haber tenido tanta trascendencia mediática y política. Reconocí que no había calculado bien las consecuencias, pero que, como funcionario del Parlamento, no había hecho nada contrario a las normas sobre incompatibilidades. Me había limitado a escribir un artículo sobre la actividad parlamentaria y a analizar sus aspectos jurídicos, lo que no quería decir, pues es algo inevitable, que mis consideraciones no tuvieran impacto en el debate político existente entonces.

Me sugirió que como ya había expresado tiempo atrás mi interés en renunciar a mi cargo de letrado mayor, aquel podría ser el momento oportuno para hacerlo. Le respondí que si lo hacía en esa ocasión, parecería que admitía haber hecho algo inapropiado, y no me parecía justo, pero también le dije claramente que el cargo estaba a su disposición y que me cesara si quería, que aceptaría de buen grado lo que ella decidiera.

La entrevista fue correcta y amable. Al despedirse me pidió que lo pensara unos días y le diera mi respuesta definitiva. Le di unas cuantas vueltas más y tanteé la opinión de algunas personas de confianza. Al final, le escribí una carta en la que le reiteraba mi posición e insistía en que aceptaría sin ningún problema mi cese si lo consideraba conveniente. No volvimos a hablar del tema.

9

EL PULSO A LOS FUNDAMENTOS DEL ESTADO

> No hay proposición que se apoye sobre principios más claros que la que afirma que todo acto de una autoridad delegada, contrario a los términos del mandato con arreglo al cual se ejerce, es nulo. Por lo tanto, ningún acto legislativo contrario a la Constitución puede ser válido. Negar esto equivaldría a afirmar que el mandatario es superior al mandante, que el servidor es más que su amo, que los representantes del pueblo son superiores al pueblo mismo y que los hombres que obran en virtud de determinados poderes pueden hacer no solo lo que estos no permiten, sino incluso lo que prohíben.
>
> Alexander Hamilton, *El Federalista*

Los fundamentos del sistema político: el conjunto y sus partes

Vamos a interrumpir aquí el desarrollo del relato para analizar los principales elementos que entraron en juego en el proceso de independencia una vez se orientó claramente hacia la unilateralidad y la ruptura. Sin este análisis, es difícil comprender adecuadamente muchas cosas de la fase final del *procés*, que desembocó en la declaración de independencia, la aplicación del artículo 155 de la Constitución y la convocatoria de elecciones el 21 de diciembre de 2017.

En los capítulos anteriores hemos podido ver cómo el *procés* siguió una trayectoria errática, tanto en su primera fase, la del derecho a decidir, como en la que se inició a partir de la Resolución 1/XI de 2015. No obstante, algo que sorprende de manera especial es que no se tuviese en cuenta, o no se quisiera ver, que la estrategia de la unilateralidad y la ruptura no significaba solamente abrir un conflicto político, sino poner en jaque los fundamentos básicos de un Estado, fundamentos a los que no se podían oponer otros mínimamente solventes.

Apelar jurídicamente al principio democrático como fundamento legitimador del *procés* o al derecho de autodeterminación de los pueblos era claramente insuficiente. Esta insuficiencia fue un gran error y se debería haber sido más consciente de estar entrando en zona de riesgo; porque contradecir frontalmente estos fundamentos por parte de cualquier autoridad pública suele tener consecuencias.

La aportación que puedo hacer aquí es la que me permite mi condición de jurista, desde la que puedo hablar con conocimiento de causa. Lo jurídico no es, sin embargo, sencillo de explicar sin recurrir a los tecnicismos propios de la materia. Este libro no tiene la intención de dirigirse a especialistas, y me veo ante la complicada tarea de referirme a conceptos jurídicos imprescindibles en este análisis sin valerme exclusivamente de la terminología específica del derecho y sin caer por otro lado en el simplismo.

En todos los Estados, el orden social y la convivencia se asientan en un sistema jurídico. Esta me parece una premisa indiscutible, con independencia de la naturaleza política del Estado. Las democracias son desde luego las que mejor satisfacen este planteamiento básico. Son sistemas políticos y jurídicos que se asientan sobre pilares cuya fuerza e interacción se aúnan para que el edificio se aguante. Por eso todos son necesarios por igual y forman un conjunto trabado en que cada elemento cumple un papel.

Se acepta comúnmente que es en las constituciones donde este sistema se establece y donde se define la naturaleza de cada Estado. En una democracia avanzada, el sistema suele descansar en el reconocimiento de la Constitución como norma suprema, la democracia como forma de Gobierno, la libertad y el derecho como ejes de la convivencia, la división de poderes como estructura de contrapeso y el principio de legalidad. No son, desde luego, los únicos elementos estructurales; son los básicos, sí, pero a ellos pueden añadirse otros de tipo social o territorial, por ejemplo. Estos últimos son especialmente importantes para el tema que estamos tratando en este libro. El Tratado de la Unión Europea sintetiza muy bien lo que se acaba de decir cuando establece que la Unión se fundamenta en los valores de la libertad, la democracia, la igualdad, el Estado de derecho y el respeto a la dignidad y los derechos humanos, incluidos los de las minorías. Estos valores adquieren el rango de comunes en todos los países de la Unión y es un requisito imprescindible cumplirlos para ingresar y permanecer en ella.

El valor de la Constitución como norma y como pacto político

Concita un amplio consenso que la Constitución es la norma fundamental de cualquier país, y también que es fundante, es decir, una norma cuya principal razón de ser es la de establecer las bases de un Estado y ordenar y legitimar su funcionamiento a partir de ella. De aquí se derivan muchas consecuencias.

El valor de la Constitución lo pone de relieve, por cierto, la misma lógica del proceso de independencia catalán, pues la independencia se asocia también al inicio de un proceso constituyente para elaborar la futura Constitución catalana. Así lo dice la Resolución 1/XI y lo concretan las posteriores resoluciones parlamentarias sobre el *procés* que ya conocemos. Por deducción lógica deberíamos interpretar, pues, que los promotores de la independencia entienden que el nuevo Estado catalán debe fundamentarse en una constitución que cumpla el mismo papel que cualquier otra, como sucede con la Constitución española.

La hoja de ruta independentista no se diferencia en este punto de cualquier otro proceso fundacional de un Estado, que integra la elaboración y la aprobación de la Constitución como su norma fundacional. Respecto de otros modelos, su elemento más distintivo se encuentra en el énfasis que se pone en el carácter participativo del procedimiento de elaboración del texto constitucional, pero no en sus efectos.

Un proceso constituyente tiene un especial valor político y social. Tanto si es una nueva constitución como si se trata de una importante reforma, su desarrollo implica un gran debate ciudadano e institucional en torno a visiones políticas e ideológicas de diverso signo que pugnan por quedar expresadas en el nuevo texto constitucional. Es un proceso que incorpora necesariamente el debate social de mayor trascendencia para todos, pues de él depende, en definitiva, que la futura Constitución asuma unos determinados principios y valores y no otros. Unos principios y valores que van a erigirse, una vez aprobada la Constitución, en el marco político y jurídico que todos deberán respetar, un marco de convivencia al que los ciudadanos y las instituciones quedarán sujetos a partir de entonces.

Rousseau concibe la elaboración de un texto constitucional como una decisión del «pueblo entero» que actúa como un «contrato social», como una forma de asociación que defiende y protege con la fuerza común la persona y los bienes de cada asociado y por medio de la cual, cada uno, uniéndose a todos los demás, no obedece, sin embargo, más que a sí mismo. En el proceso de independencia norteamericano, sus promotores y a la postre autores de la Declaración de Independencia de 1776 quisieron defender sus derechos personales y colectivos en su lucha contra la Corona inglesa y fundamentar en ellos un nuevo orden estatal para poner fin a la dominación colonial. La Constitución estadounidense vino a expresar así la idea de un derecho propio y más alto para romper el lazo de la dependencia con la Corona, que al mismo tiempo constituyó la base del propio autogobierno y del sistema político y jurídico que se desarrolló a partir de ella. Aunque todos sabemos que la defensa de esta Constitución llevó posteriormente a una guerra civil (la guerra de Secesión), lo que demuestra en su vertiente más extrema y trágica el valor que los estadounidenses daban a su Constitución como unión indisociable de los estados integrantes de la federación.

Lo que estamos exponiendo permite visualizar la importante diferencia que se produce entre el poder «constituyente» y el poder «constituido»; entre el poder cuyo ejercicio sirve para establecer los fundamentos de un Estado y de su sistema político, social y jurídico y aquel otro que necesariamente se mueve y debe moverse dentro de estos fundamentos y los límites que se derivan. El poder constituido no es un poder soberano porque está sujeto a y condicionado por la Constitución, en lo político y sobre todo en lo jurídico, porque la Constitución tiene un valor superior a todas las demás normas que pueden dictar los poderes que actúan ya dentro del marco constitucional.

Obviamente, esto no significa sacralizar la Constitución. No existe un único momento constituyente porque, de una manera u otra, las constituciones no pretenden ser inmortales y prevén el procedimiento para su reforma, unas de forma relativamente sencilla y otras de manera más difícil. En cualquier caso, lo que interesa destacar es que la reforma constitucional es la vía para ejercer el poder constituyente, y no otra.

Esto constituye una regla general o común en derecho comparado, aunque conviene explicar que existen excepciones importantes que pueden tener especial importancia en relación con los procesos de independencia. En Gran Bretaña no existe propiamente una constitución, y esto permite aplicar la doctrina de la soberanía del Parlamento, que viene a expresar que este no está sometido a una *higher law* y asume, de hecho, la doble condición de poder constituyente y poder constituido. Desde luego, no es un detalle menor ni mucho menos, porque, desde el punto de vista jurídico, la ausencia de una constitución escrita, sumado a la plena soberanía del Parlamento, permitieron que se aprobara la ley que autorizó el referéndum de independencia de Escocia, una ley ordinaria que, nada más y nada menos, abría la posibilidad de alterar la integridad territorial de un país.

En sentido inverso, hay que destacar las constituciones que contienen cláusulas de «intangibilidad». Se conocen con este nombre las disposiciones contenidas en algunas constituciones que excluyen expresamente la reforma de parte de su contenido. Esto ocurre más a menudo de lo que parece, y hay países donde estas cláusulas salvaguardan la integridad territorial de los respectivos Estados, entre otras materias. Por ejemplo, los tribunales constitucionales de Italia y Alemania ya han tenido ocasión de pronunciarse al respecto, estableciendo la doctrina de que no pueden desarrollarse dentro del marco constitucional iniciativas que expresen aspiraciones secesionistas de las regiones o de los *Länder*. No es el caso, sin embargo, de España, pues ya sabemos que nuestra doctrina constitucional no pone otro límite al respecto que el de que esas aspiraciones se lleven a la práctica mediante un procedimiento de reforma de la Constitución.

El valor de una constitución como pacto social y como ley superior plantea un problema muy grave cuando una parte importante de la sociedad cuestiona sus presupuestos, principios y valores y deja de sentirse identificada con ellos. Y esto puede suceder más fácilmente cuanto más difícil es reformar el texto constitucional. El caso catalán lo pone en evidencia, pero también lo ponen, por ejemplo, las situaciones de crisis económicas y sociales que hacen emerger la percepción de que las normas, quizá también la misma Constitución, ya no sirven para resolver los problemas que acucian a amplios sectores de la sociedad y no ofrecen soluciones justas desde la perspectiva de muchos ciudadanos. Este *décalage* entre la ley y la percepción social de la equidad y la justicia puede llegar a cuestionar la misma legitimidad del sistema político y jurídico, incluida su norma de cabecera; porque mucha gente ya no ve la Constitución como «su» contrato social, sino como una especie de corsé que impide o limita el desarrollo de sus propios deseos y aspiraciones y su propio concepto de lo justo.

Esta situación, este divorcio por decirlo así, no tiene fácil solución, ya que la Constitución y el resto de las normas cumplen una función ordenadora de la sociedad que no se entiende ni tendría sentido sin una obligación de cumplimiento. El derecho es, por definición, coactivo, y en ello reside precisamente su principal función. Si aceptamos que cualquier norma se puede poner en entredicho por la apreciación subjetiva de una persona o un grupo social sobre su carácter justo, estamos entrando en un terreno muy resbaladizo. Y es que la pregunta que en este caso nos podemos plantear es quién, cuándo y cómo decide que una ley es justa o no y se legitima, en su caso, una oposición o desobediencia a su cumplimiento.

En su *Teoría pura del derecho* (1934), el filósofo y jurista Hans Kelsen plantea agudamente esta cuestión. Kelsen no niega que el derecho debe ser moral, bueno y justo, y es importante recordar que lo expresa dentro de las coordenadas propias de un sistema democrático. Sin embargo, partiendo precisamente de este presupuesto, defiende la necesidad de separar la norma como tal de otros aditamentos o elementos que permitan verla como algo que no sea estrictamente un mandato de cumplimiento obligatorio.

También es interesante conocer cómo ve Kelsen la Constitución como norma. Para él, la función de la Constitución consiste en dar fundamento y validez a las demás normas, lo que implica que estas solo son válidas si se ajustan a lo dispuesto en ella. Pero más allá de este efecto jurídico, también entiende que es en la génesis de la Constitución donde debe producirse el gran debate político y social que se expresa en su contenido. El contrato social, según Rousseau; la idea de que la Constitución representa, en sí misma, la cristalización de unos principios y unos valores (ideológicos, éticos, morales) que sus creadores tuvieron en cuenta en el momento de ejercer el poder constituyente. En definitiva, lo que esto nos dice es que cada cosa tiene su momento y que, una vez expresado el poder constituyente, solo queda cumplir lo que dispone. Jurídicamente esto es así, sin perjuicio de que se ponga en marcha un nuevo proceso constituyente en la forma que la propia Constitución establece.

Y esto nos lleva al punto crítico de ver qué ocurre cuando los poderes públicos no observan la Constitución a la que están sometidos, sobre todo en aquellos casos en que la inobservancia no se debe a un error de entendimiento o interpretación del texto constitucional, sino a una voluntad deliberada de incumplirlo y de negar su validez. En este caso también nos puede servir Kelsen cuando se plantea esta posibilidad y la considera como la prueba evidente de la negación del valor y el significado que tiene cualquier constitución. Esto ocurre cuando se omite el procedimiento de reforma constitucional y se opta *de facto* por la vía de una constitución alternativa. Kelsen califica este supuesto como acto revolucionario o como golpe de Estado por la gravedad que implica el uso de este camino.

Lo que se acaba de exponer nos permite disponer de una importante clave de análisis de lo ocurrido en Cataluña, una vez se decidió emprender el camino de la ruptura constitucional bajo el eufemismo de la «desconexión». Desde el punto de vista jurídico, está muy claro lo que implica haber optado por esta vía, y a mí me quedan muchas dudas de si este aspecto se valoró en la medida que merecía. Desde el punto de vista político, dejo al lector que saque sus propias conclusiones sobre si este camino era el único posible y si estaba justificado o no. También preferiría dejar al criterio de cada cual responder si, en el otoño de 2017, concurrían objetivamente en Cataluña las circunstancias que en otras épocas históricas y en otros lugares desencadenaron procesos unilaterales de independencia o las luchas por los derechos civiles y políticos y el recurso a la desobediencia como forma de acción.

Termino este apartado sobre el valor de la Constitución con un apunte complementario para constatar un hecho que, hasta cierto punto, creo que se ha marginado. Me refiero al secuestro de la Constitución, entendido como la acción política —en el fondo contraria al mismo espíritu de la Constitución— de contemplarla como un texto cerrado, negando su potencial como norma. Ya hemos comentado en otro lugar que este proceder ha sido sistemáticamente aplicado por el Estado y no dudo lo más mínimo que ha contribuido a la gravedad del conflicto. Y es que, desde Cataluña, la apropiación en clave centralista de la Constitución se ha visto como algo definitivo e irrecuperable. El Tribunal Constitucional también ha tenido mucho que ver al respecto por su falta de ductilidad y por haber quedado sometido a demasiadas influencias políticas.

Mucho me temo que la Constitución ha sido víctima de los excesos de ambas partes: de quien se ha apoyado en ella para negar el espíritu del pacto constituyente en lo que atañe a la plurinacionalidad de España y al potencial de desarrollo del autogobierno y de quien ya no ve en la Constitución más que un obstáculo que hay que superar como sea para poder cumplir sus aspiraciones políticas.

Puede que sea tarde para recuperar la confianza, pero puede que no si se asume de una vez por todas que en Cataluña hay un grave conflicto político y social que exige mover ficha con urgencia. A estas alturas ya sabemos adónde lleva el inmovilismo cuando buena parte de la sociedad catalana ya ha hecho su propia desconexión emocional. Como muchas cosas en la vida, quizá sea una cuestión de proporción, es decir, de evitar que la existencia de un problema y la ausencia de propuestas de solución lleven a decisiones extremas.

La gran confusión

En agosto de 2018, los Comités de Defensa de la República ocuparon la sede de ERC para protestar contra las iniciativas del Gobierno de la Generalitat de negociar nuevos traspasos con el Gobierno central en el marco de la comisión bilateral. Estas acciones se reprodujeron después frente al mismo partido o el PDeCAT para expresar que el autonomismo se ha acabado y que lo que ahora hay que hacer es implementar la república catalana. La protesta quedó expresada en el lema «*El poble mana: desobeïu o dimitiu*» («El pueblo manda: desobedeced o dimitid»).

Con esta acción se quería poner de relieve que el referéndum del 1 de octubre de 2017 había dado lugar al nacimiento de un nuevo Estado y que lo que correspondía hacer ahora era ser consecuente con ello. Pongo este ejemplo para introducir uno de los grandes problemas que presenta el *procés* por la confusión que ha propiciado desde un buen principio, consciente o no, entre el valor y el sentido del principio democrático, y también, como efecto asociado, del valor del principio de legalidad.

Podemos estar de acuerdo en que la democracia expresa la idea de la voluntad del pueblo como forma de Gobierno, de un Gobierno que se asienta y legitima en esa voluntad. Se puede afirmar, por tanto, que en una democracia «el pueblo manda», como decía el lema al que antes se ha hecho referencia. Pero las cosas no son tan simples, porque la democracia y la voluntad del pueblo no se expresan de cualquier manera y sin condiciones.

Todos los sistemas democráticos organizan el ejercicio de la democracia, puesto que no es espontáneo y no tiene el mismo valor en todos los casos en que se produce. También hay que tener en cuenta quién es el sujeto que la ejerce. El pueblo que hay que considerar no siempre es el mismo. En los países de estructura federal o regional no es el mismo pueblo el que actúa a través del parlamento federal que el que representa un parlamento regional. Y lo mismo ocurre cuando se trata de los ayuntamientos en cuyas elecciones solo participan sus vecinos. Otro ejemplo diferenciador es el que antes hemos mencionado entre el poder constituyente y el poder constituido. Cuando las Cortes Generales u otro parlamento nacional expresan la voluntad del pueblo, no lo hacen de forma plena, pues tienen como límite otra voluntad superior del mismo pueblo, que es lo que expresa la Constitución.

En Cataluña parece haberse ignorado todo esto, a pesar de su evidencia. Me ha producido una gran sorpresa ver cómo muchos políticos, algunos con formación jurídica, han recurrido a un uso del principio democrático para justificar la unilateralidad del *procés* que, en el mejor de los casos, me parece infantil o naíf. Y no solo por la simplificación o la banalización del mismo concepto de democracia, sino también por utilizarlo como una especie de antídoto frente al cumplimiento de la legalidad vigente, empezando por la misma Constitución.

El argumento del principio democrático para justificar la ruptura o la desconexión con el Estado tiene muchos puntos débiles. En primer lugar, porque atribuye al Parlamento de Cataluña un poder que no tiene. El Parlamento no es «soberano», si entendemos que esta expresión le atribuye la capacidad para tomar cualquier decisión.

Ciertamente, habrá quien pueda creer que esto no es así y entender que el pueblo catalán es soberano y que esta soberanía la expresa el Parlamento. De hecho, esto es lo que se pretendió expresar en 2013 con la Declaración de Soberanía. Pero, por mucho que creamos en ello, el Parlamento que lo expresó tenía las competencias que tenía y entre ellas no se encontraba la de poder hacer esta declaración, como después determinó el Tribunal Constitucional. Los deseos y aspiraciones de una parte de la sociedad, incluso la de sus propios parlamentarios, aunque sean mayoría, no son suficientes para cambiar la realidad política y jurídica de las instituciones.

Y esto tiene mucho que ver con la forma de entender y aplicar el principio democrático por una razón muy sencilla: el principio democrático, la democracia, si se quiere, debe siempre reconducirse a la naturaleza y capacidad de cada poder público. Cuando se nos convoca a unas elecciones al Parlamento, el efecto democrático que ello implica no es otro que el de atribuirle la legitimidad imprescindible para desarrollar su función, pero es obvio que no altera, ni puede alterar, el contenido de dichas funciones, que ya están predeterminadas antes de las elecciones.

El único mandato democrático que puede surgir de unas elecciones al Parlamento es el de legitimar la utilización de los mecanismos que están a su alcance para cumplir sus funciones, no de otras que están fuera de este marco. Trasladada al proceso de independencia, esta reflexión significa que el Parlamento está legitimado democráticamente para defender y promover esta opción por todos los medios políticos y jurídicos, excepto por la vía de los hechos consumados de la desconexión o ruptura, pues hasta aquí no alcanza el mandato democrático. Por muy plebiscitarias que fueran para algunos las elecciones del 27 de septiembre de 2015, esos comicios no podían ser otra cosa que una elección ordinaria para elegir el Parlamento y legitimarlo democráticamente con objeto (y solo) de hacer lo que le compete como institución; esto es, como poder constituido.

La doctrina del mandato democrático que se ha venido utilizando a lo largo del *procés* tiene otro efecto derivado, que no siempre se ha señalado. Es un efecto perverso, porque la autoatribución de un mandato que no se tiene desplaza necesariamente otros mandatos democráticos que coexisten dentro del sistema constitucional y que expresan otras instituciones, como es el caso de las Cortes Generales, que también representan a los ciudadanos catalanes; y, en último término, del mandato que corresponde al conjunto del pueblo español, a quien pertenece, también política y jurídicamente, la Constitución.

Me parece evidente, en cualquier caso, que en los últimos años se ha trasladado a la ciudadanía catalana un mensaje distorsionado y falso que ha levantado muchas expectativas y ha facilitado que el *procés* se viera como algo que permitía alcanzar la independencia por la sola voluntad de los catalanes si así lo deseaban. Este mensaje se trasladó a conciencia con la inestimable ayuda de algunos medios de comunicación y con otros mecanismos diseñados para darle credibilidad. Si uno cree que el pueblo catalán es soberano y no está sujeto a ningún límite, las cuentas de la autodeterminación salen. También se puede pensar que, en justicia, las cosas deberían ser así. Pero eso no deja de ser más un deseo que una realidad, salvo que se decida hacer un pulso al Estado y obtenerlo por la vía de hecho, no de derecho. No obstante, en este caso, lo honesto sería reconocer que la vía que se va a iniciar es la del conflicto directo con el Estado, con todo lo que ello significa; lo honesto sería decirlo claramente a los ciudadanos y no hacerles creer que todo se va a desarrollar según la ley y sin romper un plato.

Durante este tiempo, he tenido ocasión de observar a diversos actores del *procés* y sacar mis conclusiones acerca de esta cuestión. Mi impresión, desde luego subjetiva, es que la mayoría de ellos no se creían o tenían serias dudas sobre la bondad del «mandato democrático» que proclamaban; y sí sabían, en cambio, de su gran poder de influencia y convicción sobre los ciudadanos. Sin embargo, aunque pueda parecer sorprendente en un caso como este, también tengo la impresión de que algunos de sus protagonistas se lo creían de verdad. Pienso que en este grupo podrían encontrarse la presidenta del Parlamento, Carme Forcadell, y también la portavoz de Junts pel Sí, Marta Rovira.

El mal entendimiento del principio democrático tiene otra consecuencia muy grave cuando se pretende contraponer un supuesto mandato democrático del Parlamento al principio de legalidad. Este ha sido un argumento utilizado recurrentemente para negar el valor de la Constitución y de todo el ordenamiento jurídico, como si este valor dependiera solo de lo que el propio Parlamento pudiera decidir. La prevalencia del principio democrático sobre la legalidad vigente es la consecuencia de esta visión equivocada de cómo funcionan las reglas en un sistema democrático.

La inconsistencia de este argumento ya queda respondida con lo que se ha dicho anteriormente acerca de cómo funciona el principio democrático en un Estado constitucional. Sin embargo, hay otro aspecto que debe destacarse, y es el error que implica en sí mismo separar el principio democrático del principio de legalidad. Es una separación sencillamente imposible, porque la legalidad no nace de la nada, sino que la origina el ejercicio de la democracia. Por tanto, la ley es fruto de la democracia. Es democracia en estado puro.

En sus estudios sobre moral y derecho, Immanuel Kant explica la diferencia que existe entre una legalidad de origen «heterónomo» de aquella otra de origen «autónomo». Con estos conceptos quiere poner de relieve que, en el primer caso, se trata de una legalidad o de un ordenamiento jurídico que no ha sido establecido por quien tiene que cumplirlo; es una legalidad que le viene de fuera y puede calificarse, por tanto, de impuesta. En cambio, el segundo concepto se refiere justo a lo contrario, es decir, a aquel ordenamiento jurídico que se ha formado por la voluntad de los que deben cumplirlo.

Creo que no hay que ser muy perspicaz para deducir que el derecho «heterónomo» no tiene origen democrático. Es el derecho propio de los príncipes absolutos de antaño o de los regímenes totalitarios. En cambio, el derecho «autónomo» es el propio de los sistemas democráticos, en tanto que su creación se debe a la actuación de los parlamentos que representan la voluntad de los ciudadanos. Parlamentos que, a su vez, tienen su fuente de legitimidad en una constitución que también se ha elaborado y aprobado democráticamente.

Cada uno es libre de opinar sobre la naturaleza democrática o no de un Estado y de sus bases políticas y jurídicas. Desde luego, la democracia española no es perfecta y tiene sus puntos débiles. El mismo proceso de independencia le está sacando los colores. Sin embargo, apelando de nuevo al principio de proporcionalidad, no creo que pueda sostenerse que España sea un régimen autoritario y poner en duda la legitimidad democrática de su ordenamiento jurídico. Si fuera así, no estaría en la Unión Europea ni sería aceptada como una democracia a todos sus efectos por la comunidad internacional. De nuevo aquí se hace evidente cómo las percepciones subjetivas pueden ser peligrosas si no se confrontan objetivamente con la realidad de las cosas.

También es muy peligroso intentar disociar democracia y legalidad por otras razones, porque no hay nada tan antidemocrático como negar el valor de un derecho cuyo origen es democrático. Y tampoco es ninguna buena señal lanzar a la opinión pública la idea de que el derecho se deja de cumplir cuando a uno le conviene. No deja de ser un contrasentido trasladar un mensaje que, en sí mismo, puede suponer una gran debilidad del Estado que se quiere crear. Si se utiliza este argumento, también lo podrán utilizar después otros en su contra.

Cuando el presidente de la Generalitat recibió la respuesta de la Comisión de Venecia sobre la convocatoria del referéndum de autodeterminación, también recibió un aviso muy importante sobre la necesidad de respetar el orden constitucional. A principios del mes de septiembre de 2017, en una entrevista concedida a *El Periódico*, el profesor de Derecho Constitucional y miembro de la Comisión de Venecia, Josep M. Castellà, fue muy claro al decir que apelar a la democracia sin someterse a las normas vigentes en un Estado de derecho significa utilizar un concepto de democracia que actúa sin límites y que se basa en el ejercicio «sucio» [sic] del poder.

Esto me da pie a considerar una última cuestión, no menos importante, que plantea la dicotomía entre democracia y legalidad, con su consiguiente relativización del Estado de derecho, que se basa, como su nombre indica, en un ordenamiento jurídico que es la base de la convivencia y que garantiza los derechos de los ciudadanos y los protege, además de determinar también sus obligaciones. Otra de sus consecuencias es la de someter a todos los poderes públicos a este mismo derecho para evitar, precisamente, abusos en el ejercicio de sus potestades que puedan colisionar con los derechos de los ciudadanos. Toda esta construcción necesita de un sistema de garantía que vaya más allá de los cauces ordinarios del control democrático. Es necesario que exista un poder propio e independiente que se encargue de aplicar el derecho. Es el poder judicial, la tercera pata que, junto con el poder legislativo y el poder ejecutivo, configura la separación de poderes inherente a cualquier Estado democrático y de derecho.

El poder judicial, la justicia, es una organización compleja. Es un poder público encargado de hacer cumplir la ley en todas sus diferentes vertientes o jurisdicciones (civil, penal, contencioso-administrativo, social). Los jueces son los ciudadanos a los que se inviste de este poder y cumplen así un servicio público esencial. El acceso a la carrera judicial se realiza mediante unos procedimientos en los que se valoran el mérito y la capacidad profesional. Las oposiciones a la judicatura son una de las salidas profesionales que tienen en cuenta muchos estudiantes de Derecho. Por su parte, el estatuto jurídico de los jueces pretende garantizarles la independencia en el desarrollo de sus funciones y les obliga a actuar con imparcialidad.

Como sucede con muchas organizaciones, estas condiciones suelen cumplirse sin problema en el acceso a la carrera y en la organización judicial de base. Otra cosa puede suceder cuando se trata de acceder a órganos superiores, donde los procedimientos de designación son más discrecionales y donde existe, no hay que negarlo, el riesgo de contaminación política de la que difícilmente se escapa ningún país, aunque también es cierto que no en el mismo grado. Obviamente, este es un punto débil de la justicia porque afecta a su credibilidad como servicio público. Es esencial que la justicia mantenga siempre la mayor apariencia de independencia e imparcialidad.

No basta que los jueces la cumplan, también es muy importante que la sociedad lo perciba. Como el lector podrá imaginar, esta precisión no es gratuita, porque el proceso catalán pone en evidencia la existencia de este problema.

Lo que me importa señalar ahora es la capacidad de reacción que tiene el Estado de derecho para la defensa de la legalidad. El poder judicial es el que cumple esta función respecto de los ciudadanos y de los poderes públicos. Especialmente es en este último caso donde la exigencia de sujeción a la legalidad se hace más fuerte. Los poderes públicos deben actuar siempre de acuerdo con el ordenamiento jurídico, pues es este el que les atribuye sus potestades y define al mismo tiempo los límites de su ejercicio. A diferencia de lo que sucede con los particulares, los poderes públicos tienen capacidad para configurar situaciones jurídicas del conjunto de los ciudadanos, y por ello es necesario exigirles una mayor sujeción a las normas. Aquí y en cualquier país, las contravenciones del ordenamiento jurídico por parte de los poderes públicos que han verificado los tribunales originan la nulidad de los actos correspondientes y pueden llegar a la exigencia de responsabilidad penal cuando la actuación contraria a la ley está tipificada como delito.

Todos conocemos las consecuencias que han provocado las decisiones del Parlamento y del Gobierno catalán adoptadas en septiembre y octubre de 2017 en el desarrollo del *procés*.

No tengo una explicación lógica sobre cómo se ha podido producir en Cataluña toda esta confusión entre democracia y legalidad. Es un país de gran tradición jurídica y de respeto por las normas; un país de tradición pactista, también en el ámbito del derecho, que tiene su precedente lejano en la Constitució de l'Observança de 1480-1481, que estableció el principio de sumisión del rey y de su Administración a las leyes catalanas, pero, al mismo tiempo, un pacto de cumplimiento y obediencia recíprocos entre la Corona y las instituciones catalanas.

Si de verdad se creyó que el mandato democrático de las elecciones del 27 de septiembre de 2015 permitía prescindir de la Constitución, del Estatuto y de las leyes en general, me produce una gran perplejidad que una buena parte de la clase gobernante pudiera confiar en la viabilidad de semejante argumento. Si, por el contrario, era consciente de que solo era para cubrir las apariencias frente a los ciudadanos, me parece aún peor por el hecho en sí y porque en este caso se debería haber sido muy consciente de que, como se dice en el tenis, la victoria requiere disponer de un golpe ganador. Porque si ese golpe no se tiene, el Estado de derecho actuará con todo su peso.

Los referentes olvidados: Escocia y Quebec

En los debates académicos y mediáticos que se han producido en relación con el *procés*, se han invocado diversos referentes que podrían servir de ejemplo a seguir. Se ha hablado de Kosovo, de Groenlandia y las islas Feroe, de la disolución de la unión entre Suecia y Noruega o de la independencia de los países bálticos después del colapso de la Unión Soviética.

Es difícil hacer comparaciones en este terreno porque cada caso tiene sus singularidades y sus contextos históricos y políticos. Pero si algún referente puede ser válido para el caso catalán, no creo que sean los mencionados sino otros los que permitan establecer un mayor paralelismo o similitud respecto a las circunstancias políticas y sociales concurrentes, y creo que estos son, por definición, Escocia y Quebec. Ambos tienen en común, además, pertenecer a países de gran tradición democrática y respeto por las minorías nacionales.

Obviamente, no son casos idénticos ni asimilables, pero sí buenos ejemplos de cómo desarrollar un proceso de independencia dentro del marco complejo que significa la necesidad de respetar ciertos principios y encontrar el equilibrio entre ellos. No son ejemplos de ruptura unilateral, y demuestran que esta no es la única vía posible y que existen otras alternativas; es más, evidencian que la vía unilateral no se considera, en principio, como una vía aceptable dentro de las coordenadas de ambos sistemas políticos y constitucionales. Ambos ejemplos también ponen de relieve que estos procesos no son simples ni fáciles, que requieren de tiempo y paciencia y que tampoco tienen un resultado asegurado.

El caso de Escocia es muy peculiar y menos fácil de tomar como referencia que el de Quebec. Sin embargo, tiene algunas características que resultan de interés para cualquier proceso de secesión que se plantee en un marco de normalidad, es decir, dentro de un Estado democrático en el que se respetan los derechos fundamentales de las personas y en el que las minorías nacionales disponen de protección y capacidad para ejercer su autonomía mediante instituciones representativas propias.

Desde el punto de vista jurídico, la ausencia de una constitución escrita en Gran Bretaña facilita mucho las cosas. Es una clara excepción a la regla general y que evita que se plantee, de entrada, una contradicción entre un proceso de secesión y una constitución que, en principio, no permite esta posibilidad. En este caso, desaparece el problema de la reforma constitucional y, con él, uno de los principales obstáculos legales de la secesión. Tal y como antes hemos explicado, en Gran Bretaña funciona el principio de soberanía del Parlamento, lo que supone que no se constriñe por un texto constitucional y puede actuar, en la práctica, como si tuviera al mismo tiempo la doble condición de poder constituido y poder constituyente.

Es evidente que este hecho no se ha considerado como merece cuando se han establecido comparaciones entre Escocia y Cataluña. El referéndum escocés de 2014 se ha querido presentar como una muestra de que un proceso de secesión solo depende de un acuerdo político. Pero esta es una visión demasiado simple, por la razón que se acaba de comentar. Aunque la existencia de una voluntad política es esencial, no hay duda de que el acuerdo es mucho más fácil si no hay ningún otro obstáculo que lo condicione.

Ciertamente, desde el punto de vista democrático, Gran Bretaña no es España. Es un país con una tradición democrática mucho más antigua y con formas muy depuradas. Pero también es cierto que Escocia tampoco es Cataluña. Su forma de proceder respecto de la independencia no tuvo nada que ver con la estrategia que se ha seguido aquí. Quizá alguien debería pensar si en Escocia también había más tradición democrática que aquí, pues no en vano Escocia es parte de Gran Bretaña e hija de su tradición política.

La comparación con Escocia tampoco es correcta cuando se presenta el acuerdo obtenido entre el Gobierno del Reino Unido y el de Escocia para el referéndum de 2014 como un acuerdo fácil que nace casi obligadamente del principio democrático. En una entrevista en el programa *Quatre gats* de Catalunya Ràdio, emitida el 10 de junio de 2018, el ex primer ministro escocés Alex Salmond reconoció que el Reino Unido no les «regaló» el referéndum, y añadió que Escocia tuvo que luchar durante seis décadas para poder obtenerlo. En esta misma entrevista, Salmond también reconoció que un referéndum unilateral no es la única manera de conseguir la independencia de un país, y añadió que Cataluña debería preocuparse cuando, a nivel internacional, no se habla de lo que ocurrió el 1 de octubre de 2017, a pesar de la actuación de las fuerzas policiales, que dio la vuelta al mundo. En otras declaraciones a la Agencia Catalana de Noticias realizadas en mayo de 2016, Alex Salmond también advirtió que la manera correcta de declarar la independencia en el mundo moderno no es a través de una declaración unilateral, sino de un proceso de consenso, a pesar de lo difícil, problemático y frustrante que pueda ser llegar a conseguirlo.

A estas alturas parece bastante evidente que aquí no se tomó nota de lo esencial del proceso de independencia escocés y de lo que lo diferenciaba del *procés* que aquí se quería seguir. Y no me refiero tanto a la calidad democrática de Gran Bretaña, sino también a la que demostró tener Escocia para no romper los platos antes de hora y esperar su oportunidad. Seis décadas de paciencia y perseverancia frente a la independencia exprés; la capacidad de ver los problemas de las vías más drásticas y vencer la tentación de la ruptura. La enseñanza de la experiencia escocesa por lo que a la democracia se refiere es global, del Reino Unido y de Escocia, no solo del primero.

Como es conocido, el desencadenante final del referéndum escocés fue el acuerdo obtenido por ambos Gobiernos el 15 de octubre de 2012 mediante el cual se establecieron las bases de cómo iba a ser este referéndum y cuáles serían sus efectos. Sin embargo, más allá de las concesiones y del proceso de negociación previo que comportó, no deberíamos olvidar que la existencia del acuerdo se debió a la concurrencia de un elemento muy personal, como fue el convencimiento del primer ministro del Reino Unido David Cameron de que la existencia de una mayoría en Escocia favorable al referéndum, expresada en las últimas elecciones al Parlamento escocés, hacían necesario que el Reino Unido atendiera a esa demanda y accediera a negociarlo. Esta decisión personal, más de convencimiento íntimo que de obligación jurídica, fue la que puso final a las décadas de espera. Tal vez también deberíamos haber sacado muchas conclusiones de este hecho aquí antes de emprender nuestro propio viaje.

El referéndum escocés de 2014 no puede magnificarse ni simplificarse. A pesar de haberse producido en una de las democracias más avanzadas, su génesis demuestra que no fue nada fácil de obtener y que requirió mucho tiempo antes de poder celebrarse; y también cómo determinados momentos históricos pueden depender del carácter y actitud de personas que, en un momento dado, tienen la capacidad de poder hacerlos realidad. David Cameron tuvo en este caso un papel determinante, que a la postre le salió bien desde la perspectiva del Reino Unido. No lo fue, en cambio, su apuesta posterior por el referéndum sobre la Unión Europea, cuyo resultado, el *brexit*, no fue el que él esperaba y significó el fin de su carrera política.

El referéndum escocés ofrece otra enseñanza para Cataluña. Una verdadera negociación, especialmente si se trata de un referéndum de alto voltaje político y social, como lo es el que pretende decidir una independencia, no puede realizarse con condiciones y exigencias previas, ni mucho menos con hechos consumados. Sobre esta cuestión ya he insistido bastante para poner de relieve un déficit especialmente preocupante a lo largo del *procés*. Si alguien se toma la molestia de leer el acuerdo firmado entre David Cameron y Alex Salmond, se dará cuenta inmediata de que su resultado es el de una negociación total que, entre otros aspectos, incluye la misma convocatoria del referéndum, las cuestiones esenciales del calendario, el derecho a voto, la formulación de la pregunta que se va a dirigir a los ciudadanos, las garantías electorales y los instrumentos legales que se van a implementar para el desarrollo del referéndum. Nada que ver, pues, con apelaciones al diálogo y a negociar, cuando antes ya se han anunciado públicamente la fecha y la pregunta (9-N), o que el referéndum se va a hacer sí o sí (1-O).

El otro ejemplo comparado que es de interés considerar para el caso catalán es el de Quebec. Como es conocido, Quebec es una provincia de la federación de Canadá en la que existe, por su tradición y cultura francófonas, un amplio apoyo social a favor de la independencia de Canadá, o al menos así ha sido hasta hace pocos años.

En Canadá no existen problemas legales para que una provincia pueda convocar referéndums, y Quebec lo utilizó para convocar dos relacionados con su independencia. Y digo relacionados, porque ninguno de ellos se planteó claramente como un referéndum de autodeterminación. Este es un dato que hay que tener en cuenta y que se olvida demasiadas veces. El primer referéndum se celebró en 1980 y el segundo, que es el más interesante recordar por razón de proximidad temporal y por las consecuencias que comportó, el 30 de octubre de 1995. En este referéndum la participación fue del 93,5 %, una cifra realmente espectacular, y su resultado fue prácticamente un empate. La respuesta afirmativa a la pregunta formulada fue del 49,4 % y la negativa, un 50,5 %, apenas una diferencia del uno por ciento. El resultado expresaba la existencia de una gran división social, pero era una muestra muy fidedigna de la posición de los quebequeses al haberse podido expresar en un referéndum legal y con plenas garantías electorales.

Pero lo importante para valorar esta consulta, además de su resultado, es la pregunta que se planteó. A los ciudadanos no se les consultó para que decidieran sobre la independencia de Canadá, sino sobre algo diferente y más matizado. Se les preguntó si estaban de acuerdo en que Quebec llegara a ser soberano después de haber hecho una oferta formal a Canadá para una nueva asociación económica y política.

La pregunta fue muy criticada por su ambigüedad y esto tendría importantes consecuencias, como veremos. Pero, en cualquier caso, me parece fundamental destacar su prudencia, en el sentido de no pretender con una respuesta afirmativa la obtención de un cambio automático de estatus de Quebec. Dar el visto bueno a que Quebec «llegue a ser» soberano después de un proceso político pendiente de desarrollo no equivale al sentido que tuvo el referéndum «acordado» de Escocia en 2014 ni al que se quiso dar al referéndum catalán del 1 de octubre de 2017. En Cataluña se había decidido «ser» soberanos por nuestra cuenta, y así lo expresó el Parlamento en la Declaración de Soberanía de 2013 y lo recordó en la Resolución 1/XI. Y también se decidió que el referéndum del 1 de octubre de 2017 iba a ser por sí mismo un acto de ruptura en caso de respuesta afirmativa mayoritaria.

El referéndum de 1995 en Quebec provocó que el Gobierno de Canadá pidiera al Tribunal Supremo que emitiera su opinión sobre si el Parlamento o el Gobierno de Quebec disponían, de acuerdo con la Constitución y con el derecho internacional, del derecho a promover unilateralmente la secesión de Quebec de Canadá. En este caso concreto, el Tribunal Supremo de Canadá no se iba a pronunciar propiamente con el valor de una sentencia, pero era evidente que en su respuesta iba a sentar doctrina en este tema.

El Tribunal Supremo dio su contestación el 20 de agosto de 1998 en un documento extenso que considero particularmente como un excelente tratado de todos los elementos que se barajan en una materia tan compleja como esta; y no solo por los argumentos jurídicos que utiliza, sino por cómo combina la argumentación jurídica con el contexto político y social que está en juego. Es una decisión anglosajona, en el sentido de que intenta ser pragmática, ayudar y no complicar más las cosas.

No es fácil hacer una síntesis de la decisión del Tribunal Supremo canadiense, pero el contexto de este libro me obliga a ello y espero hacerlo de la mejor manera posible. Para mí, la decisión tiene dos partes bien diferenciadas, y aquí es donde se encuentra precisamente el valor añadido que aporta el Tribunal respecto a lo que sería de esperar de otros tribunales constitucionales como el nuestro y, en general, de la cultura jurídica continental.

Como se le pide, el Tribunal analiza si es posible sostener que una provincia de la federación tenga derecho, al amparo de la Constitución y del derecho internacional, a proceder unilateralmente a la secesión. La respuesta es negativa en ambos casos. El Tribunal hace el análisis jurídico pertinente de la Constitución de Canadá y no tiene especial dificultad en conceder que esta no ampara el derecho de secesión y que, para ello, sería necesario que se procediera a una reforma constitucional. Respecto del derecho internacional, el Tribunal analiza el derecho de autodeterminación de los pueblos según los tratados y convenios internacionales y concluye que Quebec no dispone de ese derecho por no ser una colonia ni una minoría nacional que esté sometida a opresión o a una especial restricción de sus derechos colectivos. El Tribunal pone de relieve que Quebec dispone de una autonomía política garantizada por su Constitución y la Constitución federal y que los derechos culturales, lingüísticos y de identidad de su población gozan de reconocimiento y protección.

Estoy convencido, o casi, de que muchos otros tribunales hubieran acabado aquí su trabajo. Al fin y al cabo, daban la respuesta que se pedía. Sin embargo, hay una segunda parte que para mí es la más importante y que demuestra el valor que tiene este documento jurídico. El Tribunal debió ser consciente de que si dejaba la cuestión en este punto, no resolvía el problema de fondo, y esto lo llevó probablemente, aun a costa de su comodidad, a establecer lo que se conoce como la doctrina de la claridad, que abre la puerta, bajo determinadas condiciones, a que pueda desarrollarse un proceso de independencia dentro de la ley.

Para establecer esta doctrina, el Tribunal apela a los principios inspiradores de la Constitución —la democracia, el federalismo, el principio de legalidad y el respeto por las minorías nacionales—, y considera que todos ellos forman un conjunto equilibrado, de manera que ninguno de ellos puede anular el significado de otro. Tienen que convivir, y su correcta interpretación debe permitir fórmulas de compromiso. Para un proceso de secesión o independencia, esta fórmula consiste en permitir que se pueda realizar un referéndum a condición de que la pregunta sea clara al respecto y de la obligación de la federación de abrir un proceso de negociación para intentar implementar su resultado si es favorable a la independencia. El Tribunal precisa, sin embargo, que el resultado de la negociación no está predeterminado y se ha de mover en el terreno de lo estrictamente político. Lo único que exige es que, si la negociación prospera, se proceda a la correspondiente reforma constitucional para preservar el principio de legalidad.

Esta decisión no estuvo exenta de críticas. Para Quebec, limitaba sus expectativas. A su vez, el Gobierno federal hubiera preferido ahorrarse la segunda parte de la decisión, y, en este sentido, la maniobra de acudir al Tribunal Supremo no le salió como esperaba. En cualquier caso, considero importante que la decisión dé por bueno algo que en España se ha negado sistemáticamente, esto es, que pueda hacerse una consulta legal sobre la independencia y que se extraiga de su expresión democrática una obligación política y jurídica de iniciar un proceso de negociación entre ambas partes, si el resultado evidencia que existe una mayoría social favorable a la independencia.

La doctrina del Tribunal Supremo de Canadá tuvo después su traducción legal en la llamada «ley de la claridad», aprobada el 29 de junio de 2000. En síntesis, esta ley permite que una provincia pueda celebrar un referéndum de secesión, aunque establece determinadas condiciones para que pueda obligar a negociar un eventual resultado favorable. El procedimiento que prevé la ley es que el Parlamento federal examine y dé su visto bueno a la pregunta que se pretende realizar y determine también los factores que deben concurrir respecto de la participación y el apoyo mayoritario necesario. En definitiva, la ley obliga a una negociación política previa sobre estos aspectos entre la provincia y la federación y desarrolla así el requisito de «claridad» de la pregunta al que se refiere el Tribunal Supremo en su decisión de 1998. La ley tiene un último precepto, en el que se cuida de recordar que no existe un derecho unilateral a la secesión y que, en caso de que se realice un referéndum de acuerdo con sus requerimientos, siempre será necesario proceder a una modificación de la Constitución en la que deberán participar el conjunto de las provincias de Canadá.

Si la decisión del Tribunal Supremo fue criticada desde Quebec, más lo fue la ley de la claridad por considerar que restringía aún más la posición soberanista. Puede que ello sea cierto, pero también lo es que Canadá dispone de un marco legal muy avanzado en esta materia, claramente excepcional respecto de otros países, que permite iniciar y desarrollar un proceso de independencia sin romper ni anular ninguno de los pilares del sistema constitucional.

Creo que los ejemplos de Escocia y Canadá son especialmente adecuados para ver la complejidad que tienen los procesos de independencia, aun en los contextos políticos en los que pueden encontrar mayor comprensión y amparo en la voluntad democrática. Y creo que también pueden ser muy ilustrativos para que el lector los compare con la forma como se ha conducido el *procés* y saque las conclusiones oportunas.

El *procés* y los valores fundacionales de la Unión Europea

El artículo 2 del Tratado de la Unión Europea declara que la Unión se fundamenta en los valores de la dignidad humana, la libertad, la democracia, la igualdad, el Estado de derecho y el respeto a los derechos humanos, incluidos los de las personas que pertenecen a minorías. Estos principios se consideran comunes y son requisitos necesarios para acceder y permanecer en la Unión Europea. El riesgo de incumplimiento por parte de un Estado miembro puede ser objeto de seguimiento por la Comisión Europea y, en caso de constatarse una violación grave y persistente, se puede poner en marcha la aplicación del sistema de control y garantía previsto en el artículo 7 del mismo tratado, con consecuencias graves sobre los derechos de los representantes del Estado en las instituciones comunitarias.

En plena fase del derecho a decidir, consideré que podía existir una cierta analogía entre estos valores fundacionales y la doctrina del Tribunal Supremo de Canadá sobre la necesidad de encontrar soluciones de equilibrio cuando sobre una determinada cuestión interactúan diversos principios básicos del sistema que, aparentemente, van en direcciones opuestas; en especial, el principio democrático y el del Estado de derecho. Esto me animó a escribir un artículo para la *Revista de Estudios Autonómicos y Federales*, que envié en junio de 2014 y se publicó finalmente en el número 20 del mes de octubre.

En resumen, la tesis que planteaba era si una actitud del Estado, reiterada y persistente en el tiempo, que negara sistemáticamente la posibilidad de que los ciudadanos en Cataluña pudieran expresar su opinión sobre su futuro político, podría afectar a los valores fundamentales de la Unión Europea y legitimar una posible intervención de las instituciones europeas, sobre todo cuando hay pruebas manifiestas de que la realización de esta consulta tiene un amplísimo apoyo social. El principio democrático estaba en el centro de la diana.

En aquel momento se había dictado, además, la sentencia sobre la Declaración de Soberanía del Parlamento (STC 42/2014), en la que el Tribunal parecía inspirarse en la doctrina del Tribunal Supremo de Canadá y dejaba claras dos cosas: que la Constitución permitía defender cualquier proyecto político, aun no siendo compatible con ella, y que era perfectamente posible defender y promover políticamente el proyecto de independencia de Cataluña siempre que su realización efectiva se vehiculara finalmente por medio de una reforma de la Constitución. El mismo Tribunal decía en la sentencia que el Parlamento catalán podía presentar una iniciativa que las Cortes deberían tomar en consideración.

Algunos juristas vieron en esta sentencia un posible cambio de doctrina sobre la imposibilidad de realizar cualquier referéndum, aun consultivo, sobre algo que pudiera entrar en contradicción con la Constitución, salvo que fuera el referéndum de reforma. Ya hemos comentado esta cuestión, que arranca de una sentencia de 2008 relacionada con el «Plan Ibarretxe». Ahora, cuando la Sentencia 42/2014 admitía la capacidad de defender y promover el proyecto de independencia, se generaba la duda de si en este marco era posible convocar a los ciudadanos para dar su opinión, no para decidir sobre la independencia, sino, en una línea menos categórica, para conocer la existencia de una posición social favorable o no a la misma. Si esta lectura era correcta, podía poner más en evidencia la negativa sistemática del Estado al traslucir que obedecía solo a una voluntad política, y no a un problema jurídico interno. Sin embargo, con la sentencia sobre la ley de consultas no referendarias, y otras dictadas posteriormente, quedó claro que el Tribunal no había cambiado su criterio restrictivo inicial y el problema se hacía más complejo.

En cualquier caso, considero que la vía de los valores fundacionales de la Unión Europea podía haber tenido cierto recorrido según cómo se hubieran desarrollado los acontecimientos. El tiempo y los posibles cambios de Gobierno en Madrid podían confirmar o no la existencia de un bloqueo, y también podía ser muy relevante la forma como se desarrollara el *procés* desde Cataluña. La aplicación de medidas al amparo del artículo 7 del Tratado de la Unión Europea por incumplimiento de los valores fundacionales se ha visto siempre como algo muy excepcional. Se ha llegado a definirlo como un «botón nuclear». Las instituciones comunitarias han puesto su punto de mira en países como Hungría y Polonia, preocupadas por las decisiones internas de estas naciones que comprometen seriamente los valores fundacionales de la Unión, sobre todo los relativos a la separación de poderes, el Estado de derecho y los derechos fundamentales. Ciertamente, no son casos asimilables al problema que presenta el *procés*, pero creo que había un cierto camino a recorrer también en este caso; un camino que, sin embargo, no era posible transitar si la opción, desde el punto de vista catalán, era la de la independencia exprés y se promovía al margen de uno de los valores fundacionales, como es el de legalidad.

En esta tesitura, creo que la deriva que tomó el *procés* hacia la unilateralidad y la ruptura ha perjudicado a las instituciones catalanas, porque esta actuación también puede ser considerada como contraria a los valores comunes europeos fundacionales (el Estado de derecho) y puede contrarrestar la actitud inmovilista del Estado. Es difícil apelar a los valores cuando quien lo hace también los incumple. No obstante, quizá la actuación del Estado, y en especial del Poder Judicial, respecto de los responsables políticos catalanes del *procés* puede abrir otro escenario, en este caso, por la garantía de los derechos de los afectados.

En este sentido, no debería caer en saco roto lo que dijo en una rueda de prensa posterior a la votación del Parlamento Europeo el 12 de septiembre de 2018 la eurodiputada ponente del informe sobre Hungría, Judith Sargentini, acerca de los políticos catalanes encarcelados, a los que no dudó en considerar como «presos políticos». También manifestó, aunque esta vez de forma más genérica, que hay otros países europeos, además de Hungría y Polonia, a los que se debería investigar de forma rigurosa respecto al cumplimiento del artículo 2 del Tratado de la Unión Europea. Un serio aviso.

10

SE CUMPLEN CIEN AÑOS DE LA REVOLUCIÓN RUSA: CATALUÑA ENTRE LA INDEPENDENCIA Y LA DIMENSIÓN DESCONOCIDA

> Quien conoce al enemigo y a sí mismo no corre peligro ni en una batalla de cada cien. Quien no conoce al enemigo, pero se conoce a sí mismo, vencerá una batalla y perderá otra. Quien ni conoce al enemigo ni se conoce a sí mismo, sin duda correrá peligro toda la batalla.
>
> Sun Tzu, *El arte de la guerra*

La ley que no se tramita

Durante el mes de julio de 2017, el presidente catalán remodeló su Gobierno. Como él mismo había anunciado ante el Parlamento, los tiempos que se aproximaban no eran para aquellos a quienes les tiemblan las piernas. En un primer momento, los ceses afectaron a Jordi Jané (Interior), Neus Munté (Presidencia y Portavocía del Gobierno) y Jordi Vidal (secretario del Gobierno). Días después, se añadió a la lista Jordi Baiget (Empresa y Conocimiento) como consecuencia de unas declaraciones públicas sobre la plausibilidad del referéndum. A continuación, Jordi Turull deja de ser presidente del grupo parlamentario de Junts pel Sí y se incorpora al Gobierno de la Generalitat.

La remodelación ratificó asimismo el «pacto de sangre» entre los socios del Gobierno, que ya había anticipado el presidente de la Generalitat al trasladar la responsabilidad directa sobre la organización del referéndum del 1 de octubre a Oriol Junqueras. Este, a su vez, señaló que todos los miembros del Gobierno recién remodelado firmarían conjuntamente todos los acuerdos necesarios para hacer posible la votación del 1 de octubre. Es en esta clave que hay que leer los relevos citados. A partir de entonces, el Departamento de Interior, del cual depende la policía catalana, el Departamento de Educación, competente en los centros educativos que habrían de servir como sedes electorales, y el Departamento de Presidencia y Comunicación pasaron a ser dirigidos por Joaquim Forn, Clara Ponsatí y Jordi Turull, respectivamente.

Los ceses no me sorprendieron, en particular el de Jordi Jané. Lo conozco desde hace tiempo y sé también cuál ha sido su trayectoria política. Trabajó como asesor del grupo parlamentario de CiU y luego dio el salto a la política, ámbito en el que fue, durante muchos años, diputado en el Congreso de los Diputados antes de incorporarse al Gobierno. Jordi Jané tiene una buena formación jurídica y conoce bien los entresijos del Estado. Sí me sorprendió, en cambio, que otros miembros del Gobierno no aprovecharan la ocasión de abandonarlo.

A finales de julio de 2017, concretamente el día 31, los grupos parlamentarios de Junts pel Sí y la CUP presentaron en el Registro del Parlamento una iniciativa parlamentaria que marcó el curso de lo que ocurriría en Cataluña a la vuelta de las vacaciones: la proposición de ley del referéndum de autodeterminación. El día no era casual, porque era justo el anterior al inicio de las vacaciones parlamentarias de verano, por lo que la Mesa no pudo acordar su admisión a trámite ni el Gobierno del Estado recurrirla ante el Tribunal Constitucional.

Sin embargo, el periodo de vacaciones parlamentarias en 2017 fue más corto de lo que había sido nunca. La reforma del Reglamento de la Cámara, aprobada recientemente, no solo había modificado el procedimiento de lectura única, sino que también había reducido en dos semanas las vacaciones, de manera que el 16 de agosto se iniciaría ya el segundo periodo de sesiones del año. El objetivo de esta modificación era que el Parlamento dispusiera del tiempo necesario para tramitar la ley y así preparar con tiempo el referéndum ya datado para el día 1-O.

Para los miembros de la Mesa, y también para mí, las vacaciones estivales fueron más cortas de lo habitual y regresé al trabajo con la extraña sensación de que quizá asistiría a la toma de decisiones trascendentales para el país en una época del año nada usual. Pero la sorpresa que nos esperaba el 16 de agosto fue que la presidenta del Parlamento decidió no incluir la proposición de ley en el orden del día de la Mesa de aquella jornada ni de las otras que se celebraron en las dos semanas siguientes. El guion previsto quedó en papel mojado, lo que ocasionó una situación bastante esperpéntica: los miembros de la Mesa pertenecientes a los grupos de la oposición, radicalmente contrarios a la proposición, pidiendo su inclusión en el orden del día, y la presidenta, afín a los proponentes, demorándola con el pretexto de que tenía que pensarlo.

En el fondo, lo que ocurría no era nada de extrañar. La oposición se limitaba a recordar a la mayoría el principio que esta había argüido tantas veces en su favor, esto es, que la Mesa debe admitir a trámite cualquier iniciativa, al margen de su contenido. De esa manera ponía además en evidencia a la presidenta, quien, por su parte, no quería asumir las consecuencias de hacer nada que implicara un nuevo incumplimiento de las resoluciones del Tribunal Constitucional. Ya tenía interpuestas dos querellas por desobediencia y no quería exponerse a una tercera. Esta era la consecuencia de haber adoptado durante la legislatura decisiones que venían a reiterar o desarrollar la Resolución 1/XI, anulada por el Tribunal Constitucional, además de poner en riesgo a la Mesa por cada nueva tramitación. Tarde o temprano, el problema no podría evitarse, y debo suponer que la presidenta, seguramente asesorada por sus abogados, consideró que lo mejor era dejar pendiente la admisión a trámite de la proposición de ley hasta el mismo momento de su tramitación en el Pleno. Esto fue lo que acabó pasando.

La levedad del ser

Con este título estoy aludiendo a la novela de Milan Kundera *La insoportable levedad del ser*, que podría ser una buena aproximación metafórica, no a las personas, como en la novela, sino a otra cosa. Me refiero a la ligereza, al poco peso de la proposición de ley del referéndum de autodeterminación, convertida el 6 de septiembre en la Ley 19/2017 y prevista para dar amparo legal a la votación del 1 de octubre. Quiero precisar que no me refiero a su liviandad política, sino jurídica.

El preámbulo de la ley apela al derecho de autodeterminación de los pueblos que reconocen el Pacto Internacional de Derechos Civiles y Políticos y el Pacto Internacional de Derechos Económicos, Sociales y Culturales, aprobados por la Asamblea General de las Naciones Unidas el 19 de diciembre de 1966; al artículo 1.2 de la Carta de las Naciones Unidas, y al Estatuto de la Corte Internacional de Justicia. También recuerda que la Constitución española determina que los tratados internacionales ratificados por España forman parte de su ordenamiento jurídico interno, y constata al mismo tiempo que el Parlamento de Cataluña ha expresado en diversas ocasiones el derecho de Cataluña a la autodeterminación en resoluciones que se remontan al año 1989 y, más recientemente, en las resoluciones 5/X, de 2013, y 306/XI, de 2017, que ya hemos comentado. Según esto y el mandato democrático surgido de las elecciones del 27 de septiembre de 2015, se justifica la decisión parlamentaria de culminar el *procés* con la convocatoria del referéndum, decisión que significa, dicho textualmente, un acto de «soberanía» tras la ruptura del pacto constitucional de 1978, que supuso la anulación parcial y la desnaturalización del Estatuto de Autonomía de 2006 a causa de la sentencia del Tribunal Constitucional.

Es muy difícil, por no decir imposible, sostener con este argumentario algo tan drástico como la independencia de un territorio que forma parte de un Estado democrático y de derecho, miembro además de la Unión Europea, porque aquí no se trataba de un referéndum pactado con el Estado y conforme a la Constitución, ni tampoco de un referéndum consultivo para iniciar una negociación con el Estado a partir de él. El artículo 4 de la ley no dejaba ninguna duda. La pregunta que se proponía era taxativa: «¿Quiere que Cataluña sea un Estado independiente en forma de república?»; y los efectos del referéndum eran inequívocos. El resultado era vinculante, y si la respuesta era afirmativa, el Parlamento, en el plazo de los dos días siguientes a la proclamación de los resultados oficiales, debería declarar formalmente la independencia de Cataluña. La ley confirmaba asimismo la fecha del referéndum (1 de octubre de 2017), y por si quedaba alguna duda sobre sus efectos, se cuidaba de precisar su supremacía sobre las demás leyes, incluidas las del Estado.

Cuando ha pasado más de un año desde su aprobación, aún me cuesta entender cómo se pudo concebir tamaño disparate jurídico. En marzo de 2016, la Mesa del Parlamento había acordado poner en marcha tres ponencias parlamentarias para preparar las leyes de desconexión, entre ellas la del referéndum y la de transitoriedad jurídica. En el acuerdo de creación se evitó ser muy explícito, pero era tan obvio el objeto de las ponencias que los grupos de la oposición las impugnaron y el Tribunal Constitucional acabó anulándolas a final de año. Sin embargo, en el ínterin se celebró una reunión formal de la ponencia que debía redactar estas dos leyes y a la que asistí como letrado. Me limité a escuchar, porque vi que entre los únicos grupos que participaban, Junts pel Sí y la CUP, aún había muchos desacuerdos. Al acabar la reunión, uno de los ponentes, Lluís Corominas, en aquel momento vicepresidente primero del Parlamento, me pasó un borrador. Después de lo que había oído en la reunión, no tuve ganas de leerlo y recuerdo que lo guardé, pero al cabo de unos días me picó la curiosidad y lo leí; o, mejor dicho, lo intenté, porque no fui capaz de pasar de las primeras páginas. Afortunadamente, ya no hubo más reuniones de la ponencia, lo que me ahorró tener que dar mi opinión. También me tranquilicé a mí mismo, o al menos eso pensé, creyendo que, en aquel momento, aquello no era más que una táctica para mantener una mayoría parlamentaria sumamente inestable. En otras palabras, que era un gesto hacia la CUP.

Intentar encajar a Cataluña en los supuestos en que el derecho internacional reconoce el derecho a la autodeterminación es claramente desmesurado. No lo digo yo, ya lo dijo en 1998 el Tribunal Supremo de Canadá en la respuesta que dio a la consulta sobre el caso de Quebec. Hay que distorsionar mucho las cosas para concluir que, en septiembre de 2017, Cataluña tenía una relación colonial con España o que su población sufría una grave y sistemática violación de sus derechos, en el sentido en que lo ha entendido hasta ahora la comunidad internacional. Tampoco era un argumento sólido el de que el propio Parlamento hubiera declarado antes el derecho a autodeterminarse o la soberanía del pueblo catalán, pues sabemos que, más allá de expresar una voluntad política, el alcance efectivo de toda decisión requiere disponer de la capacidad jurídica para llevarla a término.

En cuanto a la ruptura del pacto constitucional atribuida a la sentencia del Estatuto de 2006, admito que pueda ser materia de debate, aunque me parece un argumento notoriamente desproporcionado si se pretende fundamentar en él un derecho a la autodeterminación apelando a la doctrina de la *remedial secession* como reacción frente a un Estado que ignora sistemáticamente un pacto de autogobierno territorial preestablecido.

Los días de la infamia

Después del ataque japonés a Pearl Harbor el 7 de diciembre de 1941, el presidente de Estados Unidos Franklin D. Roosevelt pronunció el que se conoce como discurso de la infamia. Hay diversas anécdotas sobre la confección de este discurso, pero me interesa destacar una de ellas. Se dice que, en una primera redacción, el presidente encabezó el discurso con una frase que calificaba aquel día como una fecha que pasaría a la historia del mundo, pero que después él mismo la sustituyó por otra, mucho más dramática, en la que decía que aquel día viviría en la infamia (*will live in infamy*). Una infamia es una acción ruin o vil contra otra persona y que, al mismo tiempo, desacredita o deshonra a quien la comete.

Me ha venido a la cabeza el discurso de Roosevelt al recordar lo ocurrido en el Parlamento de Cataluña los días 6, 7 y 8 de septiembre de 2017. En el pleno que se celebró esos tres días se aprobaron las bases jurídicas para proceder a la independencia de Cataluña de manera unilateral: la ley del referéndum de autodeterminación y la ley de transitoriedad jurídica y fundacional de la república. Esta última debería actuar a modo de constitución provisional del nuevo Estado catalán hasta que la república culminara su proceso constituyente. Era, por lo tanto, la ley que regulaba la desconexión política y jurídica con España si el resultado del referéndum fuera favorable a la independencia. Una ley de manual, según la teoría kelseniana de que la derogación *de facto* de una constitución por un nuevo marco legal suele significar que durante un tiempo convivan normas de ambos sistemas hasta que el nuevo desplace completamente el anterior. También era una ley de dudoso carácter democrático, pues su naturaleza excepcional no le permitía respetar algunos principios tan obvios como la separación de poderes. Baste recordar que la máxima autoridad judicial sería designada por el presidente de la Generalitat o que los decretos leyes aprobados por el Gobierno no serían susceptibles de control jurídico.

Pero en este pleno también ocurrió otra cosa. La mayoría hizo añicos el Reglamento de la Cámara para poder tramitar estas dos leyes y arrasó con ello todos los derechos de la oposición. Resultó así que la sesión parlamentaria que consumaba el mandato democrático del pueblo catalán fue la menos democrática celebrada jamás. Una gran paradoja que tiene, desde luego, su explicación, pero no su justificación.

A causa de las resoluciones adoptadas a lo largo de la legislatura, el mismo Parlamento había propiciado que sus márgenes normales de actuación quedaran reducidos por la intervención del Tribunal Constitucional y sus severas advertencias de responsabilidad de los miembros de la Mesa si volvían a desobedecer sus sentencias y resoluciones. El intento de reforma del Reglamento de la Cámara, que facilitaba la tramitación de las leyes de desconexión por lectura única, también había quedado en vía muerta a causa de la suspensión decretada por el Tribunal Constitucional. No quedaba, pues, otra opción que forzar el Reglamento y hacer una tramitación exprés de las leyes, una tramitación de emergencia o fuerza mayor, aunque fuera a costa de los derechos de la oposición. Para la mayoría estaba claro que el fin justificaba los medios.

Cuando hablo de los derechos de la oposición no me refiero a simples trámites. El ejercicio de la democracia se vehicula a través de una serie de procedimientos parlamentarios imprescindibles para garantizar un debate político acorde con la importancia de la cuestión, abierto al planteamiento y la evaluación de diversas alternativas y amparado por las garantías que establecen el Reglamento parlamentario y las leyes. Por lo tanto, la democracia también son las formas.

Todo esto saltó por los aires al aprobar, precisamente, las dos leyes fundacionales del nuevo Estado. No había peor modo de empezar, y así lo percibió la ciudadanía cuando asistió atónita al desarrollo del pleno a través de los medios de comunicación. Lo que muchos pensaron que sería una gran fiesta de la democracia derivó en el caos y desprestigió la institución parlamentaria. Personalmente sentí pena y vergüenza por tener que vivir tan de cerca semejante espectáculo, mucho más de cerca aún porque, por razón de mi cargo, tuve que asistir en esos días a una representación paralela, afortunadamente a puerta cerrada. Me refiero a las numerosas reuniones de la Mesa y de la Junta de Portavoces que se mantuvieron en solo cuarenta y ocho horas. Todo un récord, no solo por su número, sino también por su alto voltaje político.

Con el transcurso de los años se ha sabido que el ataque japonés a Pearl Harbor no fue una sorpresa absoluta. Los norteamericanos tenían indicios de que podía ocurrir, pero no supieron gestionar la información de que disponían y no pudieron reaccionar antes. Lo que ocurriría en el pleno de los días 6, 7 y 8 de septiembre de 2017 lo sabíamos todos, pero la oposición difícilmente podía frenarlo. Solo podía prepararse para lo peor.

El secretario general del Parlamento y yo también tomamos nuestras precauciones considerando nuestra condición de asesores de la Mesa. Nos preocupaba mucho el desarrollo del pleno y lo que podría venirnos encima. Mi impresión era que la presidenta tendría muchas dificultades para que la sesión no se le escapara de las manos. Como había sucedido en otras ocasiones, sería ella la que tendría que afrontar una situación que se le presentaba muy adversa, ya que era impensable que la oposición renunciara, ante iniciativas de aquella trascendencia, a hacer uso de todos los instrumentos de bloqueo posibles. Desde la vuelta de las vacaciones se la veía tensa y desbordada por los acontecimientos. Ya tenía dos querellas contra ella en marcha y ahora su situación aún se podía agravar más. Esta tensión también se percibía en los otros miembros de la Mesa pertenecientes a la mayoría. Es razonable pensar que, en su fuero interno, se debatían entre su compromiso político y las consecuencias que pudieran desencadenar sus actos. Hasta entonces solo se habían aprobado resoluciones; en aquel momento, en cambio, se trataba de aprobar leyes, y no unas cualesquiera, sino las de desconexión.

Ya se ha escrito sobre el transcurso del pleno y de las reuniones de la Mesa y la Junta de Portavoces de aquellos días. Entre otras muchas publicaciones centradas en aquel momento, cabe mencionar el libro *Empantanados*, de Joan Coscubiela (Península, 2018), todo un referente, ya que él fue uno de los actores destacados en su calidad de portavoz del grupo parlamentario CSQP. He leído su libro y, como testigo de los hechos, puedo decir que su análisis me parece objetivo. Más recientemente, también Lola García aporta en *El naufragio* (Península, 2018) muchos datos referentes a esos días. Mi testimonio se circunscribe forzosamente a mi experiencia directa, a lo que conocí, vi y viví personalmente. Y eso es lo único que puedo contar.

La sesión plenaria se inició el 6 de septiembre sin que en su orden del día apareciera la tramitación de la proposición de ley del referéndum de autodeterminación (recordemos que la Mesa aún no la había admitido a trámite). Sin embargo, en contra del proceder habitual, la presidenta convocó a la Mesa para las nueve de la mañana del mismo día. Comenzaba el juego. En el apartado «otras cuestiones», el vicepresidente primero Lluís Guinó pidió que se tratara la admisión a trámite de la proposición de ley, condición necesaria para que pudiera debatirse en el Pleno. Los miembros de la Mesa de la oposición enseguida vieron la jugada y se quejaron por las prisas, visto que la decisión se había demorado desde mediados del mes de agosto. De hecho, todos estábamos advertidos, pues los medios de comunicación habían desvelado el plan: admitir a trámite la proposición de ley el mismo día 6 y luego, en el transcurso del pleno, solicitar la ampliación del orden del día para debatirla y aprobarla en un solo acto.

Le comenté al secretario general que debíamos cubrir nuestra posición y advertir formalmente a la Mesa de que la tramitación podía contradecir las resoluciones del Tribunal Constitucional y dar lugar a responsabilidades a los miembros de la Mesa que votaran a favor. Me encargué de redactar el texto y, después de introducir de común acuerdo algunos cambios, lo llevamos a la reunión de la Mesa. Cuando llegó el momento, el secretario general explicó nuestra posición y yo pedí que nuestra nota se anexara al acta. En ella también alertábamos de los problemas de orden reglamentario que podría suponer tramitar la ley por medio de una alteración del orden del día del pleno. Como era de esperar, la mayoría, con el apoyo —para mí inesperado— del secretario tercero de la Mesa, Joan Josep Nuet (representante de CSQP), acordó admitir a trámite la proposición de ley.

Sin embargo, la táctica de retrasar la decisión hasta el momento de la sesión plenaria no sirvió para eludir las responsabilidades derivadas. Otra argucia que no funcionaba. El Gobierno del Estado actuó de inmediato, y, el 19 de septiembre, el Tribunal Constitucional dictaba un auto en que hacía constar un nuevo incumplimiento de sus resoluciones anteriores y decidía dar traslado a la Fiscalía.

El pleno no pudo empezar con normalidad debido al órdago que la tramitación de la proposición de ley del referéndum significaba para la oposición. Como era de prever, esta utilizó todos los medios a su alcance para obstaculizar el desarrollo de la sesión: solicitud de reconsideración del acuerdo de admisión a trámite, petición de un informe de los servicios jurídicos, oposición a la ampliación del orden del día que permitiría aprobar la proposición de ley en un solo acto y apelación a la intervención del Consell de Garanties Estatutàries. Cada uno de estos ítems interrumpía el pleno y obligaba a reuniones de la Mesa y de la Junta de Portavoces, una situación que se prolongó hasta bien entrada la madrugada del día 7 y a lo largo de todo este día.

Fueron unas horas que a mí me pasaron de manera muy rápida. Como encargado de redactar las actas de la Mesa y de la Junta de Portavoces, decidí que lo mejor sería hacerlo sobre la marcha para evitar la acumulación de datos y poder notificar lo más pronto posible a los grupos parlamentarios los acuerdos adoptados. Así, en cuanto terminaban las reuniones, el secretario general iba al pleno, que se reanudaba acto seguido, y yo me dedicaba a redactar las actas con el apoyo de los funcionarios correspondientes. Era un ir y venir, ya que a veces no había acabado aún un acta que ya se convocaba la próxima reunión. Fue todo un reto gestionar con un mínimo orden y concierto la avalancha de escritos presentados por los diferentes grupos parlamentarios. El ambiente de las reuniones tampoco era el más propicio para ello, como es de suponer.

En mis idas y venidas, tenía que pasar por un estrecho pasillo que se encuentra en el piso superior del edificio del Parlamento, un sitio discreto donde hay unas pequeñas salas de reuniones. Al poco tiempo me di cuenta de que la zona estaba tomada por los servicios de seguridad y de que había mucha gente entrando y saliendo de las salas: miembros del Gobierno, de las entidades cívicas promotoras de la independencia, así como otros cargos de la Administración catalana y asesores. Y entonces comprendí que allí se había instalado el cuartel general de la operación que se desarrollaba en la planta inferior. Tuve la sensación de respirar el ambiente de esos momentos políticos en los que se dirime la posibilidad de grandes cambios, como si se estuviera gestando algo histórico, pero al mismo tiempo sin acabar de creerme que se estuviera realmente a punto de cruzar el Rubicón. También tuve la sensación de que la toma de decisiones estaba justo ahí y no en el piso de abajo, en el hemiciclo, donde lo que se hacía era más una representación teatral que otra cosa. En mi fuero interno había albergado la ilusión de que quizá aquello no fuera más que una estrategia de presión y que, antes de llevar las cosas hasta el final, se haría un *reset*. Ahora empezaba a tener claro que no, salvo un milagro de última hora. También me empezó a embargar una extraña sensación de irrealidad respecto al futuro desarrollo de los hechos. No me parecía que todo aquello, tal y como estaba sucediendo y podía suceder, tuviera posibilidades reales de llegar a buen puerto. Había demasiados elementos en contra que me impedían compartir el entusiasmo no disimulado de muchos y el carácter histórico del momento. No podía impedir tener la sensación de estar asistiendo a la obra protagonizada por unos diletantes. La gestión de los acontecimientos posteriores no hizo más que confirmarlo.

De las reuniones de la Mesa y la Junta de Portavoces y, en general, de lo que ocurrió en aquellas tres jornadas en el Parlamento me ha quedado la sensación de haber vivido los días más intensos de mi carrera profesional. También de haber hecho lo que debía, a pesar de nadar a contracorriente de la mayoría y percibir una cierta hostilidad a partir de entonces, no solo por parte de ciertos políticos, sino también de algunos trabajadores del Parlamento. Desde luego, no me ayudó mucho que en el discurso que pronunció Mariano Rajoy el mismo día 6, una vez conocida la aprobación de la ley del referéndum, agradeciera públicamente la oposición de los letrados a su tramitación. En tiempos de todo o nada, de blanco o negro, sus palabras me colgaban la etiqueta de *botifler* (traidor).

También me queda el recuerdo de la conducta de los actores principales. En momentos así afloran con intensidad las virtudes y lo que no lo son. Destaco la flema y la educación del vicepresidente segundo, José Espejo-Saavedra, que no perdió en ningún momento la compostura; o la finura jurídica que demostró el portavoz del grupo parlamentario Socialista, Ferran Pedret; o la capacidad argumental y mediadora del portavoz del grupo parlamentario CSQP, Joan Coscubiela; o la serenidad del portavoz del grupo parlamentario Popular, Alejandro Fernández. Ninguno de ellos perdió los papeles, a pesar de ver sistemáticamente ignorados sus derechos básicos como diputados. Por lo que respecta a la mayoría, en cambio, no percibí ni capacidad ni interés en la defensa de su postura, más allá del recurrente argumento de la obediencia al mandato democrático transmitido por el pueblo catalán a su Parlamento. En realidad, las decisiones ya estaban tomadas y, desde su punto de vista, no parecía que hubiera necesidad de discutir ni argumentar demasiado.

En ese mismo pleno se tramitó también la ley de transitoriedad jurídica y fundacional de la república. Como he comentado antes, esta ley debería funcionar a modo de constitución provisional si el resultado del referéndum era el sí y se declaraba la independencia. No era necesario, por tanto, aprobarla en aquel momento y podía haberse esperado, cuando menos, al desarrollo de los acontecimientos para no dar la imagen de que el referéndum ya se consideraba ganado. Pero aun así, se decidió sacarla adelante. De ahí que se presentara al Registro de la Cámara cuando la sesión plenaria ya estaba en marcha y que la Mesa la admitiera a trámite en una reunión mantenida a una hora nada habitual, pasadas las doce de la noche del día 6. Esta admisión a trámite corrió la misma suerte que la de la ley del referéndum. El Tribunal Constitucional también la consideró, al cabo de pocos días, como una desobediencia y dio asimismo traslado a la Fiscalía.

El procedimiento elegido para aprobar ambas leyes fue la aplicación del artículo 83 del Reglamento de la Cámara, que permite introducir un nuevo punto en el orden del día de un pleno, aunque no haya cumplido previamente todos los trámites establecidos, siempre que lo acuerde el mismo Pleno por mayoría absoluta. No está pensado, desde luego, para tramitar leyes desde cero, que es justamente lo que se hizo en este caso. Para una tramitación simplificada ya está previsto el procedimiento de la lectura única, si se dan los requisitos exigidos. La alteración del orden del día del pleno no puede sustituir a un procedimiento legislativo, y no es de extrañar que cuando el Tribunal Constitucional declaró inconstitucionales y nulas las leyes del referéndum y de transitoriedad jurídica y fundacional de la república, censurase también la creación de esta especie de procedimiento a medida para intentar tramitarlas y aprobarlas, en perjuicio de los derechos de las minorías parlamentarias.

En relación al periplo de estas dos leyes, es importante destacar la posición institucional del Consell de Garanties Estatutàries (CGE). Este organismo está compuesto por juristas de reconocido prestigio elegidos por el Parlamento y el Gobierno, y su función es la de dictaminar sobre la adecuación a la Constitución y al Estatuto de Autonomía de los proyectos y proposiciones de ley que se tramitan en la Cámara catalana. Sin embargo, no pudo emitir ningún dictamen sobre las leyes del referéndum y la de transitoriedad jurídica y fundacional de la república, porque la mayoría lo impidió con el argumento de que el trámite de ampliación del orden del día no lo exigía. Un verdadero fraude de ley que el mismo Consell no dudó en señalar a la Mesa a petición de los grupos de la oposición. A pesar de ello, se hizo caso omiso, lo que no deja de ser una evidencia de las dudas que la misma mayoría tenía respecto a la debilidad jurídica de ambas iniciativas. No deja de sorprender, en cualquier caso, y de ello pueden sacarse muchas conclusiones, que el Gobierno y la mayoría parlamentaria marginaran la intervención de un organismo diseñado precisamente como un instrumento de control interno en Cataluña para evitar situaciones como las que estábamos viviendo.

Después de componer un verdadero rompecabezas, conseguí tener preparadas las actas dè la Mesa y de la Junta de Portavoces, con la inestimable ayuda de Laura Daura, Pilar Caparrós y Francesc Nicolàs, los gestores parlamentarios que me ayudaron. Sabía que tenía en mis manos un material explosivo que podía acabar en los tribunales, como finalmente sucedió, y me preocupaba qué iba a ocurrir cuando las actas se sometieran a aprobación. Había intentado ser lo más objetivo posible, pero ¿quién sabe? Las reuniones de la Junta de Portavoces se registran y pueden servir de contraste, pero las de la Mesa, en aquel momento, no. Por suerte, mi preocupación se reveló exagerada, pues se aprobaron todas las actas de las sesiones con solo algunas modificaciones de detalle y poco relevantes.

Prisionero de las propias palabras

En el discurso pronunciado el mismo 6 de septiembre, el presidente del Gobierno Mariano Rajoy aseguró que el referéndum no se realizaría, como ya había dicho públicamente otras veces. Su argumento era que se trataba de un referéndum ilegal y contrario a las resoluciones del Tribunal Constitucional y que por eso estaba obligado a adoptar las medidas necesarias para impedir que se celebrara. A partir de aquel momento, se reforzó el traslado a Cataluña de importantes contingentes de los cuerpos y fuerzas de seguridad del Estado y se estableció un marco coordinado de actuación policial bajo las órdenes del coronel de la Guardia Civil Diego Pérez de los Cobos. Quedaban pocos días para el 1 de octubre.

La actitud mostrada por el Gobierno central a lo largo del *procés* había sido inflexible, y optó desde el primer momento por oponerle la ley, y solo la ley, y no dejar margen alguno a la negociación política. Fue una apuesta que contaba con el apoyo del núcleo más cercano del presidente, esto es, su vicepresidenta Soraya Sáenz de Santamaría y la «Brigada Aranzadi», con notable presencia de abogados del Estado.

En la disciplina de Derecho Administrativo hay una parte dedicada a la ejecución forzosa de las decisiones administrativas y judiciales, cuando su cumplimiento exige la actuación de la fuerza pública. Estas medidas pueden justificar el uso legítimo de la fuerza, pero siempre bajo los principios de proporcionalidad y menor afectación a las personas y a los bienes. Cuando he tenido que explicar en la universidad esta parte del programa, nunca me he sentido cómodo. El ejercicio de la coacción o la fuerza para impedir algo ilegal o para hacer cumplir algo legal no tiene buena prensa. Los estudiantes no lo entienden, porque ven en ello un acto de violencia intrínsecamente contrario a los derechos fundamentales de la persona. Quizá en esta valoración entren en juego elementos de carácter psicológico e ideológico, pero el hecho es que así es como lo interpretan en muchos casos, sobre todo si la fuerza se dirige contra un gran número de personas que creen estar ejerciendo correctamente sus derechos. Cuesta aceptar el uso de la fuerza, aunque con ello se trate de impedir algo ilegal. La relativización de muchos conceptos hace hoy mucho más sensible a la sociedad frente a cualquier acto del poder público que implique el uso de medios coactivos. Es un hecho que hay que aceptar y tener también muy en cuenta por la proyección pública que se pueda dar al uso de la fuerza.

Una vez aprobada la ley del referéndum, vendría su celebración el 1 de octubre. En teoría, no debería ser así al haber quedado suspendida la ley por el Tribunal Constitucional, pero parecía evidente que el Gobierno catalán, como así sucedió, iba a hacer caso omiso y la convocatoria seguiría adelante. Esto trasladaba la presión al presidente del Gobierno y lo abocaba, o bien a intentar por todos los medios que el referéndum no se realizara, o bien a una estrategia más sutil de no intervenir y desacreditarlo con la palabra, explicando y demostrando que el referéndum, por las condiciones en que se iba a realizar, no podía tener valor alguno. Intentar reprimir la votación no era lo más sensato. Muchos conflictos no se ganan con la ley en la mano, sobre todo si esta pasa por injusta u obsoleta en el imaginario social. Pero ya dijo Aristóteles que el hombre es dueño de sus silencios y esclavo de sus palabras, una sentencia que pesaba como una losa sobre el presidente del Gobierno. Quizá no pensó que las cosas iban a llegar tan lejos, pero el hecho es que se quedó atrapado en su estrategia y no quiso o no pudo salir de ella.

Sin embargo, creo que había una alternativa que hubiera evitado uno de los errores más graves que el Estado ha cometido con el *procés*. A mi modo de ver, la estrategia era simple y, además, no implicaba costes sociales añadidos, si exceptuamos la previsible acusación de debilidad que los sectores más radicalmente anticatalanistas (los del «a por ellos») habrían lanzado a Mariano Rajoy. Esta acusación también podría haberle pesado como una losa, pero el presidente del Gobierno tenía que ejercer su responsabilidad y tenía asimismo a su disposición argumentos muy convincentes para, bien expuestos, devaluar el significado y el valor del referéndum.

Un referéndum sin ley

El principal argumento que hubiera podido esgrimir ya se lo había puesto en bandeja la Comisión de Venecia. Como hemos visto, en su respuesta a la carta enviada por el presidente de la Generalitat Carles Puigdemont, la Comisión de Venecia había dejado claro que, para ser válido, un referéndum debía, como condición previa y necesaria, convocarse y desarrollarse de acuerdo con la Constitución y las leyes, y en el caso de un referéndum de autodeterminación, debía contar también con el acuerdo del Estado implicado.

No era una opinión menor. La Comisión de Venecia, que depende del Consejo de Europa, es una institución de referencia en esta materia. Sin ir más lejos, su asesoramiento fue fundamental para la celebración del referéndum de Montenegro. Además, ya hemos comentado que la Comisión dispone de un código de buenas prácticas en la materia, lo que brindaba la oportunidad perfecta para contrastar si el referéndum previsto para el 1 de octubre de 2017 en Cataluña podía tener alguna validez, pues solo así podría tener alguna posibilidad de obtener el reconocimiento interno e internacional. No hace falta ser muy perspicaz para darse cuenta de que el contraste no podría favorecer a las autoridades catalanas. Lo que estas habían concebido y preparado para el 1 de octubre podía tener la apariencia de un referéndum, pero no la sustancia.

Por de pronto se convocaba sin base legal, un defecto de origen insubsanable en un Estado de derecho. Era contrario a la Constitución, amparado por una ley que el Tribunal Constitucional había suspendido, y carecía de órgano de garantía (la Sindicatura Electoral, prevista por la ley suspendida, quedó desactivada ante la amenaza de importantes multas). Dicho de otra manera, era un referéndum sin ley de cobertura y sin ningún sistema que permitiera controlar y certificar los datos de participación ni garantizar los requisitos elementales del ejercicio del derecho de voto.

El referéndum del 1 de octubre no solo tenía estos problemas. Tenía otro aún más profundo que atacaba precisamente a su misma razón de ser: un problema de democracia. Es fácil pensar que cualquier proceso participativo que se convoque es traducción del principio democrático. Sin embargo, esta conclusión está muy lejos de la realidad si tal convocatoria no cumple determinados requisitos. Ya he comentado que la democracia no aparece por generación espontánea, pues está sujeta a unas condiciones de procedimiento previas sin las cuales un acto presuntamente democrático se puede convertir en lo contrario, es decir, en un acto arbitrario e incluso autoritario.

Si un proceso participativo como un referéndum se convoca al margen de la ley, su base democrática también se tambalea, pues es normal que buena parte de la población a la que teóricamente se convoca no lo acepte como válido y no acuda a las urnas. Y a partir de aquí las anomalías se encadenan: no hay campaña electoral, no hay un verdadero debate político, no hay garantías de fiabilidad, la sociedad no se siente concernida en su conjunto, tampoco vinculada a los resultados. Los convocantes del referéndum del 1 de octubre no esperaban a la mitad de los ciudadanos catalanes. De la mitad o más de la sociedad catalana, tan democrática como la otra, que se sentía marginada de algo que podría cambiar su vida. Y no valía decir que si no iban era porque no querían. Solo se puede acudir a este argumento cuando un referéndum se ha convocado correctamente. De la levedad de la ley del referéndum no podía resultar más que la levedad del referéndum mismo.

El presidente del Gobierno disponía de un surtido arsenal de argumentos para minimizar, antes del 1-O y sobre todo después, el valor de la consulta. Era una alternativa real, consistente y mucho más segura, como se vería posteriormente, que echar mano de otro tipo de arsenal. En un auto de la Audiencia Provincial de Barcelona referido a la intervención policial en una sede de votación, dictado un año después de la celebración del referéndum del 1-O, se reconoce que, tal como se celebró, no podían desprenderse consecuencias jurídicas a partir de él, lo que pone en cuestión la necesidad de la intervención policial.

Entre el Pleno del Parlamento de los días 6, 7 y 8 de septiembre y el 1 de octubre ocurrieron muchas cosas que no presagiaban nada bueno. Mi impresión, que se confirmó a medida que pasaban los días, es que el Estado no controlaba la situación, razón de más para haberse replanteado si la estaba abordando adecuadamente. La organización del referéndum parecía estar más en manos de las entidades soberanistas y su entorno cívico que en las de la Generalitat, lo que complicó mucho los intentos de desarticular la logística de la consulta. Los sucesos del 20 de septiembre en la sede del Departamento de Economía y Finanzas fueron un indicio serio de la magnitud de la movilización social. Se aventuraba un 1-O muy complicado, si nadie lo remediaba.

El 11 de Septiembre tuvo lugar la habitual concentración multitudinaria en las calles de Barcelona, que esta vez calentaba motores para la inminente cita con las urnas. Aquel día yo estaba en Santander participando en unas jornadas sobre Administración local organizadas por la Universidad Menéndez Pelayo y la Fundación Democracia y Gobierno Local. Después de los intensos días vividos en el Parlamento, me sentó bien cambiar de ambiente y descomprimirme un poco. Al llegar me encontré con los organizadores y los demás ponentes, que me recibieron como si fuera un héroe. El agradecimiento a los letrados por su «coraje», expresado públicamente por Mariano Rajoy, parecía que me confería tal condición. En mi casa, un *botifler*, y en Santander, un patriota. Lo que hay que ver.

Entre los ponentes, dos destacados que cuentan con una gran trayectoria universitaria a sus espaldas: Tomás de la Quadra-Salcedo, catedrático de Derecho Administrativo, ministro del Gobierno de Felipe González y expresidente del Consejo de Estado, y Luciano Parejo, también catedrático de Derecho Administrativo y exdirector del Instituto de la Administración Local. Nos conocemos desde hace tiempo y entre nosotros hay una cierta relación de confianza. Los vi preocupados por lo que estaba pasando y podía pasar en Cataluña e intercambiamos opiniones. Me tranquilizó verlos alejados de posiciones extremas y percibir que eran conscientes de que el problema de la relación entre Cataluña y España era complejo y pedía a gritos tender puentes y rehuir precipicios.

También me encontré con un viejo amigo, Ramon Camp, compañero de universidad, político de larga militancia en CiU y actual director de la Fundación Democracia y Gobierno Local. Comentamos la situación y le confesé mi pesimismo ante los recientes y futuros acontecimientos en Cataluña. Me dijo que creía que, después del referéndum, Mariano Rajoy y Carles Puigdemont no tendrían más remedio que sentarse a negociar una salida. Me sorprendió que lo viera así y, con el tiempo, he pensado que me transmitió más un deseo que una convicción. Yo dudaba mucho, y así se lo dije, que Mariano Rajoy estuviera dispuesto a negociar algo si el referéndum se llegaba a celebrar. Para él sería como un chantaje que no podría aceptar. Recuerdo que le dije que me temía que si se llegaba hasta el final, las cosas empeorarían. Creo que Ramon Camp, que tiene una amplia experiencia política en Madrid y que también fue vocal del Consejo General del Poder Judicial, sabía a qué me refería.

11

EL ARTÍCULO 155 EN EL HORIZONTE... Y ALGO MÁS

El 12 de octubre de 2014, la cadena pública danesa Danmarks Radio emitió la serie de televisión *1864*. Ese día era el 150 aniversario de la guerra de los Ducados, que enfrentó al Reino de Dinamarca con Prusia y el Imperio austríaco. Una guerra que desencadenó Dinamarca, dispuesta a recuperar unos territorios fronterizos que había perdido años antes. El conflicto tuvo lugar en un momento de auge nacionalista, liderado por el primer ministro danés (y también obispo) Ditlev G. Monrad con el apoyo del propio rey Christian IX y otras personas influyentes. Como cabía esperar por la gran desigualdad entre los contendientes, la guerra acabó con derrota danesa. Los ducados en disputa forman hoy parte de Alemania: es el Estado federado de Schleswig-Holstein.

El otro día de la infamia

A finales de 1944, el frente oriental del Tercer Reich había colapsado. Las tropas soviéticas habían franqueado la frontera alemana y en poco tiempo estarían a las puertas de Berlín. Sin embargo, cuando los rusos llegaron a la ciudad no pudieron desplegar toda su superioridad bélica al encontrarse con un entorno extremadamente hostil. Los alemanes habían convertido Berlín en una fortaleza con varios anillos defensivos. En las batallas urbanas, las tropas y las concentraciones de tropas dejan de ser armas invencibles, sobre todo si los resistentes están preparados y dispuestos a todo. La superioridad bélica puede imponerse en campo abierto, pero de poco vale en otros terrenos. En su libro sobre la batalla de Berlín, Antony Beevor lo describe muy bien. Los rusos solo lograron conquistar la ciudad a costa de grandes pérdidas humanas.

Si los días 6, 7 y 8 de septiembre se pueden considerar como días de la infamia por lo que ocurrió en el Parlamento, no podemos decir otra cosa de lo que ocurrió el 1 de octubre en Cataluña. Por excesivo y por innecesario. El presidente Quim Torra también ha utilizado el término «infamia» para referirse a la actuación del Gobierno ese día. Sin embargo, olvida la otra infamia, la que el Gobierno de Carles Puigdemont y la mayoría parlamentaria perpetraron en el Parlamento un mes antes y que fue el origen del 1-O.

La actuación policial del 1-O fue un desastre en toda regla. Una chapuza. No se debía haber escogido esa vía, por las razones que ya hemos comentado, y alguien tendría que haber pensado que seguirla no iba a funcionar. Era como querer poner puertas al campo. Detrás del referéndum había una organización que se subestimó, un verdadero movimiento cívico que lo preparó y previó las dificultades que podrían surgir. No nos engañemos: el 1-O no era un acto inocente, pues detrás de su organización había plena conciencia de que el Estado intentaría impedir su celebración. Por esto se preparó a fondo un sistema de resistencia bien calculado. De esto no debe deducirse que fuera un acto violento ni concebido como tal, pero sí un acto en el que había conciencia de que el conflicto podría llegar a existir por la reacción del Estado, y, me atrevo a decir que, tal y como se veían venir las cosas en los días anteriores, para algunos no dejaba de presentar una buena oportunidad para trasladar la imagen de un Estado represor de un movimiento pacífico y legítimo. Si esta percepción es correcta, el 1-O también escondía una provocación, en la que finalmente el Estado cayó de cuatro patas.

El Estado tenía otro obstáculo en contra: la principal fuerza de seguridad en Cataluña, los Mossos d'Esquadra, no estaban bajo su control directo. Tuvo que echar mano de los cuerpos de seguridad del Estado, que, además de claramente insuficientes, era inevitable que fueran vistos como fuerzas de ocupación. El improvisado barco «Piolín» sirvió la caricatura en bandeja.

Estaba claro que no se podría impedir el referéndum por la fuerza. No se podían clausurar todos los colegios ni incautar todas las urnas. Además, se generaba un problema de seguridad añadido que se habría evitado si se hubiera dejado que la jornada se desarrollara sin más. Quizá aún no somos conscientes de lo que pudo ser y no fue. Aunque la actuación policial pudiera tener fundamento legal, a mí me parece absurda e irresponsable. No solo no se impidió el referéndum, sino que se promocionó. Muchos ciudadanos decidieron a última hora ir a votar como acto de protesta, dejando en un segundo plano qué es lo que se preguntaba. Yo no tenía pensado ir a votar ni cambié de intención a lo largo del día, pero entiendo que otros lo hicieran. A pesar de las cargas policiales, seguía pensando que no podía participar en algo que para mí no era un referéndum de verdad.

Ha pasado más de un año de aquello y aún recuerdo el estupor que sentí al ver las noticias a primera hora de la mañana. Continúo sin poder creerlo. Sin darse cuenta, Mariano Rajoy y su Gobierno acababan de convertirse en el mayor aliado del *procés*. Con su decisión estaban echando tierra sobre lo sucedido unas semanas antes en el Parlamento y legitimando el referéndum ante un número creciente de personas, no únicamente las ya convencidas de la causa. En una época en que la información es instantánea y circula vertiginosamente, en que las redes sociales son el oráculo, hay que pensarlo dos veces antes de sacar la policía a la calle. Aunque los responsables de tal decisión no quieran reconocerlo, lo ocurrido el 1-O fue un desastre para la imagen democrática del Estado, en Cataluña y en todo el mundo; un grave error que estamos pagando. El Gobierno no necesitaba emplear la fuerza para impedir el referéndum, que se desautorizaba a sí mismo por su ilegalidad manifiesta, por la indiferencia o el rechazo directo que suscitaba en la mitad de los ciudadanos de Cataluña, por su improvisado recurso de última hora al censo universal y, en definitiva, por la falta de unas mínimas garantías que acreditaran su desarrollo y su resultado.

Hubiera bastado con saberlo explicar. Sin alzar mucho la voz, pero sin morderse la lengua, como ha dicho Josep Borrell, actual ministro de Asuntos Exteriores. Algo tendrá que ver con ello la campaña de contactos internacionales que ha emprendido el ministro para contrarrestar el relato difundido por el independentismo. Las cargas policiales del 1-O hicieron que muchos catalanes y no catalanes vieran el referéndum como un acto de represión a la antigua usanza, propio del régimen franquista, y, por lo tanto, intrínsecamente antidemocrático. Desde luego es una visión distorsionada, si nos atenemos a los antecedentes y recordamos cómo se gestó el referéndum y sus debilidades. Pero un análisis riguroso de estas características es difícil de explicar y de entender cuando las emociones ocupan el lugar de las razones.

Quiérase o no, guste o no, buena parte de la sociedad catalana, como de muchas otras, ha evolucionado en estos últimos tiempos incorporando nuevos valores. Entre ellos está el valor del mensaje simple y de lo simbólico por encima de valores más materiales y consistentes, el gusto por el relativismo y la necesidad urgente de satisfacer sus deseos. Es una evolución que Zygmunt Bauman ya adelantó con su teoría de la sociedad líquida. Y en este nuevo contexto y visión social, la reacción del Estado ante el 1-O aún se muestra más arcaica, más fácil de presentar como una actuación propia de otras épocas.

Esta percepción social tuvo además una preparación previa para crear la simbología adecuada del momento. El 1-O no era más que el último acto de un proceso de calentamiento previo, que había empezado años antes con las consultas municipales sobre la independencia y había seguido después con las grandes manifestaciones reivindicativas de los 11 de Septiembre y otros actos multitudinarios. La confusión entre el poder público y los movimientos cívicos proindependencia, el papel jugado por determinados medios de comunicación y los grandes gestos parlamentarios que significaron las sucesivas resoluciones aprobadas por el Parlamento y su culminación en las leyes del referéndum y de transitoriedad jurídica y fundacional de la república; todo ello proyectaba una realidad virtual pero que era real para buena parte de la ciudadanía.

Lo sucedido el 1-O pone a Cataluña en situación de máxima tensión. Se percibe en la calle, en los medios de comunicación y también en el Parlamento, donde se celebra una sesión extraordinaria de la Junta de Portavoces el lunes 2 de octubre. Se aprueba una declaración de condena a la represión policial del día anterior, suscrita por los grupos parlamentarios de Junts pel Sí, la CUP y CSQP. El 3 de octubre se convoca una jornada de «paro de país» y se producen importantes manifestaciones y concentraciones en Barcelona y en los ayuntamientos capitales de comarca. Barcelona está especialmente alterada todo el día. El mismo Parlamento queda bloqueado durante unas horas por una manifestación integrada mayoritariamente por gente joven. En sus caras se plasma una gran excitación y la ilusión por una independencia que creen inminente tras el éxito del referéndum. Solo hay que esperar a su declaración oficial.

El mismo día 3 se produjo otro hecho que no contribuyó a calmar los ánimos de los partidarios de la independencia: el discurso del rey. Según se ha hecho público un año después, la alocución real no se ciñó a un guion predeterminado por el Gobierno, como suele ser habitual en un sistema de monarquía parlamentaria, en que el monarca no opina ni interfiere en la acción política. Pero esta vez, tras los sucesos del 1-O, es el propio rey el que toma la iniciativa. Parece ser que Mariano Rajoy le había asegurado repetidamente que el referéndum no se celebraría. Sin embargo, como sabemos, se celebró, y las tristes imágenes de la mañana del 1-O dieron la vuelta al mundo. La reacción desde la Zarzuela fue escribir un discurso que después se trasladó al Gobierno, quien, a pesar de tener ciertas reticencias, finalmente lo aprobó. Como todos recordamos, el discurso, más dirigido al conjunto de los españoles que a los catalanes, optaba por un tono duro con respecto a Cataluña y sus autoridades, a las que recordaba que es responsabilidad de los legítimos poderes del Estado asegurar «el orden constitucional y el normal funcionamiento de las instituciones». Muchos ciudadanos, la mitad de los catalanes o quizá más, echaron en falta un gesto de comprensión que les permitiera albergar alguna esperanza, aunque fuera mínima, de la predisposición de la Corona a ejercer una función moderadora en el conflicto catalán. En cualquier caso, ya era tarde para ello. Con su discurso, el rey acababa de certificar su divorcio con buena parte de la sociedad catalana. Justo un año después, el Parlamento aprobaría una resolución de reprobación y rechazo a la monarquía.

El punto de no retorno

La épica asociada al 1-O gracias a la inestimable ayuda del Gobierno español y a la imagen de las cargas policiales que dieron la vuelta al mundo anima al Gobierno catalán a seguir el camino inicialmente trazado. La ley del referéndum es clara al respecto, como antes hemos señalado. Según su artículo 4, si el resultado es afirmativo, el Parlamento debe celebrar, en el plazo de los dos días siguientes a la proclamación de los resultados oficiales por la Sindicatura Electoral, una sesión plenaria para declarar formalmente la independencia. Pero hay un problema: la Sindicatura Electoral no existe; no se ha podido constituir por el riesgo de imposición de multas de cuantía muy elevada a sus miembros, según lo acordado por el Tribunal Constitucional. Los resultados que se hacen públicos la misma noche del 1 de octubre y que dan al sí una mayoría aplastante son, pues, oficiosos, algo que a algunos parece importar tan poco como el hecho de que el referéndum en sí, por sus condiciones y su desarrollo, difícilmente puede aspirar a tener validez alguna. Sin embargo, el Gobierno catalán y las fuerzas políticas independentistas concluyen que hay que darle credibilidad y evidenciar a la vez el cumplimiento de lo establecido en la ley que lo regula.

Cualquier proceso electoral, incluido un referéndum, requiere de un órgano neutral e independiente que pueda certificar su plena pulcritud democrática, esto es, que verifique que han participado los que podían hacerlo y que no lo han hecho más de una vez, que el recuento se ha efectuado correctamente y que no se ha producido ninguna incidencia lo suficientemente importante como para invalidar de forma total o parcial las votaciones. Esta es precisamente la función que desarrollan las juntas electorales, cuya labor no se ha cuestionado en todos estos años, ni siquiera en las últimas elecciones al Parlamento del 21 de diciembre de 2017, las del artículo 155 de la Constitución, sobre las que algunos habían sembrado cierta desconfianza.

La ley del referéndum de autodeterminación no podía contar con las juntas electorales ordinarias porque se habrían negado a intervenir en este caso. De ahí que se inventara un sucedáneo en forma de Sindicatura Electoral. Pero si este órgano ya ofrecía, por su mismo diseño y composición, serias dudas sobre su independencia e imparcialidad, mucho peor era que ni siquiera pudiera actuar. Por si alguien aún no lo sabe, el referéndum del 1 de octubre de 2017 no contó con ningún órgano con capacidad y autoridad suficientes para validar que se desarrollara al menos conforme a su propia ley reguladora. No hubo ninguna instancia, pues, que pudiera acreditar la limpieza y credibilidad que debe tener todo proceso participativo.

Pero lo que parecía un problema realmente grave se soslayó muy pronto. Al fin y al cabo, ya no venía de una ilegalidad más, y donde dijimos Sindicatura Electoral ahora decimos Gobierno catalán. Da igual la literalidad de la ley, aunque seamos nosotros quienes la hayamos redactado. El 6 de octubre, el vicepresidente del Gobierno, Oriol Junqueras, el consejero de la Presidencia, Jordi Turull, y el consejero de Asuntos Exteriores, Relaciones Institucionales y Transparencia, Raül Romeva, presentaron en el Registro del Parlamento un escrito en el que informaban a la presidenta de la Cámara de los «resultados definitivos» del referéndum celebrado el día 1: 2.044.038 votos a favor de la independencia (90,18 %), 177.547 en contra (7,83 %), 44.913 votos en blanco (1,98 %) y 19.719 votos nulos.

La presentación del escrito crea un conflicto a la Mesa del Parlamento en el momento de calificarlo. Su trascendencia es evidente, pues su admisión a trámite puede justificar la convocatoria del Pleno para declarar la independencia. Dos días antes, la Mesa ya había decidido admitir a trámite la solicitud de un pleno extraordinario, presentada por los grupos parlamentarios de Junts pel Sí y la CUP, para el 9 de octubre, en el que compareciera el presidente de la Generalitat para valorar los resultados del referéndum del 1 de octubre y sus efectos «de acuerdo con el artículo 4 de la ley del referéndum de autodeterminación». Se estaban dando, pues, los pasos necesarios para aplicar este artículo, es decir, para que, con ocasión de su comparecencia, el presidente declarara la independencia o bien lo hiciera el propio Pleno mediante la aprobación de una resolución. En las dos reuniones de la Mesa, el secretario general y yo advertimos del riesgo que entrañaban ambas fórmulas y de sus eventuales consecuencias. Pero no sirvió de nada. El grupo parlamentario Socialista, a la vista de lo que podía venir, tomó la decisión expeditiva de presentar recurso de amparo al Tribunal Constitucional contra el acuerdo de la Mesa, y aquel no se anduvo con chiquitas. Admitió enseguida el recurso y adoptó como medida cautelar la suspensión del pleno previsto para el día 9; medida nada habitual en un recurso de amparo, aunque la situación que lo generaba tampoco lo era.

Pero a grandes males, grandes remedios. Si el problema era la referencia que hacía la solicitud de comparecencia a la valoración de los resultados y los efectos del referéndum, se suprimía y asunto resuelto. Y así se hizo; se retiró la primera solicitud y se sustituyó por otra más genérica, presentada ahora directamente por el mismo presidente, para «informar sobre la situación política actual». Nada que objetar en este caso, pues el Reglamento del Parlamento establece que el presidente de la Generalitat puede comparecer ante el Pleno a petición propia si lo solicita; y el motivo no podía ser obstáculo al no ser tan explícito como en la solicitud anterior. Todo el mundo sabía que esto no solucionaba la cuestión de fondo, pues en ese pleno podría suceder de todo. Si se quería, se podría utilizar perfectamente para dar cumplimiento a la ley del referéndum. Pero, en este caso, la solicitud de comparecencia y la convocatoria del pleno eran inatacables jurídicamente y nadie podía impedirlas. Finalmente el pleno fue convocado para el 10 de octubre.

El 10 de octubre había una expectación inusual en el Parlamento, como nunca antes se había visto dentro y fuera del edificio. Los Mossos d'Esquadra habían desplegado un gran dispositivo de seguridad y solo podían entrar en el parque de la Ciudadela (en cuyo interior se encuentra el Palacio del Parlamento) las personas acreditadas. La planta noble del edificio, donde se ubica el hemiciclo, estaba literalmente tomada por los medios de comunicación y llena de platós improvisados. Era llamativo el elevado número de medios extranjeros. En el ambiente flotaba la sensación de que aquel iba a ser un día especial, un día histórico. Se esperaba que el presidente declarara la independencia durante su comparecencia, que tendría lugar por la tarde. Cuando llegó el momento, había mucha gente concentrada en las calles adyacentes al parque.

De manera similar a lo que me ocurrió durante el pleno de principios de septiembre, todo aquel despliegue me parecía más una escenografía que algo real. Tenía de nuevo la sensación de estar más en una representación que a punto de vivir un momento de auténtica trascendencia histórica, uno de esos en los que de verdad va a pasar algo. Pensé que si se llegaba a algún tipo de declaración sobre la independencia, las cosas no cambiarían, pues, como jurista, sé que las leyes y los actos jurídicos no siempre tienen la capacidad inmediata de mutar la realidad, y tampoco veía por ningún lado que las autoridades y los ciudadanos de Cataluña tuvieran la capacidad suficiente para imponer la aparición de un nuevo Estado. Y digo «imponer» porque una secesión unilateral supone originar uno de los conflictos más graves que pueden darse en el seno de cualquier Estado, un conflicto en el que ya no cuentan la razón o la justicia, sino disponer de las condiciones necesarias para hacer efectivo un cambio. En medio de estas cavilaciones llegué a la conclusión de que del discurso del presidente no podía salir nada categórico más allá de un nuevo amago para forzar algún tipo de negociación, algo para lo que el grave error cometido por Mariano Rajoy el 1 de octubre le daba nuevos argumentos.

A las 19.37 horas del 10 de octubre, el presidente pronunció las palabras que mucha gente esperaba y que muchos no entendieron (al menos, en un primer momento). Dijo que al presentar los resultados del referéndum ante la Cámara y los ciudadanos «asumía» el mandato del pueblo de que Cataluña sea «un Estado independiente en forma de república»; pero acto seguido añadió que el Gobierno catalán y él mismo proponían que el Parlamento suspendiera los «efectos» de la declaración de independencia a fin de que, en las semanas subsiguientes, pudiera emprenderse un diálogo para llegar a una solución acordada.

Es difícil conceder a estas palabras el valor formal de una declaración de independencia. Por de pronto, se pronunciaron en un discurso, es decir, no formaban parte de un acto parlamentario que expresara la voluntad de la Cámara, como debía ser según lo establecido en el artículo 4 de la ley del referéndum de autodeterminación. Además, parece existir una contradicción entre las dos partes de su contenido. En la primera, se manifiesta la voluntad de que Cataluña sea un Estado independiente. El verbo traducido por «sea» corresponde en catalán a *esdevingui*, la palabra utilizada por el presidente de la Generalitat y que hace referencia a algo que aún no es. También se podría traducir por «llegue a ser» o «se convierta». En la segunda parte, en cambio, se propone al Parlamento que deje en suspenso los efectos de lo que se acaba de declarar, para que se pueda abrir un diálogo con el Estado.

Calculada o no, hay demasiada ambigüedad en estas frases como para concluir que se trata de una declaración de independencia. No puede serlo, porque le falta la forma (no es un acto parlamentario) y porque el Parlamento no puede dejar en suspenso algo sobre lo que no se ha pronunciado. Lo que sí parece haber, en cambio, en las palabras del presidente de la Generalitat es un nuevo intento de trasladar al Estado la responsabilidad de sentarse a negociar para evitar que la cosa vaya a más. Una táctica ya seguida desde los tiempos del derecho a decidir y que ya hemos comentado que poco tiene que ver con lo que deberían ser las condiciones normales de un diálogo apropiado a una situación como esta.

En la calle y con las expectativas generadas, mucha gente no entendía qué pasaba. ¿Había independencia o no? Esperaban algo más concreto. Por casualidad, oí una conversación entre dos diputados en la que uno decía al otro que solo se trataba de una «retirada estratégica» a la espera de que en Madrid movieran ficha. En mi fuero interno dudaba mucho de que se estuviera en condiciones de negociar nada.

Unos días más tarde, activado ya el artículo 155, muchos medios también especulan con la existencia de una mediación a nivel español e internacional y sus posibles protagonistas. Yo no tengo conocimiento directo de ello y me remito en este punto a fuentes más informadas. Sin embargo, ninguna de las informaciones que entonces se manejaban apuntaba a una negociación sobre el fondo de la cuestión, sino más bien a la forma de encontrar una salida digna al callejón sin salida, si se me permite el juego de palabras. Lo que sí consta, porque fue público y así se ha recordado un año después, es la intervención pública de Donald Tusk —uno de los posibles mediadores, según algunas fuentes— el mismo 10 de octubre, antes de iniciarse el pleno. He vuelto a leer con atención el discurso del presidente del Consejo Europeo y continúo viendo en él más una advertencia a las autoridades catalanas para no seguir adelante con la vía unilateral que un intento de mediación. Es cierto que, en su discurso, Donald Tusk recuerda su propia condición de miembro de una minoría nacional y lanza un mensaje contra el uso de la fuerza y a favor del diálogo, implícitamente dirigido a Mariano Rajoy, pero la petición final que se hace a Carles Puigdemont es también muy clara: «Hoy, le pido que respete en sus intenciones el orden constitucional y no anuncie una decisión que haga imposible el diálogo».

Los hechos parecen demostrar que este discurso tuvo su efecto sobre la fórmula utilizada para proclamar y suspender la independencia en el pleno del mismo 10 de octubre, pero creo que también indican una mala comprensión si se deducía de él que, en caso de no haber una oferta de diálogo inmediato por parte del Gobierno del Estado, la declaración de independencia unilateral podía contar con apoyos en la Unión Europea a corto plazo. Entenderlo así podía ser un grave error, como se demostraría muy pronto.

El pleno del 10 de octubre tuvo un epílogo no oficial. Cuando acabó, los setenta y dos diputados de Junts pel Sí y la CUP se reunieron en el auditorio del Parlamento para firmar la Declaración de los Representantes de Cataluña, un documento que sí tenía los elementos propios de una declaración de independencia. En él, sus firmantes afirmaban expresamente que «constituían» la república catalana como Estado independiente y soberano, de derecho, democrático y social; que «disponían» la entrada en vigor de la ley de transitoriedad jurídica y fundacional de la república y que «iniciaban» el proceso constituyente. No se trataba, obviamente, de un acto parlamentario, y la voluntad que se expresaba no se hacía en ejercicio del cargo, aunque sus firmantes se atribuyesen la condición de representantes de Cataluña. Este documento adquiriría pronto, sin embargo, un segundo protagonismo, esta vez más institucional, ya que se incorporaría a las propuestas de resolución que se aprobaron en el pleno del 27 de octubre, consideradas como la verdadera declaración de independencia.

En la historia reciente de España, ninguna comunidad autónoma había llevado tan lejos semejante jaque a la vigencia de la Constitución. Ya hacía días que la posibilidad de activar el artículo 155 para intervenir la Generalitat y su Gobierno era alta, sobre todo desde que las autoridades catalanas decidieron celebrar contra viento y marea el referéndum del 1-O. Y justo entonces, después de las palabras que el presidente pronunció en la sede parlamentaria, poca gente confiaba en que se abriera ninguna clase de diálogo y mucha se temía lo peor.

En efecto, el Gobierno no esperó mucho. Al día siguiente, 11 de octubre, dio el primer paso para aplicar el artículo 155 de la Constitución. Envió al presidente de la Generalitat un requerimiento por el que se le instaba a confirmar si en el pleno del día anterior se había declarado la independencia de Cataluña o no. Frente a la ambigüedad de las palabras del presidente catalán, el Gobierno quería curarse en salud y exigía una respuesta clara e inequívoca. El silencio o la imprecisión se considerarían como una respuesta afirmativa, en cuyo caso aún se concedería un segundo plazo para revocar la decisión y adoptar las medidas necesarias para restablecer el orden constitucional. Era, pues, un requerimiento «antiastucias». El Gobierno estaba aprendiendo. El primer plazo para contestar acababa el 16 de octubre a las 10.00 horas; el segundo, el 19 de octubre a la misma hora.

El artículo 155 de la Constitución es una medida de carácter extraordinario prevista especialmente para el caso de que las comunidades autónomas incumplan sus obligaciones constitucionales o legales o bien actúen de forma que atente gravemente contra el interés general de España. En ambos supuestos, el Gobierno hace un requerimiento a la comunidad autónoma en cuestión, y si no se atiende, el Senado, por mayoría absoluta, puede adoptar las medidas necesarias para imponer el cumplimiento forzoso de las obligaciones desatendidas o para proteger el interés general.

Quizá convenga conocer que el artículo 155 tiene referentes en otros países; más concretamente, está inspirado en la llamada «coerción federal», prevista en la Constitución alemana, aunque con una diferencia muy importante. El Senado alemán, el Bundesrat, es una cámara integrada exclusivamente por representantes de los Estados federados, los *Länder*. Su naturaleza estrictamente territorial ofrece la firme garantía de que la activación de la coerción federal estará siempre plenamente justificada y de que las medidas en que se traduzca serán proporcionadas. Más allá de este instrumento legal que atañe a las relaciones entre poder central y territorial, también conviene saber que la gran mayoría de las constituciones democráticas disponen de mecanismos de autoprotección que pueden suponer incluso, en determinados casos y con un límite temporal, la restricción o suspensión de derechos fundamentales. Por lo tanto, el 155 de la Constitución española no es algo anormal. Con todo, debe exigirse que su activación responda siempre a una situación excepcional y que su intensidad sea la mínima imprescindible a fin de no menoscabar los valores, principios y derechos constitucionales. Por lo que respecta al artículo 155, especialmente el principio de autonomía territorial.

El diálogo imposible

El 16 de octubre, apurando el límite del primer plazo, llega la respuesta del presidente de la Generalitat al requerimiento del Gobierno en una carta que no se ajusta al guion que espera la Moncloa. En efecto, Carles Puigdemont no contesta a la pregunta de si hubo o no declaración de independencia el 10 de octubre y se va por la tangente, aludiendo al mandato democrático emanado del resultado del referéndum e insistiendo en la oferta de diálogo y en la necesidad de negociar un acuerdo que resuelva la encrucijada. La palabra «diálogo» aparece seis veces en la carta, y las apelaciones a la negociación y el consiguiente acuerdo también se repiten. Asimismo, la misiva abunda en el error cometido por Rajoy al intentar, sin éxito, impedir por la fuerza el referéndum. De esta manera aparece en el relato independentista un nuevo hilo que después dará mucho rendimiento: la represión contra el pueblo de Cataluña y sus autoridades, de la que también participaría el Poder Judicial, pues ya había empezado a actuar contra Jordi Sánchez, presidente de la ANC, y Jordi Cuixart, presidente de Òmnium Cultural.

Diálogo y reversión de la represión son los ejes conceptuales de la respuesta llegada del Palau de la Generalitat. No se vislumbra la menor intención de corresponder a la petición del Estado, más bien al contrario. La carta puede interpretarse como el preludio de la internacionalización del *procés*, pues solo justifica la «suspensión» de la declaración de independencia del 10 de octubre y la oferta de diálogo en la voluntad de atender la «petición de numerosas personalidades e instituciones internacionales, españolas y catalanas». Además, se dice que esta voluntad no es ningún signo de debilidad, sino una propuesta honesta para encontrar una solución a la relación entre el Estado español y Cataluña.

La respuesta del presidente de la Generalitat pone de manifiesto, en mi opinión, una importante distorsión de los hechos y de su cabal comprensión. Se percibe en ella la configuración de un contexto en el que se introducen dosis de exageración y oportunismo para crear una imagen alejada de la realidad. Una maniobra seguramente consciente en aquel momento, pero que, con toda probabilidad, ha acabado convertida en creencia íntima.

Apelar al diálogo y a la negociación a partir de hechos consumados no parece ni honesto ni sincero. En Cataluña ya llevamos demasiado tiempo haciéndonos trampas con esto: desde el 9-N. La comparación con Escocia o con Canadá nos debería sacar los colores, a pesar de la «rocosidad» que ha demostrado tener el Estado. Reclamarse víctimas de la represión, como si estuviéramos en pleno franquismo o en un régimen autoritario, es desproporcionado y manipulador, a pesar de las actuaciones policiales y judiciales anteriores y posteriores al 1 de octubre de 2017. Con ambas he sido crítico, y avanzo que también lo seré con el proceder del Poder Judicial contra los líderes del *procés*. Pero aun así, pienso que España mantiene las condiciones esenciales para ser considerada un Estado democrático y de derecho. Una democracia imperfecta, desde luego, como también hay otras en el mundo, sin que ello permita desautorizarlas como tales y convertirlas en regímenes autoritarios. Puede que existan déficits en el sistema, como ya se ha dicho, pero eso no justifica la desfiguración populista o sentimental de la realidad. Con todo, esto es precisamente lo que ha acabado ocurriendo, y hay que reconocer que la operación ha tenido un éxito notable gracias a los errores del Estado, especialmente el del 1-O y la causa judicial por rebelión abierta contra los líderes del *procés*. Convenientemente explotado, el primero constituyó el argumento básico de la misiva del presidente de la Generalitat a Mariano Rajoy, argumento que —y me parece importante señalarlo— se convertirá enseguida en dogma de fe para muchas personas.

Como era de prever, la respuesta de Puigdemont no satisface a la Moncloa, y el mismo día el presidente del Gobierno envía una nueva carta al de la Generalitat instándole a que rectifique su posición antes de que expire el segundo plazo.

Además, Mariano Rajoy recuerda que la Unión Europea y los Gobiernos de los países miembros han dejado clara su postura, contraria al proceso de independencia catalán, y menciona que el Estado de derecho y el respeto a la ley son principios fundacionales de la Unión.

Apurando nuevamente el límite del segundo plazo llega la respuesta que cierra este ciclo epistolar. El presidente catalán mantiene la posición expresada en la primera respuesta, aunque ahora añade la especial importancia que tiene revertir la situación de Jordi Sánchez y Jordi Cuixart, que ya se encuentran en prisión provisional desde el 16 de octubre, fecha en que acudieron a declarar ante la Audiencia Nacional. Su carta termina con un párrafo que suena a advertencia: «Si el Gobierno del Estado persiste en impedir el diálogo y continuar la represión, el Parlamento de Cataluña podrá proceder, si lo estima oportuno, a votar la declaración formal de independencia que no votó el 10 de octubre».

A vuelta de correo, el Gobierno da cuenta, mediante un comunicado, de que debido a la negativa del presidente de la Generalitat a atender el requerimiento, va a poner en marcha los trámites previstos en el artículo 155 de la Constitución para restaurar la legalidad en el autogobierno de Cataluña.

La intervención de la Generalitat

El artículo 155 de la Constitución nunca se ha aplicado. Es verdad que se había iniciado una vez en relación con la comunidad autónoma de Canarias, pero finalmente no se aplicó. Era, pues, una completa novedad, tanto en lo político como en lo jurídico.

Centrándonos en esta segunda perspectiva, no puede decirse que este precepto no haya recibido atención en el ámbito académico. Ha generado muchos libros y artículos dedicados a sus presupuestos de aplicación y, sobre todo, al contenido y alcance de las medidas que se pueden adoptar a su amparo. No es posible, ni corresponde a este libro, hacer un análisis de los aspectos técnicos implicados en esta cuestión, pero sí podemos decir que hay opiniones para todos los gustos al respecto; desde las que plantean la posibilidad de suspender la autonomía misma hasta las que, pasando por otras más moderadas, defienden una intervención mínima, reducida a dar instrucciones a las autoridades autonómicas para que ejecuten las medidas establecidas por el Senado.

Parece obvio, en cualquier caso, que esta interpretación minimalista no fue la del Gobierno, ni después la del Senado, si nos atenemos a las medidas que se aprobaron, en concreto a dos de ellas: el cese del presidente y de los miembros del Gobierno de la Generalitat y la atribución al presidente del Gobierno del Estado de la facultad de decretar la disolución anticipada del Parlamento y convocar nuevas elecciones.

El estreno del artículo 155 difícilmente podía hacerse en un escenario menos favorable a una interpretación comedida. Una declaración unilateral de independencia bien podría aparecer, considerada con objetividad, en un manual de derecho constitucional como ejemplo de actuación gravemente atentatoria del interés general de España. No es, pues, un buen punto de partida para intentar minimizar el alcance del precepto, por muy justificada que esté la exigencia de que las medidas tomadas a su amparo obedezcan siempre los principios de gradualidad y proporcionalidad en sus efectos sobre la autonomía. Así lo puso en evidencia el Consell de Garanties Estatutàries cuando en el dictamen solicitado por el Parlamento de Cataluña antes de impugnar las medidas del artículo 155 aceptó la constitucionalidad de algunas (la facultad del presidente del Gobierno central para disolver el Parlamento catalán), pero objetó la pertinencia de otras (el cese del presidente y el Gobierno de la Generalitat). La última palabra la tendrá el Tribunal Constitucional tras los recursos presentados contra el acuerdo del Senado el 27 de octubre de 2017 por el que se aprobaron las medidas requeridas por el Gobierno al amparo del artículo 155. Pero la sentencia llegará cuando los hechos ya se han consumado y son irreversibles.

La tramitación del artículo 155 se inició con el acuerdo del Consejo de Ministros del 21 de octubre y terminó con el del Senado del 27 de octubre, que introducía algunas modificaciones y condiciones al texto del Gobierno. Las más significativas fueron la eliminación de las medidas que pretendían intervenir el servicio público audiovisual de Cataluña y el régimen de tutela a que se sometía el ejercicio de la función legislativa del Parlamento. El resto de las medidas previstas estarían vigentes hasta la toma de posesión del nuevo Gobierno tras las elecciones que se celebrarían el 21 de diciembre.

Paralelamente estaban pasando cosas relevantes a nivel político. El 1-O y la entrada en prisión de Jordi Sánchez y Jordi Cuixart («los Jordis») a raíz de los acontecimientos ocurridos el 20 de septiembre ante la sede del Departamento de Economía y Finanzas de la Generalitat habían complicado enormemente la situación. Con el 155 en marcha y la declaración de independencia en el aire, las incógnitas y las especulaciones sobre lo que podría acabar pasando se multiplicaron. La tensión era grande. Las posiciones estaban muy perfiladas y nadie parecía estar dispuesto a ceder. Antes del 27 de octubre no pasaron grandes cosas en el Parlamento. Sin embargo, las informaciones y las crónicas aparecidas sobre esos días parecen confirmar que diversos mediadores intentaron negociar para que el presidente de la Generalitat convocara elecciones antes de que el Senado adoptara su acuerdo. Pasado un año de los hechos, informaciones más recientes han dado detalles de la mediación de Iñigo Urkullu, presidente del Gobierno Vasco. Con ella intentaba encontrar una salida que conciliase la apertura de un proceso de diálogo entre las partes en conflicto y, simultáneamente, la convocatoria de nuevas elecciones en Cataluña, lo que desactivaría la declaración de independencia y suspendería la aplicación del artículo 155. Parece ser que la mediación no prosperó ante la dificultad de obtener compromisos claros al respecto.

El grupo parlamentario Socialista en el Senado también había presentado un voto particular que condicionaba la entrada en vigor de las medidas del artículo 155 a la disolución anticipada del Parlamento y la inmediata convocatoria de elecciones por parte del presidente de la Generalitat. Este voto particular estuvo en el aire hasta el último momento.

El 26 de octubre pudo ser un día clave en el curso de los hechos. Lo que al comienzo de la jornada parecía una firme decisión del presidente catalán de convocar elecciones se convirtió finalmente en una declaración institucional del presidente, quien traspasaba al Parlamento la responsabilidad de resolver sobre «las consecuencias de la aplicación del artículo 155 contra Cataluña».

Las tensiones y recriminaciones mutuas entre las fuerzas independentistas y las entidades soberanistas, así como el miedo a asumir la responsabilidad frente a una sociedad expectante habían flotado en el ambiente todo el día. Las redes sociales hirvieron, como se suele decir, más que nunca. El presidente no disolvió el Parlamento de Cataluña y optó por hacer esta declaración pública y seguir adelante.

La declaración institucional del presidente muestra una clara línea de continuidad argumental con la respuesta dada al presidente del Gobierno el 16 de octubre, en el sentido de intensificar el relato épico de la resistencia a la represión e insistir en una solución negociada. Además, califica el intento de aplicar el artículo 155 como un acto fuera de la ley, abusivo e injusto que pretende erradicar no solo el soberanismo, sino toda la tradición del catalanismo, y que esconde, dice, la «intención vengativa de un Estado que se vio derrotado el 1 de octubre». Prosigue afirmando que no puede haber elecciones porque ya no hay garantías de que puedan desarrollarse con normalidad al negarse el Estado a «parar la represión» y procurar unas condiciones de «ausencia de violencia» imprescindibles para cualquier proceso electoral. Con estas palabras dejaba claro lo que iba a suceder a continuación en Cataluña y en España. El 27 sería el día decisivo.

El pleno que se celebró ese día, el de la declaración de independencia, no estaba previsto inicialmente para ese fin, al menos de forma explícita. El 23 de octubre, los grupos parlamentarios de Junts pel Sí y la CUP presentaron una solicitud para tratar con carácter de urgencia un debate general sobre la aplicación del artículo 155 y sus posibles efectos. Como cualquier debate general, podía terminar con la aprobación de resoluciones cuyo contenido quedaba abierto. La sesión plenaria se convocó inicialmente para el día 26, pero tuvo que posponerse al siguiente debido a la agitación de aquella jornada, que culminó en la declaración institucional del presidente que acabamos de comentar.

Una vez conocida esta, lo que ocurriría el día 27 era bastante evidente. Por si quedaba alguna duda, a primera hora de la mañana los grupos parlamentarios de Junts pel Sí y la CUP presentaron dos propuestas de resolución. La primera consistía en una declaración de los «representantes de Cataluña» estructurada en dos partes, una explicativa y otra dispositiva. La explicativa coincidía prácticamente con la declaración firmada por los diputados el 10 de octubre al acabar la sesión plenaria, pero se le añadía un último apartado para confirmar que se asumía el mandato del pueblo de Cataluña expresado en el referéndum de autodeterminación del 1 de octubre y se declaraba que «*Cata-*

lunya esdevé un estat independent en forma de república» («Cataluña se convierte en un Estado independiente en forma de república»). La parte dispositiva instaba al Gobierno catalán a dictar todas las resoluciones necesarias para el desarrollo de la ley de transitoriedad jurídica y fundacional de la república y especificaba las más importantes, todas ellas coherentes con el cambio de estatus político y jurídico que comportaba la propuesta. La segunda propuesta de resolución declaraba el inicio y la apertura de un proceso constituyente en Cataluña e instaba asimismo al Gobierno a adoptar las medidas necesarias para ello.

La admisión a trámite de ambas propuestas de resolución fue especialmente conflictiva durante la reunión de la Mesa. El secretario general y yo tuvimos que advertir nuevamente a sus miembros de lo que podría significar tramitarlas, teniendo en cuenta el deber de cumplimiento de las resoluciones del Tribunal Constitucional al respecto. El tono de la posterior Junta de Portavoces fue todavía más crispado y se complicó además por un ruido ambiental que penetraba en la sala. Se habían concentrado muchos alcaldes en el interior del Parlamento y se oían constantes consignas a favor de la independencia y de la república. Supongo que para algunos diputados no debió de ser nada tranquilizadora la visión de estos alcaldes enarbolando sus varas de mando en el interior de la Cámara, sobre todo porque es regla de cortesía parlamentaria que las personas que accedan a sus dependencias guarden la compostura y respeten el pluralismo de la institución.

El pleno de la declaración de independencia empezó a las 13.24 y terminó a las 15.29 del 27 de octubre. La propuesta de resolución sobre el proceso constituyente fue aprobada mediante votación ordinaria y la de declaración de los representantes de Cataluña por votación secreta, a petición del diputado Roger Torrent, actual presidente del Parlamento. Hay que suponer que con la votación secreta se intentaba propiciar el anonimato del voto ante posibles responsabilidades de los diputados. Una medida seguramente innecesaria, al estar cubiertos por la garantía de la inviolabilidad parlamentaria, pero que es probable que exigiera alguno de los afectados por si acaso.

También un año después de los hechos, han aparecido en los medios algunas informaciones sobre estas propuestas de resolución, que hacen especial hincapié en que su parte expositiva propiamente dicha no fue objeto de votación. Esto es cierto, pues las exposiciones de motivos de las propuestas de resolución no se votan y solo se aprueba, en su caso, la parte dispositiva. Sin embargo, es difícil concluir que las exposiciones de motivos sean jurídicamente irrelevantes por dos razones: en primer lugar, porque la parte resolutiva de las propuestas perdería todo su sentido sin aquel presupuesto, como ponía en evidencia el contenido de la «Declaración de los representantes de Cataluña», que instaba al Gobierno catalán a desarrollar la ley de transitoriedad jurídica y fundacional de la república; y en segundo lugar, porque es obvio que la parte expositiva de las resoluciones sirve para situar en su contexto lo que finalmente se acuerda.

Me parece importante hacer esta explicación para poner de relieve, una vez más, la estrategia de la astucia y la ambigüedad que ha impregnado el *procés*: el querer hacer ver, guardando en la manga un argumento de defensa, por si acaso. Mucha relación con esto tiene que la secretaria primera de la Mesa pidiera en aquel momento que constara en acta, como así fue, que solo iba a ser objeto de votación y aprobación la parte dispositiva de las propuestas y que las mismas resoluciones aprobadas no producirían efectos jurídicos. Como también la tiene el argumento utilizado ante el Tribunal Supremo sobre el valor meramente simbólico o declarativo de las resoluciones. Todo ello no hace más que confirmar que el *procés* ha sido más gestual que real, visto incluso por sus propios protagonistas. Una conclusión en la que vamos a abundar a continuación.

¿De verdad se declaró una independencia?

Muchos lectores se sorprenderán por el título de este apartado, que reconozco que es provocativo. Sin embargo, creo que existe un buen margen para reflexionar y discutir lo que ocurrió el 27 de octubre en el Parlamento y lo que realmente significó, ateniéndome siempre a los hechos y no a lo que parecen, porque la imagen pública que pueden transmitir unos sucesos no siempre coincide con lo que realmente son. Veamos, pues, si se esconde algo detrás de las apariencias. Este análisis puede ser además muy importante para deducir consecuencias jurídicas.

En derecho existe la figura de los actos nulos, que son aquellos que adolecen de vicios sustanciales. Se trata de actos que aparentemente existen, pero a los que falta alguno de los elementos que deberían tener para poder considerarse válidos y eficaces de acuerdo con la ley. Sin embargo, también está la figura del acto inexistente, es decir, aquel que ni siquiera contiene los elementos necesarios para ser considerado un acto jurídico, aunque pueda tener alguna apariencia de serlo. Quizá este ejemplo, con un poco de imaginación, pueda servirnos aquí.

Uno puede expresar la voluntad de ser o hacer algo, pero si luego no concurren las condiciones necesarias para hacer efectivo ese algo, podemos preguntarnos qué valor tiene manifestarlo, más allá de las palabras proferidas. Debe existir una mínima relación entre la voluntad y los medios para hacerla realidad, por mínimos que sean. Lo planteo de manera más directa: ¿puede considerarse declarada una independencia por el mero hecho de declararla, aunque sea en sede parlamentaria? ¿Puede tener una simple declaración consecuencias jurídicas si no hay detrás de ella ningún plan de actuación ni medidas consistentes para hacerla efectiva? ¿No es esto lo que pasó el 27 de octubre de 2017 en el Parlamento de Cataluña?

Tengo muchas dudas acerca de cómo contestar estos interrogantes. Dudas formales y sobre todo materiales. Desde el punto de vista formal, es cierto que la propuesta de resolución que se votó señala una voluntad de que Cataluña se convierta en un Estado independiente, pero también lo es que se omitió formalizarla con claridad. También resulta cuando menos extraño que ninguna de las dos resoluciones aprobadas el 27 de octubre fuera objeto de publicación oficial alguna. Nadie las encontrará en el Boletín Oficial del Parlamento de Cataluña ni en el Diario Oficial de la Generalitat. No están en ninguna parte. Todos los juristas sabemos la importancia que tiene la publicación de las normas y de los actos para garantizar su conocimiento y sus efectos generales, de acuerdo con el principio de seguridad jurídica. En este caso, ninguna autoridad asumió la responsabilidad de hacerlo. Mientras escribo estas líneas, los documentos que tomo como referencia no son unas resoluciones, que en realidad no constan publicadas como tales, sino las propuestas presentadas por los grupos parlamentarios. Es el único documento que existe.

Pero lo que considero aún más importante es qué significa una declaración que no parece ir más allá de expresar un «querer ser». Si lo que se pretende con ella es que se produzca un cambio en las cosas, una ruptura, una nueva situación de hecho, debería existir algo que tuviera ese poder transformador. Retomando la teoría de Kelsen, hay que aceptar que una constitución pueda quedar derogada *de facto* por un nuevo orden establecido al margen de la misma y sin reforma constitucional previa, pero, para que esto ocurra, se necesita que existan unos elementos materiales suficientes para que la nueva situación se imponga sobre la anterior. Es lo que se conoce como principio de efectividad, que desplaza al principio de legitimidad. Y la pregunta entonces es: ¿se había concebido un plan exhaustivo y detallado para consumar la ruptura con España e implementar la república catalana por la vía de hecho? ¿Un plan que pudiera imponer el principio de efectividad?

A mí me parece que no, que había más atrezo que contenido. Si analizamos por un momento lo que debería haber pasado después de una declaración unilateral de independencia, creo que no es difícil concluir que, en lo que respecta a la catalana, faltaban los factores esenciales para tener alguna oportunidad de prosperar. Llevábamos años hablando de las «estructuras de Estado», pero todos sabemos que es prácticamente imposible construirlas y disponer de ellas sin ser antes un Estado. Nunca habían estado preparadas en Cataluña, a pesar de afirmarlo reiteradamente. El Consell Assessor per a la Transició Nacional elaboró dieciocho informes sobre cómo culminar el *procés* —incluidas las famosas estructuras de Estado—, pero, aparte de quedar recogidos en el Libro blanco de la Transición Nacional, no tuvieron, que se sepa, ninguna repercusión tangible, más allá de quedar plasmados en documentos. Tampoco parece creíble el éxito de la independencia unilateral sin apoyos internacionales o la posibilidad de obtenerlos. Cierto es que había unas delegaciones en el exterior, unas «embajadas», pero ¿qué fue lo que consiguieron? Y lo mismo podríamos decir sobre la existencia —o mejor, inexistencia— de medios o planes de choque para hacer efectiva la ruptura, porque no es sensato pensar que se iba a producir sola y sin reacción del Estado.

Algunos quizá entendieron que la acción de choque serían las movilizaciones ciudadanas o incluso el hecho de disponer de una policía propia, pero no se tiene noticia de que alguien asumiera la planificación de tales acciones. Si así hubiera sido, algo habría pasado en las instituciones y en la calle. ¿Dónde estaba el levantamiento popular que doblegaría al Estado y consumaría la ruptura? ¿Dónde estaba el plan para el día D? Considerar que los hechos del 20 de septiembre ante el Departamento de Economía y Finanzas o la resistencia ciudadana en las sedes de votación el 1-O podían ser una prueba de que tal plan existía me parece exagerado. Bastó con la aplicación del artículo 155 para que la etapa final del *procés* quedara en una simple declaración parlamentaria que ni siquiera se publicó. Afortunadamente, el Estado no tuvo que recurrir siquiera a la aplicación de medidas más excepcionales, como el artículo 116 de la Constitución y la ley orgánica que regula los estados de alarma, excepción y sitio, como podía haber sucedido según como se desarrollaran los acontecimientos. Este es un dato que no se ha destacado suficientemente y que tiene mucha relevancia política y jurídica, sobre todo cuando se trata de calibrar la importancia de unos hechos que se intentan presentar como una rebelión o sedición.

Lo ocurrido el 27 de octubre y los días siguientes es esencial para discernir entre realidad y ficción. Es difícil concebir que un Gobierno que se supone que acaba de proclamar la independencia se vaya de fin de semana en vez de dedicar las horas inmediatas a tomar las decisiones más urgentes en una situación de tanta trascendencia. Finalizada la sesión plenaria, todo el mundo se fue a casa y ni siquiera consta que el Gobierno se reuniera. Fui testigo de la celebración que se organizó al pie de la escalera principal del Palacio del Parlamento, y lo que más me llamó la atención fueron las caras de circunstancias de los miembros del Gobierno y de los diputados de Junts pel Sí, que contrastaban con la euforia de los diputados de la CUP. Como dice el refrán, una imagen vale más que mil palabras, y no creo que nadie percibiera en ella la firme determinación de seguir adelante. A mí me pareció que los principales actores expresaban preocupación por lo que podría venir.

Cuando salí del parque de la Ciudadela coincidí con Benet Salellas, diputado de la CUP. Había mucha gente y solo cruzamos una mirada, en la que yo creí leer algo así como «¿Ves como al final lo hemos hecho?». La verdad es que todo lo vivido aquel día volvió a producirme la extraña sensación de irrealidad que ya había experimentado en anteriores sesiones parlamentarias relevantes para el *procés*, aunque también es cierto que en momentos así a uno siempre le asaltan las dudas. Subí por el paseo de Lluís Companys hasta el Arco del Triunfo y luego seguí por el paseo de San Juan hasta la Diagonal. Al principio del camino, cerca del Parlamento, había gente —no mucha, por cierto— que aclamaba festivamente la declaración de independencia, pero conforme iba caminando ciudad arriba no me parecía que hubiera nada especial en el ambiente. Barcelona estaba como cualquier viernes; y lo mismo puede decirse del fin de semana. Quizá esta forma de celebración tenga algo que ver también con la posmodernidad.

La aprobación del acuerdo del Senado sobre el artículo 155 y su aplicación inmediata significó el fin de la legislatura y el cese del Gobierno. A pesar de lo que insinuaban algunas fotos colgadas en las redes sociales, los consejeros no retomaron su trabajo ni se volvieron a reunir. De hecho, el artículo 155 fue acatado también por el personal al servicio de la Generalitat, Mossos d'Esquadra incluidos.

Me parece que esta descripción de los hechos se ajusta bastante a la realidad y confirma lo que antes apuntaba, a saber, que la declaración de independencia fue más gestual que otra cosa, el clímax de una representación cuyo efecto ilusorio al final nos había envuelto un poco a todos. Podemos hacernos muchas preguntas sobre cómo se llegó hasta aquí; también sobre cómo algo tan poco consistente fue considerado por muchos como algo casi inmediatamente posible. En el último capítulo intentaré aportar algunos elementos a este debate, pero lo que ahora me interesa poner de relieve es la verdadera dimensión de las cosas, con el fin de que se pueda emitir un juicio cabal sobre ellas, en el sentido social y judicial del término. Y es que hay un largo trecho entre la desobediencia a las resoluciones de un tribunal y la imputación por delitos mucho más graves, como son el de rebelión o sedición, una imputación que requiere, a mi modo de ver, y ya lo adelanto, apoyarse en algo más que en la aprobación de unas resoluciones parlamentarias.

Como reconoció públicamente Clara Ponsatí, exconsejera de Educación, en junio de 2018, «estaban jugando al póquer e iban de farol», frase que completó en octubre diciendo que la DUI «fue un brindis al sol», un «accidente», porque Puigdemont debería haber convocado elecciones. Tal aventura merece un juicio, desde luego duro, pero seguramente no son los tribunales los que deben hacerlo. El juicio de verdad debe ser político y social, para exigir responsabilidades a los que nos llevaron hasta aquí y pusieron en riesgo a las mismas instituciones, causando unos daños a la sociedad de los que difícilmente se recuperará a corto y medio plazo.

El camino iniciado después de las elecciones del 27 de septiembre de 2015 fue más bien una huida hacia delante que hizo imposible parar el tren antes de que descarrilara. Los dirigentes independentistas se quedaron atrapados en la ilusión que ellos mismos habían creado y contribuido a hacer creíble. Confiaban en que el Estado reaccionaría y negociaría, y esta era su única estrategia, lo único para lo que quizá estaban preparados. No había mucho más, pero ya no podían volver atrás. Tenían que salvar su honor personal para no quedar como traidores ante sus votantes.

Tal forma de proceder implica, sin duda, una responsabilidad, sobre todo frente a los ciudadanos que los habían seguido. Pero estos, paradójicamente, han resultado ser muy benevolentes, y no han entendido o no han querido entender que han sido las principales víctimas de un engaño. No de la independencia como idea o como proyecto político, cuya legitimidad nadie discute, insistamos en ello, sino de la falta de consistencia y seriedad de quienes les habían prometido que su anhelo se podía hacer realidad fácilmente.

Conforme pasa el tiempo, más me cuesta entender cómo no se fue más hábil en aquel momento. Si no iba a pasar nada, si todos se irían a casa y la declaración de independencia iba a quedar solo en eso, quizá la mejor opción hubiera sido dejar bien claro que era una simple declaración simbólica, una expresión de voluntad a la espera de nuevos acontecimientos que permitieran implementarla sin descartar un margen de negociación. Al fin y al cabo, ya se sabía que con la aplicación del artículo 155 se iba a disolver el Parlamento y convocar nuevas elecciones. Hubiera sido una decisión inteligente y que seguramente habría evitado las consecuencias penales de sus protagonistas. Sabiendo que no se iba a intentar consumar la independencia y lo que podía venir (la aplicación del artículo 155 y la causa penal), no se me ocurre otra cosa que verlo como una gran irresponsabilidad, como un acto de inmolación al que se ven abocados los protagonistas, después de haber hecho tantas promesas, para no aparecer ante los ojos de los demás como unos farsantes.

Al cabo de un año de lo sucedido se han hecho públicos algunos datos desconocidos sobre lo ocurrido los días 26 y 27 de octubre. Pero sorprende que no haya aparecido ningún dato sobre el supuesto plan para hacer realidad la independencia que se iba a declarar. Un acto de ruptura como este no deja de tener un componente revolucionario para poder materializarse, cuando se supone que habrá que vencer la resistencia del Estado. Esta es la esencia de la unilateralidad. Y la pregunta es dónde estaba el plan que tenía preparado el Gobierno catalán: los primeros decretos tras la declaración, las actuaciones necesarias para ocupar las estructuras estratégicas de Cataluña, las iniciativas para conseguir el reconocimiento internacional del nuevo Estado o las previsiones para oponerse a la más que previsible reacción del Estado, por citar solo algunos ejemplos. Tampoco hay que olvidar las movilizaciones sociales que se producirían, es decir, el levantamiento popular como elemento necesario para imponer el cambio político y legal que implica la independencia.

Es curioso que no se sepa nada de este plan. Ni los servicios de inteligencia del Estado saben nada de él ni hay rastro suyo en ninguna de las actuaciones judiciales realizadas. Es extraño, tan extraño que confirma las dudas de que existiera un plan mínimamente elaborado y coordinado. Un intento de golpe de Estado o de rebelión sin plan de actuación parece más bien una broma, si no fuera por las consecuencias que todo ello ha tenido. Se me hace imposible ver en ello algo más que una fantasía. Un verdadero despropósito. Esto es lo que veo, y no un acto de rebelión, porque algo así requiere que exista algo mucho más serio y sólido que lo que realmente existió.

Hasta el rabo, todo es toro

Se esperaba la intervención de la justicia en el conflicto catalán, aunque para muchos no con el ímpetu con que lo ha hecho. En la actualidad, su intervención ya no es una cuestión que atañe al proceso independentista, sino que se ha convertido, objetivamente hablando, en el principal problema político de Cataluña y de España. Y también puede ser una prueba de estrés muy determinante para la propia democracia española según cómo se resuelva el proceso del *procés*, algo que hasta ahora no parece que esté saliendo como debería.

Durante la undécima legislatura, en la fase final del *procés*, se produjeron diversos incumplimientos de resoluciones del Tribunal Constitucional. Creo que todos eran muy conscientes de que acabaría cristalizando, como así ocurrió, en la instrucción de acciones penales por presuntos delitos de desobediencia. La imputación por desobediencia podía ser una consecuencia considerada posible por los miembros de la Mesa de la Cámara. Lo que probablemente no esperaban eran otra clase de imputaciones. Los efectos de una posible condena por desobediencia eran relativamente asumibles, pues solo podían significar la inhabilitación para el ejercicio de cargos públicos. Sin duda, una pena importante para quien ha optado por la carrera política, pero muy diferente a la pena de prisión.

A la vuelta de las vacaciones de 2017, cuando constaté que se iba a dar el impulso final a la ley del referéndum de autodeterminación, me preocupó lo que se avecinaba y así se lo hice saber a algún miembro de la Mesa. Tal como iban las cosas, mi instinto me decía que podía haber una escalada penal y decidí empezar a estudiar este aspecto. Llegué a la conclusión de que en el Código Penal no había una tipificación clara, más allá del delito de desobediencia, para la aprobación de estas leyes e incluso para una eventual proclamación de la independencia. Desde luego, contemplé el supuesto de sedición e incluso el de rebelión, pero las consideré muy poco probables en aquel momento, visto el cariz pacífico que en todo momento habían tenido las manifestaciones y las movilizaciones en pro de la independencia. Al fin y al cabo, era «la revolución de las sonrisas», como le gusta decir al actual presidente de la Generalitat, Quim Torra.

El peligro más grave ya no existía. Me refiero a la convocatoria ilegal de un referéndum, tipificado como delito entre 2003 y 2005. Este es un elemento importante que hay que explicar. A raíz del intento del lendakari Ibarretxe de convocar un referéndum sobre un nuevo estatuto político para el País Vasco, el Gobierno entonces presidido por José María Aznar añadió al Código Penal el artículo 506 bis, que tipificaba como delito la convocatoria de consultas populares por vía de referéndum y penaba con prisión de tres a cinco años, además de inhabilitación, a la autoridad que, careciendo de competencia para ello, se hiciera responsable o la autorizase; y como esta competencia está reservada expresamente al Estado por la Constitución, cualquier autoridad autonómica se exponía a incurrir en este delito. Sin embargo, el artículo 506 bis duró poco. El Gobierno de José Luis Rodríguez Zapatero lo derogó en 2005 mediante una reforma del Código Penal. Así pues, el principal peligro para las autoridades catalanas parecía que ya no existía.

Era, por tanto, muy dudoso que el Código Penal contemplara otra figura delictiva en la que poder encajar las decisiones que se estaban adoptando y, sobre todo, los hechos en que se concretaban o podían llegar a concretar. Con todo, alguien podría pensar —seguramente muchos— que el desarrollo de los acontecimientos debería ser merecedor de una sanción superior. Pero es importante saber que, cuando se trata del derecho penal, hay que andar con muchas precauciones. Es un derecho de «excepción» mediante el cual el Estado, a través del poder judicial, ejerce el derecho de castigo (*ius puniendi*) que permite limitar los derechos más básicos de los ciudadanos, en especial su libertad personal. Hay que ser, pues, muy estricto con su aplicación, en particular donde se dan conflictos de naturaleza política en los que ya no se trata únicamente de la protección de bienes jurídicos individuales.

El derecho penal se basa, entre otros principios, en el de tipicidad, que exige que solo pueden considerarse delictivas aquellas conductas que, de acuerdo con los criterios interpretativos ordinarios, es decir, no forzados, puedan ser subsumidas en las previstas por el Código Penal. Ciertamente, este código, como todas las normas, no se refiere a casos concretos, y define las conductas punibles con conceptos genéricos que siempre tienen un mayor o menor grado de indeterminación. Pero ello no significa que el juez disponga de plena capacidad de interpretación al hacer el encaje entre unos hechos y la norma. El derecho penal, por su naturaleza, requiere que ese encaje sea adecuado, lógico y evidente, y por eso prohíbe el recurso a cualquier clase de analogía (que sí es posible en otras normas jurídicas).

El 30 de octubre de 2017, tres días después de la declaración de independencia, la Fiscalía General del Estado presentó querella contra el presidente de la Generalitat, Carles Puigdemont, y los miembros de su Gobierno (en aquel momento ya cesados por la aplicación del artículo 155 de la Constitución), además de la presidenta del Parlamento y otros miembros y exmiembros de la Mesa, por la posible comisión de los delitos de rebelión, sedición, malversación de caudales públicos y otros conexos. Esta querella se añadía a las actuaciones judiciales abiertas en la Audiencia Nacional dos semanas atrás contra los presidentes de la ANC y Òmnium Cultural, así como a las actuaciones seguidas contra el mayor y una intendenta de los Mossos d'Esquadra.

La acusación por rebelión de los miembros del Gobierno y de la Mesa no fue una sorpresa absoluta, vistas las diligencias ya abiertas en la Audiencia Nacional unos días antes y la prisión decretada contra los Jordis. No lo fue desde el punto de vista político, pero sí desde el jurídico, al menos para muchos, entre los que me incluyo, a pesar de temer tal posibilidad desde hacía algún tiempo; más la del delito de sedición que la del de rebelión, desde luego. Al no existir el delito de referéndum ilegal, era posible especular con la desobediencia, la malversación si hubiese fundamento para ello, pero no con figuras delictivas que, a primera vista, parecen muy alejadas de los hechos. La imputación de rebelión, dada su magnitud, parece una exageración, no solo por las penas que pueda acarrear, sino por la posibilidad de decretar prisión provisional sin fianza (como así ha sido) y por la suspensión provisional del ejercicio de cargos públicos (como así ha sido también para los encausados que obtuvieron acta de diputado en las últimas elecciones al Parlamento).

He leído y releído el auto de procesamiento y me cuesta mucho comprender cómo los hechos que se relatan pueden considerarse propios de una rebelión, en el sentido que determina el artículo 472 del Código Penal, delito que considera responsables de rebelión a aquellos que «se alzaren violenta y públicamente» para conseguir alguno de los fines que el mismo precepto indica, entre ellos el de derogar, suspender o modificar la Constitución o declarar la independencia de una parte del territorio nacional.

Está claro que la declaración de independencia, por sí misma, no es rebelión. Y esto entronca con lo dicho en el punto anterior, en el sentido de que lo esencial no está en la declaración, sino en la materialización de la independencia o, al menos, en los actos dirigidos a conseguirla, siempre que estos supongan, además, violencia pública y organizada.

El auto de procesamiento, después declarado firme por la Sala de lo Penal del Tribunal Supremo, hace un relato de los hechos cuyo origen se sitúa en el Acuerdo para la Transición Nacional y para Garantizar la Estabilidad del Gobierno de Cataluña, el pacto de gobernabilidad firmado entre Artur Mas y Oriol Junqueras el 19 de diciembre de 2012. A partir de ahí, el relato continúa siguiendo los principales pasos políticos dados, que coinciden esencialmente con lo analizado en este libro y que enumeramos brevemente a modo de recordatorio: la aprobación de la Resolución 5/X sobre la soberanía y el derecho a decidir; la aprobación de la ley de consultas populares no referendarias y la consulta del 9-N de 2014; las elecciones plebiscitarias del 27 de septiembre de 2015, y las resoluciones adoptadas durante la undécima legislatura; y, finalmente, la aprobación de la ley del referéndum de autodeterminación y la de transitoriedad jurídica y fundacional de la república; la celebración del referéndum del 1-O; la presentación de sus resultados, y las sesiones parlamentarias de los días 10 y 27 de octubre de 2017.

El auto recalca de manera especial el carácter ilegal de muchas de estas actuaciones al haber quedado afectadas por resoluciones provisionales o definitivas del Tribunal Constitucional a las que ya hemos aludido. Asimismo, pone de relieve que, a pesar del reiterado incumplimiento de estas resoluciones judiciales, el Parlamento y el Gobierno catalán, siguieron adoptando decisiones para convocar, organizar y permitir que se celebrara el referéndum del 1-O.

De todo ello no creo que se desprenda ningún elemento que pueda conectarse consistentemente con el delito de rebelión. Desde luego, la manera de proceder de los responsables implicados es muy poco respetuosa con el principio de legalidad y con el deber de acatar las resoluciones judiciales, lo cual es ciertamente grave, sobre todo considerando que los responsables son autoridades o poderes públicos, pero no constituye rebelión en el sentido que establece el Código Penal.

Lógicamente, el auto debería ser consciente de esto, pero, a pesar de ello, prosigue con su particular relato. En este sentido es interesante fijarse en la conexión que establece entre estos hechos y otros paralelos y concordantes en el tiempo y en el fin. Por ejemplo, el auto da gran importancia a la creación del Consell Assessor per a la Transició Nacional en febrero de 2003 y a la elaboración por el mismo de los informes, que acabarían convirtiéndose en el Libro blanco de la Transición Nacional. Asimismo, pone de relieve que en el interior de dicha publicación se estudian la creación de las estructuras de Estado, la realización de un proceso constituyente catalán, los previsibles conflictos con el Estado y el papel que pueden adoptar los ciudadanos ante ellos. El auto reproduce, además, dos párrafos del texto referentes a un «escenario de no colaboración» (del Estado español) y a los «límites a la oposición al Estado», que no duda en calificar como «piedra de Rosetta» [sic] del diseño criminal que describe. Estas citas están en las páginas 53 a 55 del auto, y a mí, sinceramente, no me parece que puedan tener la relevancia que se les atribuye para la existencia de un delito de rebelión.

En el texto original del libro blanco, el primer párrafo citado se refiere a las medidas que podría tomar el Estado ante las actuaciones de la Generalitat, dirigidas a crear las llamadas «estructuras de Estado» e impulsar por la vía unilateral el proceso de independencia de Cataluña. El informe deja claro que estas actuaciones serían susceptibles de impugnación y suspensión y que, en último término, el Gobierno español podría acudir al artículo 155 de la Constitución e incluso adoptar alguna de las medidas excepcionales del artículo 116. No creo que pueda leerse aquí otra cosa que el aviso a quien corresponda de lo que podría pasar en el caso de llevar adelante el *procés* por la vía de hecho.

El segundo párrafo citado en el auto analiza los límites que podría tener la oposición del Estado a una situación de hecho producida en Cataluña. En este caso, aclara que, además de que se podrían suspender ciertos derechos en aplicación de los artículos 155 y 116 de la Constitución, podría llegar a intervenir la misma Unión Europea como garante de los valores fundacionales protegidos por los artículos 2 y 7 del Tratado de la Unión, sobre los que ya hemos hablado. El texto continúa poniendo de relieve que la utilización de la fuerza por parte del Estado podría presentarle problemas de aplicación y no lograría ahogar la voluntad popular ni evitar que se manifestase en el futuro, incluso en caso de suspensión del autogobierno, y termina diciendo que, ante una situación de bloqueo, si el Estado se negase a abrir algún tipo de negociación, esta se podría intentar forzar acudiendo a actores diversos que ejercieran de mediadores ante el Estado, pudiendo apelar al apoyo de la sociedad civil como factor decisivo para este objetivo. Quizá alguien pueda ver en estas referencias una apelación implícita a la movilización social, pero de ello no se desprende necesariamente que se esté llamando al levantamiento público y violento que exige el Código Penal.

Otro elemento del relato que construye el auto de procesamiento es la existencia de un pacto conspirativo entre las autoridades de la Generalitat y las entidades cívicas que dan apoyo al *procés*. El auto no lo adjetiva así, pero lo da a entender cuando se refiere a la hoja de ruta que se acordó entre los partidos políticos CiU y ERC, por un lado, y la Assemblea Nacional Catalana, Òmnium Cultural y la Associació de Municipis per la Independència, por el otro. Curiosamente, la existencia de esa hoja de ruta solo se basa en una noticia aparecida en los medios de comunicación. Pero, dejando esto al margen, el auto destaca que expresa un preacuerdo para convocar unas elecciones plebiscitarias el 27 de septiembre de 2015 con el fin de iniciar de inmediato un proceso de transición nacional que debería llevar a la proclamación de la república catalana en el plazo máximo de dieciocho meses, y que fruto de dicho preacuerdo se «suscitó» [sic] la participación de todas estas entidades en la definición de la estrategia política para conseguirlo, considerando la importancia de los movimientos sociales en el origen e impulso del *procés*.

Sobre el papel que debían desempeñar las entidades soberanistas, el auto destaca más adelante su intervención en el acuerdo de investidura de Carles Puigdemont y su responsabilidad en el aumento de la «aceptación» social de las iniciativas secesionistas con el objetivo de provocar una «intensa movilización ciudadana», que acabará forzando al Estado a aceptar la independencia en el caso de que se proclamara por cualquier vía de hecho. En este contexto, el auto destaca los actos y las manifestaciones convocados por las citadas entidades, especialmente las Diadas de 2015, 2016 y 2017, así como otras manifestaciones soberanistas multitudinarias, incluida la que tuvo lugar ante el Tribunal Superior de Justicia de Cataluña con ocasión del juicio por el 9-N.

No es ningún secreto que, formalizada o no, hubo una colaboración notable entre las autoridades de la Generalitat y las entidades soberanistas en la forma en que se impulsó el *procés*. No es casual que la presidenta del Parlamento durante la undécima legislatura fuera precisamente quien había presidido hasta entonces la ANC, como tampoco lo es que el presidente de la Generalitat lo fuera, inmediatamente antes de asumir el cargo, de la Associació de Municipis per la Independència. Pero deducir a partir de todos estos datos la voluntad de llevar a cabo una rebelión me parece excesivo y muy desproporcionado. Del entero relato de los hechos que hace el auto no se deduce en modo alguno la voluntad de hacer uso de la violencia, elemento esencial y definitorio de la rebelión, o de conspirar para provocarla. Tampoco se deduce la exhortación a un «levantamiento público y tumultuario» para impedir por la fuerza o fuera de las vías legales la aplicación de las leyes, que es lo que exigiría un delito de sedición.

Lo único que se desprende es que había la determinación de emprender una vía unilateral de independencia y que se iba a convocar la movilización social en su apoyo. Entiendo que esto pueda considerarse grave y anticipatorio de los sucesos que siguieron, pero la combinación de desobediencia y presión social no es suficiente para constituir el delito de rebelión o de sedición que contempla el Código Penal.

El análisis del auto revela que la exposición de los hechos está más bien dirigida a crear un relato propicio para enmarcar unos actos que se refieren a continuación y que pueden ser la única base posible para una imputación por rebelión. La rebelión es por definición violenta y hay que encontrar la violencia en algún sitio. El 20 de septiembre y el 1 de octubre son el único asidero que tiene el Tribunal Supremo. Pero no me parece muy sólido por dos motivos: por la inadecuación de calificar de «violento», en el sentido que exige el Código Penal, el desarrollo de los sucesos de esos dos días y por la dificultad de considerarlos como actos en sí mismos adecuados al propósito que persigue una rebelión.

El 20 de septiembre no se produjo un alzamiento público para declarar la independencia, que es en lo que consiste una rebelión, sino una concentración ciudadana para protestar por una actuación judicial en el Departamento de Economía y Finanzas de la Generalitat. Puede existir una relación entre la movilización ciudadana y el objetivo de la independencia, pero los hechos no se ajustan a la conducta tipificada en el artículo 472 del Código Penal. Tampoco creo que se diera la violencia exigida por ese delito, a pesar de los esfuerzos del auto por sentar que no solo se actúa violentamente cuando se hace uso de la fuerza física, pues también puede haber una violencia *light* equivalente a un «actuar» violentamente. Una tesis que me resulta difícil de entender, lo reconozco, y que me parece muy artificiosa, sobre todo cuando existen muchas opiniones favorables a reservar la esencia de la rebelión al uso de la violencia *hard*, es decir, con medios armados o físicamente disuasorios.

Además, en este punto crucial el auto entra en una flagrante contradicción al reconocer que la comisión del delito de rebelión exige una violencia de suficiente intensidad como para poder doblegar la voluntad de aquel contra quien se dirige (el Estado) y tener así la capacidad necesaria para lesionar el bien jurídico que protege el Código Penal. De lo que ocurrió el 20 de septiembre yo no puedo concluir racionalmente que se estaba produciendo nada de lo que contempla el artículo 472 del Código Penal, es decir, nada que tuviera la mínima posibilidad de derogar o modificar la Constitución o fuera equivalente a una declaración de independencia, ni tampoco, desde luego, que aquello tuviera suficiente entidad para doblegar la voluntad del Estado, como se hizo más que evidente por el mismo desarrollo de los hechos.

Y lo mismo puede decirse de lo ocurrido el 1 de octubre. Fue un referéndum ilegal, cierto, pero no era un alzamiento violento. Se trataba de que los ciudadanos participasen en una consulta, hicieran cola, depositasen su papeleta y se fueran a casa, como en cualquier otra votación. Esto era lo que habían preparado los organizadores, aunque es cierto, como antes he señalado, que la organización del referéndum no era un acto neutro, y también es evidente que podía haber resistencia ante una posible actuación policial. Pero el hecho de ser un acto ilegal y de que pudiera utilizarse como base para declarar después la independencia no lo convierte en un levantamiento violento ni tumultuario en sí mismo, como tampoco creo que le atribuye esta característica la reacción de resistencia que se produjo en algunas sedes de votación. No creo que esta reacción pueda ser equiparable al alzamiento violento o tumultuario a que se refiere el Código Penal para considerar unos hechos como rebelión o sedición.

Si no se hubiera producido la intervención policial, lo más probable es que la jornada del 1-O se hubiera desarrollado sin incidentes dignos de mención. Esta era la previsión de sus organizadores y pone de relieve lo forzado que es considerar lo que finalmente pasó aquel día como un acto de rebelión.

En cualquier caso, lo acaecido en estos dos días (el 20-S y el 1-O) contrasta con lo sucedido o, mejor dicho, con lo no sucedido el 27 de octubre, el día D de la independencia. Ya lo hemos comentado en el apartado anterior. Aquel día, el decisivo, no había nada preparado para doblegar al Estado, ni medidas ejecutivas ni movilizaciones multitudinarias. No existió nada concreto, nada consistente que permita establecer una relación entre lo ocurrido en el Parlamento y la imposición o el intento de imponer una independencia de manera violenta como dice el Código Penal. Y si había algo preparado, cosa que no se ha demostrado, el artículo 155 bastó para desactivarlo, como también hemos señalado. El Estado no tuvo que recurrir a ninguna medida excepcional para proteger el orden constitucional.

Cualquier delito necesita lo que la doctrina llama «imputación objetiva», incluso los delitos de mera actividad o de comportamiento, como sería el de rebelión, esto es, los delitos que no precisan de un resultado para que existan. Para que haya imputación basta con apreciar si lo que ha sucedido puede incluirse en la descripción legal del tipo delictivo, pero en su descripción exacta, porque puede suceder que existan conductas que externa o aparentemente puedan parecer delictivas y no lo sean. Es esencial valorar, además, si la conducta considerada reviste, cualitativa y cuantitativamente, un riesgo relevante para lo que protege la norma.

Si la rebelión es un delito de actividad y no de resultado, como reconoce el mismo auto, la existencia del delito debe radicar en el mismo acto que se considera, pues no se da la distancia espaciotemporal que requiere un delito asociado a un resultado concreto. Esto significa que la rebelión debería haberse sustanciado en los sucesos mismos del 20-S y el 1-O. Sin embargo, ninguno de ellos, singularmente o contemplados en su conjunto, tiene la idoneidad característica para ser considerado un acto típico de rebelión o sedición por las razones que hemos expuesto.

Se podría quizá admitir que el 1-O sí pretendía esa declaración al ser el referéndum al que se asociaba la independencia, pero, aun en este supuesto, le faltaría el carácter de alzamiento violento o tumultuario que exige la rebelión o la sedición, porque la actitud de resistencia ante la actuación policial, aunque esta sea legítima, no es equivalente a un alzamiento ni puede reconducirse a este supuesto aplicando una analogía que, en este caso, está prohibida. El referéndum del 1-O habría sido un delito si no se hubiese derogado el artículo 506 bis del Código Penal al que antes nos hemos referido, pero no un delito de rebelión, pues el antiguo artículo 506 bis convivía en su momento con aquel. Esta es la mejor muestra de que el mismo Código Penal no equiparaba la celebración de un referéndum ilegal, aunque pudiera referirse a la independencia, con un acto rebelde. Y no creo que esta conclusión cambie, como antes he comentado, porque se produjeran actos de resistencia pasiva frente a la policía durante el 1 de octubre.

El auto no entra en esta espinosa cuestión, pues no profundiza en qué consiste el carácter rebelde o sedicioso de los actos referidos. Sí dice que hubo violencia en ellos, pero en mi opinión, no demuestra que esta tuviera las características que exige el Código Penal para atribuirles dicho carácter. En este caso, no basta un peligro abstracto, pues la ley exige concretarlo y particularizarlo en unos hechos que, en sí mismos, encajen completamente y produzcan el efecto que el Código Penal castiga.

Así lo ha visto también el Tribunal Superior de Schleswig-Holstein que intervino en el procedimiento de extradición de Carles Puigdemont. Su resolución de 12 de julio de 2018 es un duro golpe para las tesis del Tribunal Supremo, cuando hace una comparación entre el delito español de rebelión y los delitos alemanes de alta traición y de perturbación del orden público con el fin de decidir si procedía o no a ejecutar la orden europea de detención emitida por España contra el expresidente. Se trata de una resolución meditada y bien argumentada que recuerda los límites del derecho penal en los casos de conflicto político y que pone en serias dudas que en Cataluña se persiguiera la independencia de forma violenta, a tenor de los hechos que describe el auto de procesamiento a los que el tribunal alemán no atribuye la condición de tipicidad necesaria, es decir, la concurrencia de las características exigidas por el Código Penal; sobre todo si se exige, como debe ser, que concurra un nivel de violencia de suficiente intensidad para forzar a la autoridad estatal a ceder a las exigencias de los acusados. Este es precisamente el riesgo que castiga el delito de rebelión y no otros riesgos menores.

El tribunal de Schleswig-Holstein tiene la suerte de ver los acontecimientos desde la distancia, lo que le permite atenerse al principio de proporcionalidad, a la mesura y a la prudencia. No digo con esto que los tribunales españoles no lo hagan, pero es posible que estén condicionados por algunos factores distorsionantes. El Poder Judicial es el garante del Estado de derecho, y, en los últimos tiempos, se ha visto sometido a un cuestionamiento incesante por el reiterado incumplimiento de sus resoluciones por parte de las autoridades catalanas. Su función de contrapeso frente a los abusos de los otros poderes del Estado ha sido discutida como nunca antes por un mal entendimiento del principio democrático, que se traduce en la pretensión de concentrar el poder en los órganos políticos y reducir al mínimo el de los jueces.

La deriva iniciada con la Resolución 1/XI ha generado la hostilidad judicial, aunque sea como reacción defensiva. El Parlamento y el Gobierno de la Generalitat quizá no fueran conscientes de este peligro.

Sobre el Poder Judicial también ha caído otra responsabilidad en el tema catalán, a saber, la de sacarle las castañas del fuego al Gobierno del Estado, que se ha limitado a ver pasar las cosas. Una pasividad injustificable, vista la raíz esencialmente política del conflicto. Se quiera o no admitir, esta postura ha trasladado al Poder Judicial, además del Tribunal Constitucional, una enorme presión. Quizá también los jueces han sido víctimas del relato que unos y otros gobernantes han contribuido a crear y de la distorsión que esto puede producir sobre la realidad y la exacta medida de lo sucedido. Quizá también han sido víctimas de una representación a la que están dando una credibilidad que nunca tuvo.

Puede que todo esto explique muchas cosas acerca de la causa que se sigue en el Tribunal Supremo contra los dirigentes del *procés*, pero también tiene otro efecto perverso y especialmente grave. Cuando en la actuación judicial una parte importante de la sociedad percibe una sobreactuación y una voluntad más de escarmiento que de justicia, el problema se agudiza. El círculo vicioso se reactiva porque los encarcelados pasan a tener la condición de mártires, una interpretación más extendida de lo que parece. Mucha gente, además de no comprender la gravedad de la acusación y las elevadas penas de prisión, censura la actuación de los jueces tildándola de política. Esta percepción se amplifica cuando los ciudadanos asisten atónitos a malabarismos judiciales, como nos ha obsequiado el mismo Tribunal Supremo en ocasión del impuesto sobre constitución de hipotecas o los entresijos de la renovación de la presidencia del Tribunal Supremo que han afectado al magistrado Manuel Marchena y que, de rebote, también inciden en el juicio de los líderes del *procés*. La imagen de que hay demasiada política en la cúpula judicial está calando muy hondo en la sociedad, y es lógico que mucha gente dude de que exista la separación de poderes. España tiene un problema importante de credibilidad en este punto.

Repito que tal vez alguien pueda pensar que lo ocurrido en otoño de 2017 debería tener consecuencias penales superiores a las de una desobediencia, pero el Código Penal es el que es y hay que ceñirse a sus tipos sin forzarlos. Puede que los conceptos de rebelión y sedición que maneja hayan quedado anticuados, porque son más propios del siglo XIX que del XXI, de otro tipo de conductas o comportamientos más coherentes con la era analógica. Es posible que lo ocurrido en Cataluña sea susceptible de un reproche que va más allá de la simple desobediencia porque entra en el terreno más propio de lo que se podría calificar como «macrodesobediencia» o «desobediencia sistemática», que podría dar lugar a contemplar tipos penales proporcionales a sus riesgos. Esta conducta podría ser objeto de consideración penal, desde luego, pero hoy no lo es y hay que aceptarlo. Lo que no se puede hacer es castigar por elevación.

En derecho se suele utilizar la frase que viene de la antigua Roma «*dura lex sed lex*», que puede traducirse por «la ley es dura, pero es la ley» y debe cumplirse, aunque nos pueda parecer demasiado severa. Sin embargo, esto no debe confundirse nunca con la aplicación de una ley que no corresponda a la naturaleza de los hechos por considerar subjetivamente que merecen un mayor castigo. Como decíamos antes, los excesos, además de ser injustos, generan mártires, y estos, a su vez, nuevas adhesiones. Además del error cometido el 1-O al intentar impedir por la fuerza el referéndum, el Estado corre el riesgo de cometer en estos momentos otro más grave aún; y no lo digo solo por las personas concretas que lo están sufriendo, sino por su misma credibilidad como Estado democrático y de derecho. Se enfrenta a una prueba de calidad que puede ser determinante para la imagen del país. No debería caer en saco roto la opinión de Pascual Sala, expresidente del Tribunal Constitucional y del Tribunal Supremo, en la que, al cumplirse un año de lo acontecido, expresa públicamente sus dudas sobre la existencia de un delito de rebelión y también de sedición.

Los tribunales están sujetos a lo que establece la ley y deben actuar de acuerdo con ella. Pero todos sabemos también que la ley tiene sus márgenes interpretativos y que los tribunales, en especial aquellos que ejercen las funciones jurisdiccionales más relevantes, como el Tribunal Constitucional o el Tribunal Supremo, no pueden actuar al margen del entorno político y social ni perder conciencia de la repercusión de sus decisiones sobre este entorno. La justicia no actúa en un laboratorio aséptico, sino sobre situaciones concretas en las que concurren muchos intereses, a veces contrapuestos, que es necesario valorar adecuadamente para que la aplicación del derecho no derive en un conflicto mayor al que corresponde resolver.

La causa penal seguida en el Tribunal Supremo tiene, se quiera admitir o no, un trasfondo político que el trazo grueso de la instrucción deja entrever. Como bien recuerda el Tribunal Superior de Schleswig-Holstein, el derecho penal está obligado a intervenir con especial mesura cuando se trata de conflictos de componente político. Esta es una advertencia que ha pasado desapercibida, pero que es esencial no perder de vista.

La justicia también debería ser consciente de las otras debilidades que presenta el desarrollo de las actuaciones, como explicar, por ejemplo, no haber recurrido contra la denegación de las euroórdenes de detención en Alemania y Bélgica, la dispersión de las actuaciones judiciales en diversos juzgados y tribunales o la precariedad que aparentan, a simple vista, muchos elementos probatorios esenciales en que se fundamenta la existencia de los delitos de rebelión, sedición o malversación de fondos públicos. También tiene un flanco especialmente débil en el uso de la prisión provisional. La doctrina del TEDH es muy garantista al respecto y una sentencia reciente (Demirtas contra Turquía) enfatiza aún más la excepcionalidad de la prisión provisional cuando se trata de cargos electos. Aunque la doctrina del TEDH se caracteriza por ajustarse mucho a las circunstancias de cada caso, esta sentencia debería preocupar a las instancias judiciales españolas porque traslada a los tribunales la carga de demostrar inequívocamente que no es posible sustituir la prisión provisional por otras medidas cautelares menos restrictivas de la libertad.

Aunque, contra lo que muchos piensan, España no es un país que esté por encima de la media en número de condenas por violación del Convenio Europeo de Derechos Humanos, una condena relacionada con el juicio del *procés* no sería una condena cualquiera y tendría un efecto demoledor para la imagen del Estado español.

12

CONSTRUIR UN ESTADO SIN TENER SENTIDO DE ESTADO

> Pensaban que podrían liberarse de las ataduras de las leyes, como habían hecho antes que ellos otras personas, en otros lugares y en otros tiempos, y que podían hacerlo sencillamente porque estaban, según creían, en lo justo, lo correcto y lo verdadero. Se comparaban con Rosa Parks, con Martin Luther King o con Gandhi. Ponían la lucha por la independencia al mismo nivel que la lucha por la igualdad de derechos de las mujeres o los afroamericanos.
>
> SANDRINE MOREL, *En el huracán catalán*

EL PORQUÉ DE ESTE TÍTULO

Finales de septiembre de 2018. La prensa se hace eco de dos noticias. En la primera, Carles Puigdemont, expresidente de la Generalitat, declara a un canal de televisión belga que lamenta que la Unión Europea no haya mostrado comprensión por el proceso de independencia catalán. Acaba de publicar un libro que lleva por título *La crisi catalana* y un subtítulo de la editorial que reza *Escolta, Europa: això va de democràcia* (La Campana, 2018). En la segunda, Quim Torra, actual presidente de la Generalitat, pide a Pedro Sánchez, presidente del Gobierno, un acuerdo para convocar un referéndum como el de Quebec.

Me pregunto si Carles Puigdemont esperaba otra cosa de la Unión Europea. Si lo dice, hay que suponer que sí, lo que resulta preocupante. Provoca perplejidad que pensara que un proceso que altera la integridad territorial de uno de sus Estados miembros iba a ser visto con buenos ojos por la Unión Europea, que lo último que desea es que se produzcan cambios en el tablero de juego. Ya tiene bastante con el *brexit* y con algunos socios que suscitan problemas desde hace tiempo. Sorprende aún más que pretendiera atraerse simpatías hacia un proceso impulsado al margen de la legalidad, sin haber acreditado la existencia de una mayoría social favorable a la independencia y sin existir tampoco en Cataluña un grave conflicto que justificara la vía unilateral.

Respecto a la demanda de Quim Torra, también cabe hacerse algunas preguntas. ¿Sabe cómo funciona el sistema político canadiense? ¿Sabe que existe la ley de la claridad? ¿Sabe que esta ley obliga a establecer un pacto nada fácil de conseguir antes de poder convocar un referéndum de autodeterminación? ¿Sabe que, incluso si se gana, la independencia quebequesa no sería automática sin más? Ya sabemos que esto no sería posible en Canadá porque aún habría que superar el último obstáculo, no precisamente menor: la negociación y la culminación de una reforma constitucional con la participación de las demás provincias.

Un mes más tarde, en octubre de 2018, el presidente Quim Torra pronuncia una conferencia en la Universidad de Ginebra donde vuelve a pedir un referéndum urgente. Pero, en este caso, el ejemplo que pone es Escocia. Como hemos explicado también antes, en Gran Bretaña no tienen constitución escrita, y esto es lo que permite que un referéndum de secesión, como el que se celebró en Escocia en 2014, pueda convocarse mediante un acuerdo político con el Gobierno y el Parlamento británicos.

Un mes y medio después, coincidiendo con el puente de la Constitución, el modelo que pone Quim Torra es el de Eslovenia. Un inquietante ejemplo que se sitúa en las antípodas de la vía escocesa o quebequesa y contradictorio con la apelación a «la revolución de las sonrisas» que tanto gusta utilizar al presidente de la Generalitat para destacar el carácter pacífico del *procés*.

¿Son conscientes nuestros políticos de lo que dicen? A juzgar por sus palabras creo que no, porque indican desconocimiento y falta de visión estratégica. Y si estoy en lo cierto, opino que este capítulo y su título son muy pertinentes. En las líneas que siguen intentaré aportar algunas claves sobre ciertas debilidades sistémicas de la política catalana que, además de afectar a la construcción y el funcionamiento de las instituciones de autogobierno, también conciernen al papel desarrollado por la sociedad civil y a sus relaciones con el poder público, especialmente en estos últimos años.

¿Partidos o tribus?

En cualquier sistema democrático, los partidos políticos se consideran instrumentos fundamentales de participación política y de expresión del pluralismo, sobre todo si se tiene en cuenta que el ejercicio de la democracia se articula preferentemente, y aún continúa siendo así, mediante fórmulas representativas.

En su legítima lucha por acceder al Gobierno, los partidos políticos compiten entre sí. Es normal y lógico. Cada uno defiende una determinada opción política y pretende convencer de su bondad a los ciudadanos con el fin de obtener el mayor apoyo social posible. La lucha entre los partidos políticos puede ser feroz, sin cuartel. En esto consiste también la democracia. Pero es lícito inquirir si en su ejercicio hay límites o, como se suele decir, líneas rojas que sería conveniente no sobrepasar por el propio bien de la calidad democrática del sistema; y no me refiero a límites jurídicos, sino a los que atañen al necesario respeto en la relación entre partidos.

Decir esto puede parecer cándido, no lo niego, pero quizá no lo sea tanto. En las democracias consolidadas, los partidos políticos no siempre anteponen sus intereses particulares a los generales o, especialmente, a aquellos sobre los que se asienta la organización y estabilidad del poder al que pretenden acceder. Tener «sentido de Estado» consiste precisamente en lo que estoy intentando explicar, es decir, en la conciencia de que hay un límite natural a la acción política o, si se quiere, una regla de autocontención para evitar que el contraste entre los diferentes partidos llegue a poner en entredicho el mismo sistema político y jurídico que lo hace posible. Obviamente, en este marco no tienen cabida los partidos que se autodefinen como «antisistema», pero sí deberían estar los que no cuestionan las bases del modelo y están dispuestos a jugar dentro de él.

No pretendo ni estoy en condiciones de hacer un análisis del sistema de partidos en Cataluña, pero creo que puedo aportar alguna experiencia personal que explique por qué he llegado a la conclusión de que en Cataluña el interés del partido, en el sentido más directo y crudo del término, no siempre ha ido de la mano del interés del país, entendiendo por país un conjunto de valores e intereses compartidos que definen a una colectividad de personas, diferente a la visión particular de cada cual. Esta actitud, bastante generalizada, por cierto, no ayuda a reafirmar las bases para disponer de unas instituciones públicas que estén verdaderamente al servicio de la ciudadanía y tiene el riesgo asociado de ver en ellas más bien una plataforma para el ejercicio del poder para perseguir objetivos partidistas o, en el peor de los casos, sectarios. Nada bueno para unas instituciones recuperadas tras muchos años de dictadura y responsables, por lo tanto, de restablecer la normalidad de un país.

Uno de los méritos que hay que reconocer a Jordi Pujol es el de haber asumido en buena parte el discurso que Francisco Candel plasmó en el conocido libro *Els altres catalans*, publicado en 1964. Esta obra expresa una visión integradora de la sociedad catalana, con independencia del lugar de origen, y que influyó ostensiblemente en la definición de catalanidad que se atribuye al mismo Jordi Pujol: «*És català tot aquell qui viu i treballa a Catalunya, i qui ho vol ser*» («Es catalán todo aquel que vive y trabaja en Cataluña y quiere serlo»).

El valor de esta sentencia fue muy importante en el momento del restablecimiento de la Generalitat. Ciertamente, no excluye, como ha señalado el historiador Jordi Canal, que la principal voluntad de Jordi Pujol fuera la de «nacionalizar» el país, objetivo en el que se empleó a fondo durante su largo mandato al frente del Gobierno de la Generalitat. Puede que incluso su visión fuera, a largo plazo, la creación de un Estado propio. Sin embargo, también es cierto que esa meta no implicaba, *a priori*, la exclusión de nadie; al contrario, más bien pretendía ser integradora o, al menos, se cuidaba de parecerlo. La nacionalización, que tenía en la escuela y los medios de comunicación públicos sus principales instrumentos, podía contribuir a ello con el tiempo, a modo de evolución natural.

Por desgracia, esta concepción inclusiva de la sociedad catalana ha desaparecido en los últimos años. El *procés* la ha hecho saltar por los aires y ha producido una fractura social que hoy nadie puede negar. El discurso nacionalista del pujolismo parece haber sido sustituido hoy por otro distinto, más propio de tiempos pretéritos, que se aleja ostensiblemente de cualquier mensaje integrador. Quizá en el fondo la política de integración fuera más aparente que real, pero cumplió su cometido.

El amplio acuerdo sobre la Ley de Normalización Lingüística al que llegaron los partidos catalanes en 1983 y 1998 fue sin duda una de las grandes decisiones de Estado adoptadas en Cataluña y hay que valorar sus méritos. Sin embargo, el *procés* puede estar ahora paradójicamente perjudicando tales objetivos al plantear *de facto* la noción de catalanidad, no tanto como la voluntad de ser catalán, sino de ser independentista.

Durante los primeros años de autonomía, la confrontación entre la Generalitat y el poder local fue especialmente notable. Tal vez mucha gente no lo recuerde, pero en el fondo de ese conflicto había una lucha de poder: el control de la Generalitat, por un lado, feudo convergente, y el control de los grandes municipios, por el otro, feudo de los partidos de izquierda. En aquel momento se vivieron situaciones un tanto curiosas, aunque fuera a costa de las instituciones. Pasqual Maragall, alcalde de Barcelona, quiso utilizar la antigua corporación metropolitana de la Ciudad Condal, nacida bajo el anterior régimen, como contrapoder de la Generalitat, y Pujol no dudó en eliminarla en 1987, sin importarle demasiado que esa institución fuera responsable de la prestación de muchos servicios básicos a la mitad de la población de Cataluña. En la misma línea, los primeros Gobiernos de la Generalitat tampoco dudaron en intentar controlar las políticas municipales, especialmente las de los grandes municipios, mediante la creación de los consejos comarcales, que, debido a su fórmula de elección, normalmente no reflejaban las mayorías existentes en los municipios capital de comarca, mayoritariamente en manos de los partidos de izquierda. Otra forma de contrapoder.

Conozco muy bien este episodio porque tuve ocasión de participar en la elaboración de las leyes de organización territorial y pude percibir muy bien esta lucha de poder entre los principales partidos de entonces, que tuvo en lo que ahora se llama «territorio» su campo de batalla. El factor local es en sí mismo muy ilustrativo de nuestra idiosincrasia política. Por una parte, constituye una especie de reducto originario del poder catalán, y así lo expresa la misma composición del Parlamento, con un importante número de diputadas y diputados que, a su vez, son alcaldes o ediles. En Cataluña nunca se ha resuelto bien el encaje del poder local y el poder autonómico, lo que no deja de ser una gran paradoja. En efecto, se expresa la voluntad de crear un Estado, con lo que ello entraña respecto a la concentración del poder, pero se mantiene al mismo tiempo una gran dependencia del factor local. Es un modelo en el que predominan el control local y la voluntad de defender sus intereses mediante su influencia en las instituciones generales, pero poco favorable, por esta última razón, a concentrar el poder en las instituciones comunes, es decir, las que dan sentido de Estado. Siempre me ha llamado la atención la dificultad de configurar en Cataluña un sistema de poderes bien articulado y definido en cuanto al papel institucional de cada uno. En el trasfondo de esta asignatura pendiente no puede haber solo intereses de partido, sino que tiene que haber algo más. Quizá una idea de país no tan cohesionada ni moderna como parece.

El factor local es solo un ejemplo de los condicionantes de un sistema de partidos que pone de relieve una idea poco estructurada de país y de su sistema de poder como tal. Pero hay otros ejemplos que también demuestran la importancia que ha tenido el tacticismo político en la adopción de decisiones de gran trascendencia para Cataluña de las que estamos hablando en este libro. La formación del primer Gobierno tripartito de la Generalitat en 2003 es bastante indicativa al respecto. El objetivo prioritario era desplazar a toda costa a CiU del poder. Lo que viniera después, ya se vería. El caso es que el Gobierno tripartito, mezcla de intereses contrapuestos, se embarcó en la aventura del Estatuto. Pasqual y Ernest Maragall, otrora acérrimos defensores del poder local, evolucionaban ahora hacia una postura muy distinta. El hecho de mandar en la Generalitat y el marcaje duro ejercido por ERC cristalizaron en un proyecto que pretendía dar un nuevo impulso al autogobierno catalán con el nuevo Estatuto de Autonomía.

La génesis del nuevo Estatuto y también su tramitación ofrecen otras buenas muestras del protagonismo de los intereses políticos para anteponerlos a la obtención del objetivo final que se persigue, en especial cuando todos deberían compartir este propósito. CiU, en la oposición, no podía quedar al margen de un proyecto que hubiera querido liderar. Se empleó demasiado a fondo en la tarea como para no caer en la tentación de aparecer, una vez superada la fase parlamentaria catalana, como el partido que había propiciado el acuerdo final con el presidente del Gobierno José Luis Rodríguez Zapatero. Así al menos lo presentaron los medios de comunicación el 22 de enero de 2006 al dar cuenta del acuerdo alcanzado después de una larga reunión celebrada la tarde anterior en el Palacio de la Moncloa. No es un dato anecdótico, porque en esta reunión se pactaron temas tan importantes como la aparición del término «nación» en el Preámbulo del Estatuto u otras previsiones relacionadas con la financiación. Es una muestra más, esta vez escenificada como acuerdo entre dos, que pone de relieve la pugna entre los partidos catalanes por capitalizar el éxito de la «operación Estatuto» y que acabó por debilitarlo en perjuicio de la importancia que tenía para Cataluña, más que nunca, una ocasión como aquella.

¿Y qué podemos decir de cómo se fraguó el *procés* que nos ha llevado a donde ahora nos encontramos? Todos leyeron la decisión de Artur Mas de convocar elecciones anticipadas a finales de 2012 como un intento de obtener una mayoría absoluta en el Parlamento que todas las encuestas, o casi todas, daban por segura. Se trataba de aprovechar la coyuntura política surgida del fracaso del pacto fiscal y abrir y liderar la nueva vía del derecho a decidir.

Pero ya hemos visto que las cosas no salieron como se esperaba, y aquella precipitada convocatoria de nuevas elecciones llevó finalmente a la firma, en diciembre de 2012, del Acuerdo para la Transición Nacional y para Garantizar la Estabilidad Parlamentaria del Gobierno de Cataluña, suscrito por CiU y ERC. Este acuerdo, no lo olvidemos, fue el inicio de la transición nacional hacia la independencia y también donde arranca la narración de unos hechos que el auto de procesamiento del magistrado Pablo Llarena lleva al extremo de calificar como rebelión.

Lo que sucedió después de las elecciones de 2012 es conocido, y no es ajena a ello, en absoluto, la competición entre los dos grandes partidos del bloque independentista, CiU y ERC, por obtener la hegemonía ante los ciudadanos. Este es un elemento clave de la aceleración del *procés*, que empezó a escaparse del control de ambos. El frenazo que supuso el fracaso del derecho a decidir, el 9-N, obligó a reconstruir una mínima unidad soberanista que consiguiera dar un nuevo impulso al *procés*. El resultado fue la candidatura de la coalición electoral Junts pel Sí, forzada por Artur Mas a ERC cuando decidió convocar las elecciones plebiscitarias de 2015.

El independentismo parecía en ese momento más unido que nunca, quizá por la concentración de la campaña electoral en el objetivo de la independencia. Pero ya sabemos que las cosas no salieron según lo previsto y que la CUP se convirtió en la llave de la nueva legislatura. Fue el momento de Puigdemont y de Junqueras y de dar otro paso hacia la radicalización, pues ahora la vía a seguir iba a ser la unilateral. Poco contaba que el Gobierno de Mas se hubiera declarado «*business friendly*» pocos años antes. Ir de la mano de un partido que se definía a sí mismo como antisistema borraba de la memoria ese pequeño detalle ideológico. Había prisas en imponer plazos, pero también dudas en CiU y ERC sobre su conveniencia y su cumplimiento. La sombra alargada de la CUP inquietaba.

Luego vino la Resolución 1/XI del 9 de noviembre de 2015 y, después de más dudas, la convocatoria del referéndum del 1-O. Esto, a su vez, suscitaba nuevas dudas sobre qué hacer tras la votación: ¿declarar la independencia y consumar un paso más ante la espada de Damocles del artículo 155 de la Constitución y el inicio de las actuaciones judiciales? El 26 de octubre de 2017 supuso una nueva evidencia de debilidad estructural de la política catalana y de su habilidad para poner a Cataluña en el disparadero. Después de que el presidente de la Generalitat tomara la decisión de convocar nuevas elecciones, el temor a ser considerado un traidor o un independentista más tibio que su compañero de coalición Oriol Junqueras hizo que Carles Puigdemont abandonara la idea inicial de convocar elecciones. Aquel día ocurrieron muchas cosas en el plano político, pero también fue el día de los tuits, algunos de los cuales actuaron como auténticas bombas. Carles Puigdemont es una persona especialmente activa en las redes sociales, y ya sabemos que estas pueden dar una imagen distorsionada de la realidad y propiciar la falsa creencia de que gran parte de la sociedad la comparte. Tuits como el de las treinta monedas de plata y otras declaraciones provenientes de los propios socios de Gobierno hicieron su efecto. El 26 de octubre también fue un test de sentido de Estado que tampoco se superó.

El resto de la historia ya lo conocemos, y en lo que llevamos de la presente legislatura no hay demasiados elementos para creer que la situación haya mejorado, que nuestros partidos políticos, profundamente afectados por el desenlace de los acontecimientos, hayan hecho una reflexión madura sobre lo ocurrido que les permita ir más allá de sus expectativas e intereses más directos e inmediatos. Y no me refiero solo a los partidos del bloque independentista, sino también a otros, puesto que el *procés* ha generado otra lucha por la hegemonía en el lado unionista, atento también a la obtención preferente de réditos electorales.

Aunque puede que sea exagerado decirlo, la situación política actual de Cataluña parece derivar hacia posiciones antisistema, si entendemos por tales las que pretenden dividir más que aglutinar y desestabilizar más que construir un marco básico de acuerdo social. Y ahora ya no se trata solo de partidos marginales, sino también de los partidos principales de ambos lados del espectro político. La radicalización de sus posiciones no deja de ser un lastre para el país, o al menos para la parte que aún lo ve, o quiere verlo, como un espacio de convivencia.

De momento, el panorama de la presente legislatura es desalentador. El Parlamento está funcionando al ralentí y su respeto como institución está en entredicho, primero por los intentos sucesivos y nada realistas de investir presidente de la Generalitat a Carles Puigdemont, Jordi Sánchez y Jordi Turull, fracasados a causa de las circunstancias que ya hemos comentado; otro ejemplo de escaso sentido de Estado, si uno se para a pensar por un momento a qué tipo de gobernanza nos podían haber llevado esas hipotéticas presidencias de la Generalitat. Y segundo, coincidiendo además con el primer aniversario del 1-O, por la ruptura del bloque independentista, propiciada por la disyuntiva de tener que cumplir la suspensión de los diputados procesados dictada por el Tribunal Supremo. La sociedad catalana vuelve a percibir con crudeza cómo los dos partidos principales del bloque soberanista, Junts per Catalunya y ERC, anteponen sus intereses al normal funcionamiento institucional, pues es obvio, y así lo reconocen ellos mismos, que la legislatura solo se va a mantener a la espera del momento que sea más propicio para convocar elecciones. Si esto puede tardar un tiempo, no importa. Lo primero es lo primero.

Debo reconocer que el problema que planteo en este apartado no es exclusivo de Cataluña. La pugna entre partidos no nos pertenece en exclusiva, y, como decía antes, siempre genera un conflicto entre los intereses particulares y los generales. No obstante, me parecía importante resaltar aquí estos aspectos de nuestra peculiar idiosincrasia política, porque creo que han podido influir, en mayor o menor grado, cuando se ha producido la ocasión de acometer algo tan trascendental para Cataluña como es un proceso para conseguir su independencia como nuevo Estado. Una «operación de Estado», si se me permite el juego de palabras, que en este caso tenía demasiadas carencias estructurales, entre ellas la de no disponer de una base política sólida que no dejara el objetivo a merced de las luchas de poder.

Un problema que persiste y que se muestra de forma descarada cuando trata incluso de aprovechar la situación personal de los políticos presos como nueva pugna partidista. La huelga de hambre promovida por una parte de ellos en diciembre se puede leer también como un intento de recuperar hegemonías dentro del independentismo. La apuesta más radical para ganar la batalla del banquillo, donde no estará Carles Puigdemont, pero sí Oriol Junqueras y Jordi Sánchez. Quizá también otra batalla más particular para ganar el protagonismo futuro entre la cárcel y el exilio. Solo el drama personal que hay detrás de todo ello permite ser indulgente hacia lo que representa en el fondo, aunque se quiera dar otra imagen puertas afuera.

Las debilidades del poder público

Siempre he creído que la abolición de las instituciones catalanas y la derogación del derecho público por los Decretos de Nueva Planta de 1714 ha acabado propiciando, con el paso del tiempo, una sobrevaloración del sentido privatista de la sociedad catalana. Hasta cierto punto, es lógico que fuera así, pues al no tener un poder público propio, Cataluña tuvo que echar mano de la única fuerza de la que disponía: su gente, como motor de recuperación económica y a la vez reducto de su singularidad nacional. La sociedad catalana ha sido capaz de resistir y hacer ambas cosas contra viento y marea, a pesar de carecer largamente de instituciones políticas propias en las que apoyarse durante muchos años.

Sin embargo, existen algunos elementos que indican que, en la actual fase de autonomía, iniciada con el Estatuto de 1979, la más larga y consolidada desde el siglo XVIII, no se ha asumido del todo lo que significa disponer de unas estructuras propias de poder y gestionar el aparato administrativo derivado de ellas. Y tampoco se ha asumido como debiera la idea de que cualquier poder público —especialmente la Administración por medio de la cual actúa— no está al servicio de quien manda en cada momento ni de una parte concreta de la sociedad, sino para servir a la sociedad en su conjunto, pues esta es su función y no otra; función en la que no es posible confundir los intereses de partido o de individuos o grupos sociales con los de toda la sociedad.

Obviamente, como consecuencia del principio democrático, cada Gobierno tiene una orientación política determinada y el derecho a proyectarla tanto en su programa gubernamental como en sus actos ejecutivos y de administración; pero esto no quiere decir que pueda usar su poder para satisfacer unos intereses clientelares. Ninguna Administración de ningún país democrático se concibe de esta manera. Las decisiones políticas deben moverse en un margen de discrecionalidad, pero deben respetar escrupulosamente los principios de legalidad, objetividad y eficacia.

Por diversas razones que no es posible desarrollar aquí, creo que en Cataluña se han dado algunas circunstancias que han introducido una cierta confusión en este punto, es decir, en la búsqueda del equilibrio adecuado entre política de partido y gestión pública. Y no lo digo solo por lo ocurrido estos últimos años, sino porque creo que el desequilibrio tiene un origen más antiguo y un carácter hasta cierto punto sistémico y que, por lo tanto, su análisis también puede ayudar a comprender lo que ha ocurrido recientemente. Por este motivo lo traigo a colación. Uno de los problemas principales de la política catalana puede que sea el de no haberse creído lo que es y significa ser un poder público de verdad; o quizá no haberlo querido creer. De ahí que no haya sabido erigirlo sobre bases firmes, dejando a la vez bien clara la separación entre la esfera pública y la privada.

Hay dos factores que permiten dudar de que esta distinción se haya comprendido bien en Cataluña. Por una parte, el peso que se ha seguido dando a la sociedad civil por motivos históricos. Por supuesto, eso no es negativo en sí mismo, pero puede tener efectos que sí lo sean si ese protagonismo fuerza a las instituciones a desempeñar un papel subsidiario que no solo las debilita, sino que puede hacerlas excesivamente permeables a influencias externas. Y no me refiero a las resultantes de la relación normal que debe haber entre el Gobierno y los ciudadanos de cualquier país, sino a aquellas que pueden condicionar en exceso el ejercicio mismo del poder.

El segundo factor, del que ya he hablado antes, se refiere a la distribución interna del poder entre el Gobierno y su Administración, es decir, a la articulación entre la preparación y la toma de decisiones políticas. Me parece oportuno insistir en ello para poner de relieve que no es conveniente que exista un vacío en ese conector. La intervención de técnicos y profesionales es del todo indispensable, y es un grave error aislar las principales decisiones políticas de cualquier clase de contrapesos. Es comprensible que los miembros del Ejecutivo prefieran no condicionar sus decisiones a las observaciones de los funcionarios, pero puentear este mecanismo de control y crear circuitos paralelos tiene sus riesgos, sobre todo cuando el núcleo decisorio acaba estando constituido por personas que, por lo general, no son profesionales de la Administración ni tampoco tienen experiencia relevante en la gestión pública o privada.

Un ejemplo ilustrativo de esto son los incidentes producidos a última hora del 1 de octubre de 2018 ante la sede del Parlamento, que pusieron en evidencia cómo la actuación policial, comandada exclusivamente por personas pertenecientes al ámbito político y marginando la cúpula policial, no supo gestionar la aparición de situaciones de riesgo. Mucha gente percibió en la gestión de esos desórdenes una muestra del uso de un servicio público en interés político, o, en otras palabras, de la falta de cultura que delata el hecho de dirigir la Administración como si fuera un coto particular. La tentación de controlar políticamente la seguridad pública en Cataluña en detrimento de la profesionalidad es grande y muy peligrosa en los momentos actuales.

Quizá pocos se acuerden, pero, en época del Gobierno tripartito, Xavier Vendrell, titular del Departamento de Gobernación, causó una gran polvareda cuando se publicó en los medios de comunicación que había remitido una carta a cargos y a algunos trabajadores de la Generalitat en la que les exigía el pago de una cuota mensual a una fundación vinculada a su partido. Dicha carta llegó a ser objeto de una investigación de la Fiscalía. Es otra muestra de confusión, por no decir ignorancia, entre lo público y lo privado.

Lo que intento decir con esto es que la legitimidad democrática que tienen los cargos políticos no implica necesariamente que deban ser solo ellos los que desarrollen las funciones que corresponden a una institución. Esta gestión es compleja, y para que se realice correctamente, hay que contar también con personas que conozcan los problemas que implica: sus condiciones de ejercicio, sus límites y también sus riesgos. El Gobierno y la Administración requieren de una profesionalidad incluso en sus más altos niveles. Y con ello no quiero reivindicar específicamente la labor que realizan los funcionarios en este terreno, porque esa profesionalidad y ese conocimiento de la gestión lo pueden cumplir también personas con experiencia en el ámbito privado.

Cuando el Congreso de Estados Unidos aprobó en 1939 la ley de reorganización administrativa, que daba al presidente amplios poderes sobre agencias y organismos que antes dependían del Congreso, entre ellos los que podían ser útiles para una economía de guerra, el presidente Roosevelt puso a su frente a Bill Knudsen, entonces presidente de General Motors. Knudsen había sido uno de los inventores de la producción en cadena y, junto con otras personas también provenientes del sector privado, preparó a Estados Unidos para los retos logísticos y productivos que poco tiempo después tuvo que afrontar la industria bélica estadounidense.

He visto que muchos políticos confunden la legitimidad de su cargo con disponer de las condiciones y de la capacidad de gestionar correctamente sus funciones. Me parece una actitud poco práctica e inteligente dada la complejidad que presenta esta gestión, no solo en lo político, sino sobre todo en lo técnico. Esta postura, que se ha acentuado en los últimos tiempos, también tiene algo de prepotente, sobre todo si observamos que muchos políticos han sido promocionados al cargo desde el entorno de sus partidos y con escasa o nula experiencia como profesionales de la Administración pública o del sector privado. Y a pesar de la importancia que se da a los currículums, tampoco sirve de mucho tener un título universitario si no se ha tenido ocasión de ejercerlo. Esta forma de proceder tiene el riesgo de crear una burbuja peligrosa, un ejercicio demasiado alejado del conocimiento del mundo real, de su funcionamiento y de sus problemas. Mucha gente quizá no sabe que los altos cargos y el personal eventual de la Generalitat están obligados a suscribir un compromiso de adhesión al programa de Gobierno, una fórmula que, en sí misma, define muy bien qué es lo que se espera de ellos y cuál va a ser su margen de autonomía.

Las decisiones políticas, especialmente las grandes decisiones, requieren desde luego de los políticos. Ellos deben ser los que las tomen y sus responsables; pero se equivocan quienes crean que, por el hecho de haber sido elegidos, pueden tomar cualquier decisión. Si esto no se tiene en cuenta, por muy legítimas que puedan ser sus determinaciones, existe el riesgo de que algunos de sus actos no sean los más apropiados para la gestión de la cosa pública.

He tenido la ocasión de ser miembro de dos comisiones mixtas, a saber, la de transferencias Estado-Generalitat y la creada entre la Generalitat y el Ayuntamiento de Barcelona para elaborar la Carta Municipal de la ciudad. En ambos casos tuve que asistir a reuniones en el Ministerio de Administraciones Públicas, y siempre me sorprendió cuán diferentes eran entre sí la delegación catalana y la del Estado. Podría ser una buena foto de lo que acabo de describir. La catalana era una delegación eminentemente política; la estatal, una mezcla de políticos y técnicos en la que no era fácil apreciar si los directores generales formaban parte de la primera categoría o de la segunda. También me sorprendió la concienzuda preparación de las reuniones por parte del Estado, cuyos representantes aparecían siempre con un dosier completo y ordenado que revelaba el propósito de no dejar nada en manos de la improvisación.

Gobernar también exige un cierto ritual. La imagen también cuenta cuando se trata de autoridades e instituciones que representan a los ciudadanos. Quizá el ejemplo que hay que seguir no sea la exuberancia francesa, pero es necesario atenerse a unas mínimas formas que den y transmitan dignidad y prestigio. Por desgracia, este aspecto nunca se ha cuidado mucho en Cataluña, un descuido que se ha acentuado en los últimos años y que va en paralelo a la ostensible degradación del funcionamiento del Parlamento, principal institución de Cataluña.

Desde hace un tiempo, la Cámara catalana no es la sede del debate político que debería ser. Muchos de los grandes anuncios políticos, los que deberían originar debate, ya no se realizan en él. Se evita hacerlo en la Cámara, su lugar natural, y se buscan otros escenarios para publicitarse (salas de conferencias, teatros y platós). Una extraña manera de entender la democracia, que más bien es síntoma de devaluación y de deterioro institucionales.

Algo parecido ocurre con el funcionamiento del Parlamento; y no lo digo por lo que sucedió en septiembre y octubre de 2017, sino por un deterioro institucional que viene de más lejos, con mayorías entregadas al dictado del Gobierno y una oposición que tiene muchas dificultades para hacer valer sus derechos. El Reglamento de la Cámara se ha reinterpretado hasta límites insospechados, de manera que se hace muy difícil verlo como un sistema preestablecido de reglas, que es lo que debería ser. Estas reglas se reinterpretan ahora por conveniencia política. En la Cámara se ha instalado la percepción de que la mayoría puede actuar libremente porque la democracia le da ese derecho, que no puede verse condicionado por minucias reglamentarias; una dinámica que también se está trasladando a la Administración parlamentaria, a los servicios del Parlamento, con la errónea idea de que estos también están al servicio de la mayoría a costa de su obligada neutralidad. Todo un reto para los que trabajan en la institución.

Esta visión de las cosas es peligrosa, porque la democracia no es la imposición de la mayoría; es el ejercicio del poder por la mayoría, pero respetando a las minorías y sus derechos.

Aunque se disponga de la mayoría de los escaños, ello no permite prescindir de las reglas. Cuando una mayoría actúa así es incapaz de pensar, siquiera por un momento, que puede llegar un día en que ya no lo sea y que entonces querrá reclamar el trato que se merece como oposición. Solo por este motivo, todos deberían tener interés en que las reglas se cumplan; porque solo quien lo ve así puede entender de verdad lo que es el ejercicio de la democracia y lo que significa un Parlamento como institución que representa al conjunto de los ciudadanos, y no solo de una parte de ellos.

Quizá alguien piense, después de leer esto, que no hay para tanto, que se trata solo de anécdotas poco significativas que también ocurren en otros sitios. Puede que así sea si las consideramos aisladamente, pero, vistas en su conjunto, creo que son indicativas de una forma de entender el ejercicio del poder, que sugiere la existencia de importantes déficits. Y tampoco son las únicas, porque podríamos ampliar este apartado con otros ejemplos. Aparentemente, no tienen relación directa con lo que ha ocurrido en estos últimos años en Cataluña, pero probablemente hayan influido más de lo que se piensa.

El rey desnudo

El rey desnudo es un cuento infantil de Hans Christian Andersen, cuyo argumento es el siguiente: un rey, que se preocupa mucho por su vestuario, se deja engañar por unos sastres, que le convencen de que pueden confeccionarle un traje tan suave y liviano que él ni lo notará y solo verán los demás. En realidad, no hay vestido alguno, y los sastres aprovechan para quedarse con las telas que compran a costa del rey.

Una estafa demasiado evidente, que se aprovecha hábilmente de la vanidad del rey, pero que sin duda se descubrirá tan pronto se ponga el vestido y se muestre en público. Sin embargo, en el cuento esto no ocurre así, o al menos no de inmediato, ya que los miembros de su corte, para adularle, le siguen la corriente y alimentan aún más su vanidad con grandes elogios sobre sus nuevas prendas. Lo mismo ocurre con el pueblo llano cuando el rey acude a un desfile. Los súbditos alaban con entusiasmo la elegancia del soberano por miedo a decir la verdad y ponerle en evidencia ante los demás. Mejor fingir ver lo que en realidad no ven. Pero, de pronto, un niño exclama con toda su candidez y sinceridad: «¡Pero si va desnudo!». Y la gente, roto por fin el silencio, empieza a reírse. El rey, consciente de ello, mantiene sin embargo su dignidad y acaba el desfile.

El rey desnudo nos viene casualmente de Dinamarca, país al que ya hemos hecho alguna referencia y que Artur Mas ha tomado más de una vez como modelo para una futura Cataluña independiente, la Dinamarca del sur. El cuento, escrito en 1837, es en realidad una fábula, cuya moraleja bien puede resumirse en dos toques de atención: por un lado, el riesgo de la vanidad y la prepotencia; por el otro, la conveniencia de no dar siempre por verdadero aquello que todo el mundo cree o está dispuesto a creer.

Quizá pueda parecer provocador asociar *El rey desnudo* con lo ocurrido recientemente en Cataluña, pero debo decir que, por mi parte, no tiene ningún ánimo de serlo. Simplemente he hecho una asociación de ideas, porque creo que el cuento de Andersen describe un fenómeno que tiene algunos paralelismos con lo que hemos vivido aquí, donde nuestros gobernantes y buena parte de la gente que ha confiado en ellos han tendido demasiado al autoengaño. Así han construido entre todos también una fábula, que, sin embargo, aún está inconclusa, pues todavía no ha aparecido el niño que diga sin más la verdad.

La desnudez del rey (me refiero al *procés*, por si era necesario precisarlo) no se debe a una única causa, pero la principal es haber intentado acometer la independencia sin contar con la mayoría social indispensable. Sin ella, ya lo hemos dicho, el independentismo no es suficientemente hegemónico para salir airoso de su aventura. Los resultados de las elecciones del 27 de septiembre de 2015, aun asumiendo el carácter plebiscitario que los propios convocantes les atribuyeron, no permitían demostrar la existencia de esa base social. Si la cosa «iba de democracia», los números no salieron. Lo que hubiera correspondido entonces habría sido un cambio de estrategia, para que el «rey» tuviera la oportunidad de hacerse con alguna prenda de verdad. Pero no fue así, y se prefirió emprender la huida hacia delante. La democracia de los votos, la única posible pero inexistente en este caso, se transfiguró interesadamente en la democracia de los escaños.

En aquel momento también ocurrió lo que no debería haber ocurrido en una democracia normal. Nuestra clase política, más concretamente la que ostentaba la mayoría, se comprometió solo consigo misma, y no con las funciones gubernativas que en teoría debería desarrollar en beneficio de la sociedad en su conjunto. El Parlamento y el Gobierno catalán se pusieron al servicio de la causa y no dudaron en gobernar solo para una parte de la sociedad a la que sirven. Era de incautos pensar que la ANC y Òmnium Cultural no intervendrían directamente en las instituciones. No es, desde luego, una buena mezcla de lo que debe ser la gobernación en un Estado democrático y de derecho, porque el resultado final es que el poder público y el activismo social se confunden y retroalimentan. Entre otras consecuencias negativas, esta indiferenciación entre lo público y lo privado hizo que una buena parte de la sociedad ya no se sintiera representada «en» las instituciones, que no es lo mismo que «por» las instituciones. Un problema que llevó a otros, pues en el espíritu del cuento de Andersen, se continuó silenciando la desnudez del rey.

Uno de los más importantes fue la simplificación y la caricaturización de los fundamentos del sistema político mismo. Ya hemos hablado de ello y ahora solo voy a recordarlo; me refiero al uso inapropiado del principio democrático, al desprecio por la legalidad y a la apelación a la desobediencia a las instituciones del Estado. Para transitar la vía unilateral era necesario utilizar estos ingredientes. No obstante, esto supone, ni más ni menos, poner en cuestión un determinado modelo político y jurídico —y no cualquiera, porque en realidad es tu propio modelo—, sin que baste para ello argumentar que se puede desacreditar sin más porque se cree injusto o se considera que no respeta tus derechos. Esta estrategia implica, lisa y llanamente, cuestionar el carácter y la sustancia del Estado, descalificar su esencia democrática y su misma legitimidad, y esto lleva al terreno peligroso de desfigurar una realidad para dar de ella una imagen social interesada.

Con la desnaturalización de las bases del sistema político y jurídico que implicaba *de facto* la vía unilateral, el independentismo estaba creando, además, otro problema, porque para las instituciones del Estado ya no era posible ver el *procés* como algo inocuo. El Estado no podía permanecer de brazos cruzados ante lo que interpretó como un desafío. No podía ni, a su entender, debía, porque de él dependía defender el sistema constitucional y la integridad territorial. El conflicto estaba servido, y fue un error creer, como me parece que sucedió, que el Estado era solo el Gobierno. Fruto de ese error fue la gran sorpresa que algunos se llevaron ante la reacción de todo el aparato institucional español, especialmente el judicial. Cuando alguien se enfrenta al Estado no lo hace solo contra su Gobierno, sino contra todas las instituciones que lo integran. Una sorpresa que no debería haber sido tal si nuestros políticos hubieran tenido verdadero sentido de Estado, esto es, si hubieran sabido calibrar adecuadamente a qué y a quién se enfrentaban. Y no me parece exagerado decir que muchos no parecían del todo conscientes de ello.

El historiador Josep Fontana lo ha expresado con mucha contundencia, quizá demasiada; en su opinión, pensar en la independencia es una insensatez porque no suele conseguirse sin una guerra de independencia. En cualquier caso, me quedo con otra frase suya más neutra, en la que constata que en este tipo de conflictos no se discute de esencias nacionales ni de antecedentes históricos, sino de algo más sencillo y serio a la vez: la integridad territorial del Estado. Lo que es mucho decir.

No hace falta mencionar que, con la desobediencia a la legalidad, ninguna reivindicación política puede tener mucho recorrido internacional. No es una buena tarjeta de visita para obtener un apoyo determinante si lo que se pretende es una secesión por la vía «de hecho». Es absurdo pretender que una causa va a ganarse simpatías si se plantea contra los valores compartidos de los vecinos. Alguien debería haber pensado que entre los valores fundacionales de la Unión Europea se encuentra también el respeto por el Estado de derecho.

El recurso a la posverdad

El *procés* también necesitaba tener un imaginario para justificar la ruptura y la desobediencia a la Constitución y a las instituciones del Estado. No es nada nuevo en la historia. Hay que hacer creer a la gente que lo que se propone es legítimo, justo y posible, que la meta se puede alcanzar si todos quieren que así sea. La justicia y la legitimidad de la causa las avalaría el mandato democrático que expresa el Parlamento. Sin embargo, el imaginario requiere echar mano de más cosas para concretarse. Negar que esto haya ocurrido así en Cataluña me parece absurdo; tampoco era muy difícil, dada nuestra tendencia natural al romanticismo y a la épica. Debemos de ser el único país que en su día nacional celebra una gran derrota: la del 11 de septiembre de 1714. Todo este trasfondo, sobre el que se sustenta un cierto victimismo, ha sido convenientemente realzado en los últimos tiempos para poder proclamar cuán grande ha sido la infamia soportada y cuán grande es ahora la oportunidad para repararla.

«Posverdad» es un término relativamente reciente que suele utilizarse para poner de relieve cómo se pueden construir certezas a partir de la distorsión de la realidad. Su objetivo es evidente, a saber, el de crear o modelar una opinión pública en que los hechos objetivos sucumban a la magnificación de prejuicios y emociones. Para algunos, la posverdad no es otra cosa que un eufemismo de la mentira o la estafa. La posverdad también tiene hoy una buena aliada en la doctrina de la posmodernidad, con su rechazo del realismo, la preeminencia del mensaje sobre el contenido y el relativismo social y político que inspira.

La viabilidad de la independencia necesitaba ser creíble, parecer una estrategia rigurosamente meditada y concebida. La construcción de esta credibilidad tuvo diversas facetas, entre las que cabe destacar el papel del Consell Assessor per a la Transició Nacional, la apertura de embajadas en el extranjero, la retórica de la creación de las estructuras de Estado y la inestimable colaboración de los medios de comunicación dependientes de la Generalitat. La gente que me conoce sabe que he sido un gran defensor de estos medios de comunicación, de su neutralidad informativa y de su profesionalidad. Durante un tiempo fui miembro del CAC y participé en la elaboración de los informes periódicos sobre pluralismo. Sin embargo, muy a mi pesar, debo reconocer que el pluralismo de los medios de comunicación públicos de Cataluña es hoy ostensiblemente menor que antes debido al *procés*, lo que redunda en claro perjuicio de la neutralidad informativa, algo que un servicio público no debería perder bajo ninguna circunstancia. El uso político y partidista de los medios no es, por desgracia, inhabitual, pero lo malo es que sea usual, hasta el punto de convertirlos en aparatos de propaganda. Acceder hoy a una información objetiva es algo sumamente difícil, y se hace evidente que el *procés* está siendo una dura prueba para los profesionales de la comunicación.

Las propias instituciones han desarrollado también un importante papel a la hora de dar credibilidad al *procés*. Las decisiones del Gobierno y del Parlamento tienen, por la naturaleza de quien las adopta, una apariencia de realidad frente a la sociedad. Por eso la mayoría parlamentaria se esforzó durante la anterior legislatura en institucionalizar el *procés*, darle apariencia de solidez ante los ciudadanos; desde la tan mencionada Resolución 1/XI hasta la declaración de independencia del 27 de octubre de 2017, pasando por la creación de la Comisión de Estudio del Proceso Constituyente, la aprobación de otras resoluciones y la aprobación de las leyes del referéndum de autodeterminación y de transitoriedad jurídica y fundacional de la república. Toda esta hiperactividad parlamentaria iba encaminada a generar la imagen de que el referéndum del 1-O podía exhibir todas las cartas de legitimidad y legalidad, y de que su resultado, previsiblemente favorable a la independencia, se haría efectivo muy rápido. Y mucha gente lo creyó. Daba igual que el Parlamento y el Gobierno catalán no tuvieran capacidad real y efectiva, competencialmente hablando, para tomar estas decisiones. Lo importante era crear la apariencia y confiar en que la gente la creyera.

Otro ejemplo de manual es la creación del Consell de la República, un exponente perfecto de la confusión interesada entre lo público y lo privado y de un nuevo gesto de cara a la galería. Quiere dar la imagen de que Cataluña tiene, además del Gobierno de la Generalitat, otro Gobierno en el exterior que simboliza la legitimidad anterior a la aplicación del artículo 155 de la Constitución, aunque en el fondo, tal y como reconoció el exconsejero de Sanidad Antoni Comín, encargado de pilotar ese organismo, el Consell de la República es en realidad una entidad privada sujeta a la legislación belga. Pero esto no impidió que su presentación se hiciera de una forma ambigua, en el mismo Saló de Sant Jordi y con la presencia del Gobierno en una escenografía bien cuidada. Más allá de esta nueva gestualidad vacía de contenido real, la creación de este organismo representa también el poco aprecio que las autoridades catalanas tienen por sus instituciones, las instituciones de verdad, que quedan necesariamente devaluadas por esta forma de proceder que, si no fuera por eso, no sería más que una *boutade*.

La gran suerte que ha tenido esta estrategia ha sido la torpeza aún mayor del Estado al seguirle el juego en vez de dejarla en evidencia. Él es también responsable, y mucho, a mi modo de ver, de que la sociedad catalana viva hoy una situación caótica y que una buena parte de ella esté atrapada en el espejismo de ser poseedora de la verdad. Si el relato del *procés* ya se alimentaba implícitamente de la afirmación de que España era un país de democracia y justicia dudosas (lo que por sí solo justificaba querer separarse de él), lo ocurrido el 1-O y la causa penal seguida ante el Tribunal Supremo contra los políticos catalanes han multiplicado exponencialmente la fuerza de este argumento y han reafirmado en su convicción a los ya convencidos.

La posverdad, pues, crece a fuer de factores distorsionantes de esta índole; y es muy envolvente. Cada vez resulta más difícil mantener posiciones equidistantes, no solo los militantes fervorosos, sino personas mucho más escépticas que no entienden la sobreactuación del Estado, especialmente la judicial. Expresiones como «presos políticos», «exilio», «lucha por los derechos civiles» o «represión» se han incorporado ya con cierta normalidad al discurso público. Para mí, son parte de la posverdad, pero me doy cuenta de que han calado hondo en mucha gente, se quiera reconocer o no.

La sucesión de los acontecimientos ha provocado fenómenos que no hubiera creído posibles en la sociedad catalana, como, por ejemplo, la pérdida masiva del sentido de la realidad en favor del primado emocional o la fe ciega en ciertas personas y promesas. Así, en vez de la esperable exigencia de responsabilidades por la mala gestión del *procés* y la evanescencia de las ilusiones creadas por él, se persiste en el apoyo inquebrantable a sus protagonistas, cuyos seguidores han convertido ahora en víctimas de una persecución política y judicial.

Solo desde este marco mental se puede comparar el *procés* con los grandes hitos históricos de la lucha por los derechos civiles y políticos, o a los políticos que se encuentran en prisión o en el extranjero con los exiliados, los represaliados y los condenados tras la guerra civil y durante la dictadura franquista. No suena muy serio pretenderse víctima de un Estado autoritario y opresor para justificar, al estilo de Gandhi o Mandela, no ya la desobediencia civil, sino la insubordinación contra la Constitución y las leyes por considerarlas injustas con Cataluña, aunque, eso sí, sin querer asumir ninguna de las consecuencias que todo político solvente hubiera debido calcular. Ya he dejado muy claro lo que pienso tanto de la actuación de la policía el 1-O como de la causa judicial abierta contra los líderes del *procés*, pero puedo afirmar con la misma claridad que hay una evidente desproporción e inexactitud en estas comparaciones y en el imaginario que han contribuido a crear.

En España, no se persiguen las ideas ni la libertad de expresión; por lo tanto, tampoco a los independentistas ni la defensa del proyecto que representan. Hay una causa penal que se sigue contra personas que tomaron decisiones contrarias a la legalidad constitucional de un Estado e hicieron caso omiso de las resoluciones judiciales. Tal como sucedieron los hechos, es más que dudoso que su responsabilidad sea la que hasta ahora les atribuyen la Fiscalía y los jueces y que estas personas deban estar en prisión. Pero, por penosa que sea esta situación, ciertas comparaciones son inapropiadas.

El fenómeno social que se vive en Cataluña es digno de estudio. Las teorías del pensamiento cautivo de Czeslaw Milosz, de la disonancia cognitiva de Leon Festinger o de la espiral del silencio de Elisabeth Noelle-Neumann pueden ayudar a que nos aproximemos a él. Estas teorías describen cómo las personas recurren al autoengaño para mantener una coherencia interna en sus sentimientos, o bien cómo colectivos sociales en cuyo seno dominan opiniones hegemónicas silencian otras minoritarias sin dejar al disidente o al poco convencido otra forma de supervivencia que la marginalidad o el disimulo hipócrita. Para muchos catalanes, entre los que me incluyo, en el clima social catalán se han instalado demasiadas dosis de intransigencia, justo lo contrario de lo que antes creíamos tener. Se extiende una tendencia a la bipolarización, que sume a muchas personas, quizá más de las que aparentan, en un dilema que no saben muy bien cómo gestionar.

La distorsión de los hechos de la que antes hablaba no creo que ayude al independentismo a conseguir los apoyos necesarios en el ámbito internacional, porque, a pesar de la contribución del Gobierno Rajoy, el movimiento adolece de unas deficiencias de origen que es imposible ocultar a quien arroje una mirada distante y cenital sobre la situación. No sería bueno confundir las resoluciones de las justicias alemana y belga, interpretadas como éxitos por los líderes independentistas y su entorno, con un apoyo del conjunto de la Unión Europa o la comunidad internacional. Son victorias técnicas, no políticas. Son decisiones de unos tribunales que, desde la distancia y el desapasionamiento, ven exageradas las acusaciones por rebelión o sedición, pero que no llegan a cuestionar que España sea un Estado de derecho. Otra cosa es cómo y quién las utilice para aumentar el ruido ambiental.

Toda esta dinámica ha contribuido a establecer otro peaje nada irrelevante: su repercusión sobre el sistema de partidos en Cataluña, de una manera especial sobre el partido que había aglutinado hasta hace pocos años a una parte del electorado catalán. Es el catalanismo moderado, que no renunciaba a nada, pero mantenía los pies en el suelo. Se ha hablado mucho de las razones por las que CiU —o quizá sería mejor decir hoy la «neoconvergencia» o «posconvergencia»— ha derivado hacia posiciones tan radicales que resulta irreconocible. No creo que haya sido solo para hacer olvidar su herencia envenenada. He asistido personalmente a la metamorfosis política de algunos de sus dirigentes, como Lluís Corominas, Jordi Turull, Núria de Gispert o Antoni Castellà, por citar solo a algunos de ellos, y me parece que ha sido una transformación sincera. CiU, o lo que queda de ella, se ha convertido primero en el PDeCAT y este no se sabe aún cómo va a evolucionar bajo la sombra que proyecta la Crida Nacional per la República, la nueva opción electoral mediante la cual el expresidente de la Generalitat aspira a mantener la hegemonía en el independentismo.

La misma evolución del *procés* aún ha complicado más la situación en el seno del independentismo. Hoy asistimos a una lucha sin cuartel entre las fuerzas que se disputan su liderazgo: ERC, con amagos de moderación, por un lado, y Junts per Catalunya o la Crida Nacional, por el otro, como opción ahora más radical; con la incógnita de saber si el PDeCAT va a asumir un protagonismo propio en este escenario.

Esta transformación de las fuerzas políticas también está introduciendo un marcado sesgo populista en la política y las sociedades catalana y española en el peor sentido del término. La reacción emocional y primaria y el mensaje de la confrontación con la otra parte del espectro político. El resultado es la exclusión de las posiciones más moderadas, que son las grandes damnificadas de este proceso. Esta dinámica puede presentar, además, sorpresas desagradables en un futuro próximo, como han evidenciado los últimos comicios en Andalucía. Un mal augurio para el autogobierno de Cataluña.

¿Cómo vamos a salir de esta?

Cataluña necesita tomar tierra después de este largo viaje lleno de turbulencias. Pero hace falta una pista muy larga para aterrizar, porque el avión viene con los motores averiados y el aterrizaje promete ser duro. También habrá que pensar en las reparaciones, que no van a ser sencillas ni rápidas.

Es difícil predecir qué va a ocurrir con la sombra que proyecta sobre el escenario el juicio de los políticos catalanes. Algunos esperan que una sentencia dura pruebe con meridiana claridad el carácter represivo del Estado y permita justificar la insistencia en la vía unilateral y la ruptura a modo de rebelión contra la injusticia. Es posible que se convoquen entonces nuevas elecciones para intentar obtener un mayor apoyo social a favor de la independencia o, en el peor de los casos, caer en la tentación de insistir nuevamente en la vía unilateral utilizando el Parlamento y la movilización ciudadana, como ha insinuado el presidente Quim Torra. Quizá alguien también tenga en mente aprovechar ese momento para reactivar la investidura de Carles Puigdemont; en el Parlamento está en trámite una reforma del Reglamento que podría facilitarlo. Si los acontecimientos siguen este curso, están asegurados nuevos momentos de gran tensión y agudización del conflicto, tanto en el ámbito interno catalán, desde luego, como en el de la relación con el Estado, que hará todo lo posible para impedir que se altere la integridad territorial de España.

Pero si de todo lo ocurrido se puede aprender algo, debería ser a no subestimar el poder del Estado y a calibrar adecuadamente cuál puede ser la reacción europea e internacional ante la insistencia en la vía de ruptura. Y reflexionar sobre ello debería ser muy importante para resolver el gran dilema de elegir entre el «hasta el final» y una posición más posibilista que oriente el proyecto por cauces más moderados. Aunque aún no estén muy claros, hay algunos indicios que permiten pensar que la actual división de las fuerzas soberanistas obedece precisamente a este dilema. Y, en cierta forma, no deja de ser una ventaja que, de cara al futuro, se ofrezca a los ciudadanos que quieren la independencia la posibilidad de escoger entre dos estrategias distintas para gestionar el proyecto en el que creen.

Desde luego, va a ser determinante saber que al otro lado hay alguien capaz de escuchar y comprender que lo que ocurre en Cataluña no es pasajero ni epidérmico. Si al Estado le importa de verdad la integridad de España, debe hacer algo para evitar que la crisis catalana la ponga en peligro. Esto es lo que muchos ciudadanos catalanes esperan y seguramente también el foro internacional, donde hay preocupación por la situación e interés en encontrar la manera de resolverla.

En este sentido, existe también una arista no menos importante que habrá que limar, a saber, la opinión pública del resto del Estado español, a la que habrá que convencer de la necesidad de solucionar el «problema catalán». Cuestión difícil, que requerirá valentía y esfuerzo por asumir por fin lo que siempre se ha sabido, pero muchos han querido negar: que España es un conjunto plural de pueblos, de naciones, por decirlo claramente, y que no podrá continuar unida si la mayoría de los ciudadanos de una de estas naciones no se siente identificada con el todo. Y esto último es más que una mera especulación en Cataluña, donde el independentismo ha crecido extraordinariamente en la última década y puede seguir haciéndolo. La única opción realista que existe en este momento es, en mi opinión, que la solución que se ofrezca sea leal y sincera y que los ciudadanos puedan expresarse sobre ella.

El nuevo Gobierno socialista tiene en sus manos una gran responsabilidad. Y de momento parece que la está asumiendo, pues el ambiente político ha cambiado hasta el punto de incomodar al independentismo más radical, decidido al todo o nada; tan decidido que puede estar dispuesto a dejar caer al Gobierno Sánchez, que ha demostrado tener al menos cierta sensibilidad en el tono y ser consciente de la necesidad de evitar una nueva escalada en el conflicto. El escenario político que se ha configurado en Andalucía después de las últimas elecciones debería ser un toque de atención si imaginamos, por un momento, que pueda trasladarse en un futuro próximo a las Cortes Generales.

Es francamente difícil arriesgarse a predecir nada. Además, las cosas se suceden con tanta celeridad que es complicado incluso detectar qué nuevos factores determinantes van a emerger. En pocos meses, semanas o incluso días, los sucesos pueden dar giros importantes. En cualquier caso, lo que sí puedo hacer, en un terreno además más estable y conocido para mí, es plantear algunas posibles salidas jurídicas al estado actual de las cosas, a fin de que las decisiones políticas puedan discurrir dentro de unos márgenes que ayuden a resolver el problema hoy existente.

La convocatoria de un referéndum de autodeterminación podría ser una posibilidad si nos atuviéramos solamente al plano político. Es evidente que en Cataluña hay una demanda clara a favor de la independencia, por lo que la convocatoria de un referéndum está objetivamente justificada. En Escocia pudieron hacerlo así al no existir ningún inconveniente constitucional, pero ya hemos visto que esto no es exactamente igual en Quebec, donde el único referéndum que cabe en su Constitución estaría destinado a constatar la existencia de una mayoría social favorable a la independencia y a abrir un proceso ulterior de negociación, sin predeterminar, no obstante, su resultado.

En el caso español lo tenemos aún más difícil, pues, de acuerdo con la jurisprudencia del Tribunal Constitucional, ni siquiera sería posible hacer un referéndum consultivo sobre la independencia de Cataluña. Ya hemos comentado antes que la aplicación de la doctrina de que no se puede preguntar en referéndum algo que contradiga directamente la Constitución debería tener una excepción en el caso de una consulta convocada para constatar si existe una mayoría que apoye un proceso de independencia territorial. No obstante, sería necesario que el Tribunal Constitucional estuviera predispuesto a cambiar o matizar su doctrina, lo que parece difícil.

Sin embargo, esto no significa que en la actualidad no sea posible ni viable realizar un referéndum para resolver el conflicto catalán si hay un acuerdo político al respecto. Quizá no podría preguntarse directamente por el sí o el no a la independencia, pero sí formular cualquier otra pregunta que permitiera auscultar lo que piensa la sociedad catalana, por ejemplo, tal y como hemos avanzado antes, una que tuviera por objeto conocer su opinión sobre la conveniencia o no de impulsar una reforma constitucional que permitiera ejercer el derecho de autodeterminación. Tal referéndum sería posible y encajaría, además, en lo que el Tribunal Constitucional dice en la Sentencia 42/2014 sobre la Resolución 5/X, de declaración de soberanía, a saber, que el Parlamento catalán puede promover una reforma constitucional ante las Cortes Generales que estas «deberán entrar a considerar» [sic]. Un referéndum consultivo podría actuar como paso previo y necesario para dar fundamento a esa iniciativa.

Ciertamente, una consulta de este tipo no sería propiamente un referéndum de autodeterminación, sino una base para iniciar un proceso de reforma constitucional, si bien sería ingenuo pensar que no produciría efecto alguno. Evidenciaría si existe o no la voluntad democrática clara e inequívoca de la ciudadanía catalana de promover una secesión, lo que obligaría, si así fuera, a sacar las consecuencias correspondientes, ya sea en Cataluña, en España o también a nivel internacional. Como mínimo, no habría más remedio que abrir una negociación sobre una reforma constitucional en profundidad.

La vía referendaria no se agota ahí. El mismo referéndum propuesto como ejemplo podría contener opciones alternativas a la del derecho de autodeterminación e incluir otras formas de articular la relación entre Cataluña y España que apostaran por la integración y no por la secesión. Una pregunta abierta que permitiera a los ciudadanos expresar también posiciones intermedias entre ambos extremos.

Otra vía que hay que considerar es, obviamente, la reforma del Estatuto o de la Constitución, que los actores políticos podrían impulsar directamente y luego ratificar los ciudadanos mediante un referéndum. El propio presidente del Gobierno, Pedro Sánchez, se ha referido a la reforma del Estatuto como solución al conflicto catalán. El problema que tiene la reforma del texto estatutario es que está muy condicionada por la sentencia dictada por el Tribunal Constitucional y la doctrina que establece sobre los estatutos de autonomía. Esta sentencia desnaturalizó el significado del Estatuto y su capacidad, como norma, de impulsar un desarrollo del autogobierno territorial de gran calado. Fue un gran error jurídico que tuvo graves consecuencias políticas. Y el problema es que es difícil que nadie pueda confiar ahora en que las cosas cambien, salvo que se produzca una evolución en la doctrina constitucional. Un cambio que parece difícil, aunque no descartable, porque el Tribunal Constitucional ya no es el mismo de entonces y es posible que exista interés en enmendar aquel error, sobre todo si la reforma estatutaria se plantea con rigor. En cualquier caso, si la opción elegida es la reforma estatutaria, podría ser conveniente contemplar también la posibilidad de que pudiera ir asociada a otras medidas complementarias que podrían dar mayor amplitud a un acuerdo sobre el autogobierno catalán.

Existe también la alternativa de la reforma de la Constitución. Hay un amplio consenso en que necesita una actualización en muchos aspectos, que permitiría revisar el título VIII con carácter general o introducir elementos de singularidad para determinados territorios, así como reforzar sus garantías (por ejemplo, en materia de lengua propia, cultura, derecho civil o hacienda). Ya se han hecho aportaciones doctrinales al respecto, que podrían suponer incluso la posibilidad de añadir a la Constitución una disposición adicional específica para Cataluña que viniera a reconocer constitucionalmente este régimen especial y su posible desarrollo en forma de estatuto o incluso de constitución propia, pues nada impediría utilizar esta categoría si hablamos de una reforma del texto constitucional. En cualquier caso, no creo que una reforma constitucional pueda resolver el problema catalán si se hace sin el reconocimiento claro y explícito del principio de pluralidad nacional y del necesario componente asimétrico que ello significa. Este es un punto esencial que no resolvería una reforma de corte federal basada en el principio de igualdad de todos los Estados federados.

La reforma constitucional plantea, sin embargo, otro gran problema, a saber, el de las mayorías necesarias para llevarla a cabo. No podemos ser ingenuos ante el panorama político, tan radicalizado, que tenemos ante nosotros. Si la reforma estatutaria es difícil de aceptar por las razones expuestas, la reforma constitucional, a pesar de su mayor margen de maniobra, también lo puede ser; y es que para algunos ya no cabe siquiera hablar de fórmulas de integración, mientras que para otros la reforma significaría una claudicación ante los independentistas catalanes. Existe, además, el riesgo del efecto *boomerang*, esto es, que la reforma llegara a discurrir en sentido inverso al que se persigue. Habría que ir con mucho cuidado y mover ficha solo cuando las condiciones políticas asegurasen que la reforma resolvería el conflicto en vez de crear otro mayor.

Finalmente, queda otra vía aparentemente más modesta, pero no por ello descartable. Es pantalla pasada para mucha gente, pero está ahí. Se trataría de aprovechar los espacios de decisión política que permite la relativa indefinición de la Constitución vigente. Ya hemos hablado de ello y hemos puesto algún ejemplo para destacar que el contenido del autogobierno no está totalmente predeterminado a nivel constitucional y puede tener importantes variaciones mediante acuerdos políticos sin necesidad de reformas estructurales. Este margen de maniobra dentro del actual marco constitucional puede ampararse también en el alma heterogénea que la misma Constitución reconoce en su preámbulo, cuando alude a los pueblos de España y a la distinción que hace el artículo 2 entre nacionalidades y regiones. Es una buena base para deducir de ella un principio de igualdad entre las naciones que componen España, no necesariamente trasladable a todas las comunidades autónomas.

Puede parecer poca cosa, pero no debería subestimarse esta opción, que, a su vez, podría combinarse con alguna de las fórmulas anteriormente citadas. El nuevo Gobierno socialista está evidenciando que se pueden resolver muchos de los conflictos abiertos ante el Tribunal Constitucional mediante la negociación o la retirada de recursos interpuestos por el anterior Gobierno del PP. Es un dato indicativo de cómo las cláusulas constitucionales y estatutarias pueden ser objeto de diferentes lecturas e interpretaciones. Obviamente, un pacto político de esta naturaleza no tiene la garantía de estabilidad de otros más estructurales, pero puede ser una solución menos compleja y más rápida si existe una voluntad compartida entre sus protagonistas. También puede ser una solución provisional a la espera de otra más definitiva y que, por cierto, también podría someterse a una consulta ciudadana mediante una propuesta concreta si se considerara necesario.

Sé perfectamente que el valor de estas vías de salida es limitado debido a la situación extrema a que hemos llegado y a las dificultades para transitarlas, pero, en cualquier caso, demuestran que existen alternativas que no pasan necesariamente por el inmovilismo o la ruptura.

Sin embargo, el problema, ya de por sí grave, no termina aquí, por desgracia. La causa penal seguida contra los líderes del *procés* añade otro al estrictamente constitucional. Es una losa que pesa sobre los actores políticos, pero que estos no pueden resolver directamente. Se me hace difícil entender que algunos planteen la solución del problema poniéndolo todo en el mismo saco: negociar a condición de que los presos salgan a la calle y los «exiliados» puedan volver. Esta condición no puede plantearse en ningún Estado de derecho, pues es tanto como suponer que la justicia actúa al dictado del Gobierno. Seguramente, hay quien lo cree así, pero esto no responde a la realidad. En este momento son los jueces los únicos que pueden decidir sobre la situación jurídica de los afectados. Ahí radica la separación de poderes y la independencia del poder judicial, sin perjuicio de la opinión que nos merezca el juicio que se está desarrollando en el Tribunal Supremo. Mi posición al respecto ya la he expresado.

En cuanto a la acusación ejercida por el Ministerio Fiscal, tampoco queda mucho margen de acción a la política. Aunque es el Gobierno el que nombra al fiscal general del Estado, de ello no debe deducirse la conclusión errónea de que la Fiscalía está al servicio de los intereses del Gobierno. De acuerdo con su estatuto legal, la Fiscalía es un órgano que se integra con autonomía funcional en el poder judicial y tiene por misión promover la acción de la justicia en defensa de la legalidad, y que actúa con plena objetividad e independencia en la defensa de los intereses que la ley le confía. Ciertamente, el mismo estatuto del Ministerio Fiscal prevé que el Gobierno puede requerir al fiscal general del Estado que promueva ante los tribunales las actuaciones pertinentes en orden a la defensa del interés público. Sin embargo, ello no equivale a que el Gobierno pueda dar instrucciones de actuación a la Fiscalía, pues es esta la que debe valorar la procedencia de las actuaciones interesadas, ni tampoco es lo mismo que el Gobierno inste a la Fiscalía a ejercer una acción penal a que le pida que rectifique una posición adoptada en una causa en curso.

Cuando se pide al Gobierno que haga gestos a favor de la situación de los presos, se debería ser muy consciente de las limitaciones que existen y de lo que implica imponer esta condición para eventuales acuerdos políticos. Puede que haya mayor margen para la acción que ejercita la Abogacía del Estado, pero también hay que calibrar los efectos que todo ello puede tener sobre el principio de que la justicia debe ser igual para todos. Lo deseable y correcto sería que fuera el propio Tribunal Supremo el que llegara a la conclusión de que los hechos se deben valorar de manera distinta a lo que resulta de la instrucción, y que la Fiscalía, por decisión propia, se replanteara los términos de la acusación en el momento de formular la calificación definitiva de los hechos.

También se debería ir con cuidado con las propuestas de reforma del Código Penal para intentar minimizar el problema por esta vía. El propio presidente del Gobierno se ha expresado en este sentido para desvincular del delito de rebelión situaciones como las producidas en Cataluña, diferenciándolas de circunstancias extremas como golpes militares o armados. Esta propuesta es loable, porque expresa la desproporción que existe entre ambos supuestos y plantea la posibilidad de un menor castigo penal en el primer caso. Pero la propuesta tiene el riesgo de poder verse, jurídicamente hablando, como un intento de tipificar como delito una conducta ya producida, en contra de los principios que inspiran el derecho penal. Algo diferente sería, sin embargo, que esta modificación se introdujera una vez juzgados los hechos, pues en este caso sí existiría la posibilidad de acogerse a los efectos retroactivos que tienen las normas favorables a los derechos de las personas.

Otra posibilidad que hay que considerar en caso de que exista una condena es el indulto. Tiene el inconveniente de que implica la aceptación de culpabilidad, aunque esto debe matizarse por dos motivos. En primer lugar, porque la ley no obliga a que sea el mismo condenado quien lo pida, pues puede hacerlo cualquier persona en su nombre, sin necesidad de acreditar que actúa en su representación. En segundo lugar, y esto es importante, porque la ley del indulto deja un cierto margen para interpretar que se puede pedir sin necesidad de que exista aún sentencia condenatoria en el caso de determinados delitos, entre los que se encuentran precisamente los de rebelión y sedición. Esta interpretación es posible si se conecta el artículo 3 de la ley del indulto con la referencia que su exposición de motivos hace a estos dos delitos como supuestos de excepción a la aplicación de las reglas generales de concesión del indulto. Tendría, sin embargo, algunos problemas aplicativos, especialmente si la voluntad fuera la de conceder un indulto parcial, es decir, que no alcanzara, por ejemplo, a una eventual pena de inhabilitación para el ejercicio de cargos públicos. Si no hay sentencia, es difícil que pueda existir un indulto parcial. Por la misma razón, la hipótesis de un indulto previo también podría tener el problema de verse como una interferencia del poder ejecutivo en la actuación del poder judicial y como algo que se aproxima a una amnistía prohibida por la Constitución.

En cualquier caso, las circunstancias actuales deberían aconsejar ser muy prudentes con las condiciones que, desde Cataluña, se exigen para el diálogo y la negociación con el Estado. Si son de imposible cumplimiento para este último, la misma voluntad de negociar puede quedar en entredicho. Ya hemos visto cómo esto podía pasar con la exigencia de un referéndum de autodeterminación, y también si se traslada al Gobierno la responsabilidad de hacer algo que, en estos momentos, depende de los tribunales.

EPÍLOGO

Poner fin a este libro no es fácil, porque trata de algo, el *procés*, que aún no ha terminado ni sabemos muy bien cuándo y cómo va a terminar. Todavía pueden ocurrir muchas cosas. Sin embargo, el momento en que pongo punto final parece coincidir con un espacio de tiempo durante el que no es previsible que se produzcan grandes cambios.

Obviamente, el análisis que se hace en estas líneas no puede más que referirse a lo ocurrido hasta ahora. Sin embargo, aun a costa de asumir algún riesgo y equivocarme, me parece oportuno terminar con unas consideraciones generales sobre aspectos que pueden ser relevantes en vista a un futuro inmediato.

Sé que muchos ciudadanos no comparten esta idea, pero yo siempre he visto el *procés* más como un espejismo que como algo real. El *procés* como percepción sensorial y emocional, planteado con poco sentido de la realidad, escaso rigor estratégico y sobre unas bases débiles. Como pone de relieve su errático desarrollo y su mismo intento de culminación con una extraña declaración de independencia que nos ha dejado igual o incluso peor de lo que estábamos. Me pregunto muchas veces hasta dónde puede llegar esta representación que vive aún entre dos mundos paralelos. El de hacer una república que hasta ahora no es más que una entelequia y el de gestionar el día a día de la autonomía.

Cataluña se encuentra en un *impasse* a la espera de cómo se va a resolver a corto plazo el juicio contra los líderes del *procés*. Este factor lo condiciona todo y no es descartable que en este periodo de tiempo se generen situaciones complejas que puedan llegar a afectar a la convivencia. Tampoco creo que nadie sepa a ciencia cierta qué va a suceder si se confirman las peores previsiones y se dicta una sentencia con penas graves. El presidente de la Generalitat ha insinuado que será el momento de volver a movilizar a la sociedad catalana, pero no se sabe cómo. Seguramente la sentencia va a ser aprovechada para presentarla como un ataque del Estado al pueblo catalán y como un acto de injusticia contra sus representantes. También como un acto propio de un Estado antidemocrático y opresor, sobre todo ante la comunidad internacional. Aunque la pregunta es qué van a hacer en este caso las instituciones catalanas.

Convocar unas elecciones puede ser una opción para aprovechar el contexto con el fin de incrementar la mayoría social a favor de la independencia. Pero esto tiene sus riesgos, como el de saber cómo van a reaccionar los ciudadanos después de constatar que no ha llegado la independencia prometida. Puede que algunos empiecen a dudar de la viabilidad de insistir por el mismo camino. Y luego está la lucha interna por la hegemonía dentro del independentismo. Nadie convoca elecciones anticipadas si no está seguro de ganarlas.

Lo que sí es probable es que la sentencia produzca una reacción institucional y ciudadana. La pregunta es en este caso cómo se va a concretar y hasta dónde se pretende llevar esta reacción. Es una incógnita. Si no se convocan elecciones puede existir la tentación de ir hasta el final y no es descartable que el Parlamento vuelva a insistir en la lógica rupturista. Sería un escenario grave, como ya se ha comentado. Volvería a tensar la situación hasta el punto de propiciar una nueva reacción del Estado. El artículo 155 de la Constitución ya se ha estrenado y cuesta creer que el Estado, como seguramente harían otros en la misma tesitura, renuncie a ejercer los poderes que la Constitución le atribuye para defender su integridad territorial, política y jurídica.

Puede ser un momento crítico y prefiero pensar que no vamos a vivir una reedición de lo que ocurrió en Cataluña en otoño de 2017. Sería un fracaso por las razones que he intentado explicar en este libro. No tanto por la defensa de la independencia como proyecto político, como por haber querido conseguirla en la forma que se ha pretendido. Sería lógico aprender de los errores y no insistir en ellos.

Más allá de este problema principal hay otros dos elementos también determinantes. Saber si el independentismo, o al menos una parte del mismo, es capaz de articular una alternativa al radicalismo y la confrontación y explorar nuevas vías. Y saber también si, en esta hipótesis, va a existir una respuesta suficiente por parte del Estado. Sería un buen escenario, pero desgraciadamente hay muchos factores que juegan en su contra. A pesar de ello, insisto en que, al menos en el plano jurídico, hay mucho margen para vías intermedias y así lo he intentado explicar. El problema no es jurídico, es político.

Guste o no, ahora quien tiene la pelota en su tejado es el poder judicial. Un poder infravalorado por los líderes del *procés*, porque aún continúa siendo un poder sólido en una sociedad de tendencias líquidas. La estrategia del Gobierno de Mariano Rajoy trasladó la responsabilidad a un poder que seguramente no la hubiera querido y que ha visto cómo ha sido despreciada su función por la forma como se ha conducido el *procés*. La justicia puede estar tentada de lanzar un mensaje claro de que todas las autoridades públicas están sujetas a la Constitución y las leyes, y de que jugar con la integridad del Estado no debe salir gratis. Además, los jueces saben que existe la posibilidad del indulto, lo que les brinda la ocasión de devolver la pelota al terreno político.

Finalmente está el plano internacional. La actuación policial del 1-O y también la causa penal abierta han permitido al independentismo atraer simpatías fuera de España. En este sentido, el independentismo ha sabido construir un buen relato a su favor. Todo apunta a que el independentismo va a explotar convenientemente esta vía para proyectar una imagen de persecución política contra los representantes del pueblo catalán. El juicio es un escenario perfecto para hacerlo.

Pero no deberíamos confundir esta imagen con el todo. Carles Puigdemont y Quim Torra se quejan reiteradamente de la inactividad de la Unión Europea y le piden un compromiso para mediar en el conflicto. No obstante, esta actitud tiene sus puntos débiles, sobre todo el de haber seguido una vía de conflicto con el Estado sin acreditar la existencia de una mayoría social suficiente y de haberse saltado la legalidad constitucional de un Estado miembro. Y es que la vía unilateral implica este resultado. Apelar al principio democrático obviando este detalle puede funcionar aquí, pero es mucho más difícil que lo haga en Bruselas, Berlín o París. Es una mala credencial, cuando en Cataluña no existe un conflicto social que justifique una mediación internacional.

En un caso como este pueden estar en juego otros cauces internacionales de carácter judicial, no político. Me refiero especialmente al TEDH. Aquí se planteará batalla segura si llega el caso, y es posible que se obtenga algún resultado. Pero, guste o no, este no es el escenario de la internacionalización del conflicto que algunos pretenden conseguir para su causa.

Son numerosas las incógnitas que nos depara el futuro, y muchas dependen a su vez de factores que aún no conocemos, al menos en el momento de terminar este libro. Un panorama muy incierto que seguramente nos ofrecerá alguna sorpresa. Si se me permite hacer un símil meteorológico, son muchos los factores cuya combinación final nos puede llevar a previsiones muy diferentes. Desde una tormenta perfecta hasta una lluvia fina y persistente.